Asthme et Allergies POUR LES NULS

William E. Berger, M.D.
American Board of Allergy and Immunology

Dr Pierrick Hordé
Allergologue, pour l'adaptation française

First Editions

Asthme et Allergies pour les Nuls
Titre de l'édition américaine : Allergies and Asthma for Dummies

Publié par
IDG Books Worldwide, Inc.
Une société de International Data Group
919E. Hillsdale Blvd., Suite 400

Copyright © 2000 IDG Books Worldwide, Inc.

Pour les Nuls est une marque déposée de International Data Group.
For Dummies est une marque déposée de International Data Group.
Traduction : Valérie Martin-Rolland.

ISBN 2-87691-604-5
Dépôt légal : 1er trimestre 2001
Nous nous efforçons de publier des ouvrages qui correspondent à vos attentes et votre satisfaction est pour nous une priorité. Alors, n'hésitez pas à nous faire part de vos commentaires :

Éditions Générales First
33, avenue de la République
75011 Paris – France
Minitel : 3615 AC3*First
e-mail : firstinfo@efirst.com

En avant-première, nos prochaines parutions, des résumés de tous les ouvrages du catalogue. Dialoguez en toute liberté avec nos auteurs et nos éditeurs. Tout cela et bien plus sur Internet à : www.efirst.com

Sommaire

Deuxième partie : Prenez soin de votre nez.....................53

Chapitre 20 : Les réactions aux médicaments 305

Chapitre 21 : Les allergies aux piqûres d'insectes 319

Introduction

....

« **J'** ai l'impression de respirer à travers une paille », « J'ai mal aux sinus », « Je tousse en permanence », « Mon fils n'arrête pas de se gratter »… Si vous avez déjà prononcé ces mots, vous n'êtes pas le seul. Ces plaintes, fréquemment entendues par les médecins, témoignent souvent d'un asthme ou d'une allergie.

Affectant plus de dix millions de Français, l'asthme et les allergies sont des pathologies très courantes qui suscitent un grand nombre de consultations chez les médecins et sont responsables de nombreuses journées d'absence, tant à l'école qu'au travail.

Assez de généralités, je veux vous parler de vous. Comment vous sentez-vous ? Pensez-vous qu'avoir de l'asthme ou des allergies signifie forcément ne pas aller bien, ou que votre état ne s'améliorera jamais ? Malheureusement, de nombreuses personnes semblent le croire. Comme je vous l'expliquerai, tout au long de ce livre, la seule vérité sur ces pathologies est que l'asthme et les allergies ne disparaissent pas forcément totalement. Mais il est tout à fait possible, grâce à une prise en charge adaptée et votre participation active, de mener une vie parfaitement normale et satisfaisante.

À propos de cet ouvrage

J'ai écrit ce livre pour vous prodiguer des conseils pratiques d'actualité, basés sur mes vingt années de pratique médicale dans le domaine de l'asthme et des allergies. J'ai conçu ce livre de manière à vous permettre de passer directement aux chapitres qui concernent votre affection. Il n'est donc pas nécessaire de le lire de la première à la dernière page, quoique je n'y voie aucun inconvénient. (Faites attention, toutefois, car une fois votre lecture commencée, vous ne pourrez plus vous arrêter !)

Ce livre peut également vous servir de référence et de source d'informations à propos des nombreuses facettes du diagnostic, du traitement et de la prise en charge des allergies et de l'asthme. Vous ouvrirez peut-être ce livre pour une allergie dont vous souffrez et réaliserez à sa lecture que d'autres sujets s'appliquent aussi à votre cas ou à l'un de vos proches.

Les nombreux renvois mentionnés tout au long du livre vous permettront de retrouver facilement les sujets apparentés.

Les informations contenues dans cet ouvrage sont destinées à vous aider à :

✓ Définir des objectifs de traitement.

✓ Vous assurer les soins les plus adaptés et les plus efficaces.

✓ Prendre part à votre traitement.

Quelques suppositions

En écrivant ce livre, j'ai supposé que vous souhaitiez y trouver de nombreuses informations, scientifiquement correctes, au sujet de l'asthme et des allergies, exprimées simplement sans vous noyer sous un jargon médical. Vous trouverez donc des explications simples des nombreux aspects des allergies et de l'asthme, et de quelques termes médicaux essentiels (ce qui est aussi un bon moyen de réviser le latin et le grec !).

Si vous avez choisi de lire ce livre, peut-être :

✓ Êtes-vous asthmatique ou allergique, ou quelqu'un de votre entourage.

✓ Voulez-vous en savoir plus sur les allergies et l'asthme afin d'améliorer votre santé (après avoir consulté votre médecin, bien sûr).

✓ Voulez-vous aller mieux.

Comment s'organise cet ouvrage

J'ai partagé ce livre en six parties, consacrées aux principales affections pour vous aider à trouver le plus facilement possible les informations que vous cherchez.

Première partie : Les principes de base des allergies et de l'asthme

Cette partie vous aide à définir les pathologies qui vous affectent en vous détaillant les symptômes de l'asthme et des allergies, ainsi que les mécanismes immunitaires sous-jacents impliqués.

Deuxième partie : Prenez soin de votre nez

La deuxième partie aborde les facteurs déclenchants de la rhinite allergique (le rhume des foins), les effets de la maladie sur les différentes parties de votre organisme, comment ces effets surviennent, les complications qui y sont fréquemment associées, et comment traiter cette affection efficacement.

Vous découvrirez également comment éviter les allergènes et les irritants, ainsi que les médicaments disponibles pour prévenir et contrôler les symptômes. Je vous expliquerai aussi en quoi l'immunothérapie spécifique (aussi appelée désensibilisation) peut vous soulager à long terme.

Troisième partie : L'asthme

Vous trouverez dans cette partie de nombreuses explications sur les mécanismes inflammatoires qui sous-tendent l'asthme ; les éléments nécessaires à votre médecin pour poser le diagnostic de votre pathologie ; comment éviter les facteurs déclenchants ; les médicaments de fond et ceux d'urgence prescrits par votre médecin, ainsi que des informations essentielles pour mettre en place une prise en charge à long terme. Les derniers chapitres de cette partie sont consacrés aux enfants asthmatiques et au traitement de l'asthme pendant la grossesse.

Quatrième partie : Les allergies cutanées

Si vous vous demandez pourquoi la dermatite atopique (eczéma allergique) se définit souvent par « la démangeaison que l'on gratte », cette partie du livre est pour vous. Au Chapitre 16, vous découvrirez la dermatite atopique, ce qui la déclenche, comment en soulager les symptômes, et les mesures à prendre pour éviter les rechutes.

Le chapitre consacré à la dermite de contact (Chapitre 17), décrit les nombreuses substances de votre vie quotidienne (comme le nickel ou le latex) responsables d'allergies cutanées. Vous y trouverez également des astuces pour éviter l'exposition à des allergènes de contact, ainsi que les traitements disponibles pour vous soulager.

Le Chapitre 18 traite de l'urticaire et de l'œdème de Quincke, qui sont deux sujets difficiles pour les allergologues car la plupart de ces éruptions cutanées ne sont pas d'origine allergique.

Cinquième partie : Allergies alimentaires, médicamenteuses et aux piqûres d'insectes

Avez-vous des allergies alimentaires ? En général, la réponse est non, comme je l'explique au Chapitre 19. Il est pourtant nécessaire d'identifier les aliments responsables de vos réactions, de savoir les traiter et réussir à les éviter à l'avenir, notamment dans le cas des vraies allergies alimentaires.

Les réactions aux médicaments sont développées au Chapitre 20. Il est indispensable de comprendre quel produit vous affecte afin de prendre les mesures nécessaires pour éviter des réactions parfois mortelles, en particulier pour des médicaments comme la pénicilline, l'aspirine et les autres anti-inflammatoires non stéroïdiens (AINS).

Vous trouverez au Chapitre 21 tout ce qui concerne les allergies aux piqûres d'hyménoptères (guêpes, abeilles et frelons). Les mesures pratiques décrites vous aideront à éviter des rencontres douloureuses.

Sixième partie : La Partie des Dix

« La Partie des Dix » est une constante de la collection ...*pour les Nuls*. Les chapitres de cette partie regroupent des informations comme :

✓ Ce que vous devez emporter en voyage lorsque vous êtes allergique ou asthmatique, ainsi que des informations pratiques pour un bon déroulement de celui-ci.

✓ Des exemples de personnages célèbres, d'hier et d'aujourd'hui, qui excellent dans leur domaine malgré leur asthme.

Annexe

Vous trouverez en annexe de nombreuses adresses utiles d'associations que vous pourrez contacter pour vous aider à prendre en charge votre maladie, ainsi que des livres et des sites Internet de qualité pour tout savoir sur les allergies et l'asthme.

Les icônes utilisées dans cet ouvrage

Les icônes placées en marge vous permettent d'accéder plus rapidement aux informations. Voici leur signification :

Cette icône signale mon opinion sur un sujet.

Vous rencontrerez cette icône pour vous avertir des éventuels problèmes, des symptômes à ne pas négliger et des traitements à éviter.

De nombreux mythes circulent au sujet de l'asthme et des allergies. Cette icône vous signale que je rétablis la vérité sur le sujet.

Cette icône indique les informations à ne pas oublier, car elles peuvent vous être utiles à l'avenir. (Voyons maintenant où j'ai mis mes clefs de voiture…)

Vous trouverez cette icône lorsqu'il s'agit de sujets à aborder avec votre médecin.

Pour vous donner une image aussi complète que possible des allergies et de l'asthme, je suis parfois entré dans le détail. Cette icône signale les points plus développés pour que vous les approfondissiez, ou que vous les évitiez ! Il n'est pas nécessaire de lire ces paragraphes pour comprendre le sujet traité, mais ces informations vous permettront néanmoins d'en savoir plus sur votre pathologie afin de mieux la prendre en charge. Ces paragraphes sont également une source d'informations pour épater vos amis.

Cette icône signale de nombreux conseils pratiques.

Par où commencer ?

Vous pouvez bien sûr lire ce livre de la première à la dernière page, mais je vous conseille de consulter la table des matières pour y trouver les chapitres qui abordent directement les pathologies qui vous affectent. Poursuivez alors votre lecture pour une meilleure prise en charge de votre asthme et de vos allergies.

Première partie
Les principes de base des allergies et de l'asthme

« Pendant des années, ma famille a pris mon asthme
pour un rhume, une bronchite,
ou un besoin obsessionnel d'imiter Darth Vador. »

Dans cette partie...

Vos symptômes indiquent que vous souffrez peut-être d'allergies ou d'asthme, mais vous ne savez pas vraiment quel est votre problème. Comment l'identifier ?

Cette partie va vous permettre de savoir si vous avez des allergies ou de l'asthme en vous décrivant les symptômes de ces affections, leurs mécanismes sous-jacents ainsi que les moyens, et l'intérêt, de faire un bon diagnostic.

Chapitre 1

De quoi souffrez-vous ?

*S*i vous vous demandez pourquoi ce livre regroupe les allergies et l'asthme, croyez-moi, ce n'est pas uniquement parce que ces deux sujets commencent par la même lettre. Certes, l'asthme et les allergies sont des sujets différents, mais ils partagent néanmoins de nombreux caractères. Dans ce chapitre, je vous expliquerai les relations entre ces deux pathologies et je vous proposerai un aperçu des maladies allergiques et de l'asthme qui font l'objet de cet ouvrage.

Comprendre les relations entre l'asthme et les allergies

L'allergie est un terme descriptif regroupant une grande diversité de phénomènes d'hypersensibilité (c'est-à-dire une sensibilité particulière à une ou plusieurs substances qui, normalement, ne provoquent aucune réaction chez la plupart des gens), tandis que l'asthme est une affection pulmonaire. L'allergie et l'asthme ont des définitions différentes, sont étroitement liés et se manifestent souvent simultanément. Pour bien appréhender chacun de ces sujets, il faut les comprendre tous les deux.

Afin de concilier son asthme et/ou ses allergies avec une vie saine et enrichissante, il est indispensable d'appliquer les mesures générales de diagnostic, de traitement et de prévention expliquées dans ce livre. Les symptômes d'affections apparemment distinctes comme la rhinite allergique, la plupart des cas d'asthme, les dermatites atopiques (eczéma allergique) et autres allergies, ont pour origine une même hyperréactivité du système immunitaire à des substances par ailleurs inoffensives que les médecins appellent allergènes.

D'origine grecque, le mot *allergie* désigne une réponse anormale ou une réaction excessive. Contrairement à ce que l'on pense généralement, l'asthme ou les allergies ne sont pas dus à un système immunitaire affaibli ou déficient. Au contraire, vos défenses font des heures supplémentaires ; votre système immunitaire est trop sensible à des substances qui ne sont pas de réelles menaces à votre bien-être. C'est pourquoi les médecins utilisent souvent le terme d'hypersensibilité pour parler d'une allergie.

Voici les points principaux à garder à l'esprit lorsqu'on a affaire à de l'asthme ou des allergies :

✓ Les allergies ne se résument pas au rhume des foins. L'exposition à un allergène n'affecte pas seulement le nez, les sinus, les yeux et la gorge (comme dans les cas typiques de rhinite allergique), mais occasionne aussi des symptômes impliquant d'autres organes du corps, comme les poumons, la peau ou l'appareil digestif. La Figure 1-1 présente tous les organes concernés par les allergies et/ou l'asthme.

✓ Ces maladies ne sont ni infectieuses, ni contagieuses. On n'attrape pas une allergie ni un asthme. Toutefois, comme je l'expliquerai plus loin dans « Sensibilisation de votre système immunitaire », on hérite parfois d'une prédisposition génétique à l'hypersensibilité, qui peut par la suite se traduire par des allergies ou de l'asthme.

✓ À l'inverse des modes, l'asthme et les allergies ne passent pas toujours. De grandes études réalisées ces quinze dernières années montrent que, malgré les variations du caractère et de la gravité de l'affection au cours de la vie, la maladie est chronique et persiste souvent sous une forme ou une autre. Les facteurs déclenchants des allergies et de l'asthme comprennent des allergènes tels que les pollens, les poils (et les squames) d'animaux, les acariens, les spores de moisissures, différents allergènes de contact, certains aliments, médicaments, ou venins d'insectes piqueurs. (Voir « Sensibilisation de votre système immunitaire » pour une classification plus détaillée de ces éléments.)

✓ L'asthme peut aussi être déclenché par des substances irritantes non allergisantes, parmi lesquelles la fumée de cigarette, les produits d'entretien, les aérosols, les solvants, les fumées, les gaz, les peintures, la pollution atmosphérique…

✓ D'autres facteurs déclenchants non allergisants, connus sous le terme de facteurs favorisants, affectent tout particulièrement les asthmatiques. Ils comprennent des affections telles que la rhinite, la sinusite, le reflux gastro-œsophagien et des infections virales (rhumes et grippes) ; des stimuli physiques comme l'exercice ou les variations de la température de l'air et du taux d'hygrométrie ; des sensibilités à des additifs alimentaires tels que les sulfites, les médicaments comme les bêtabloquants, l'aspirine et autres anti-inflammatoires.

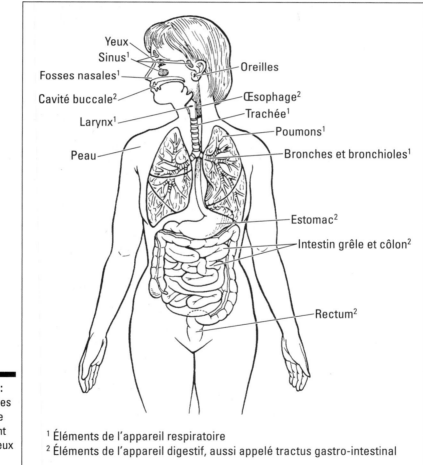

Yeux
Sinus[1]
Fosses nasales[1]
Cavité buccale[2]
Larynx[1]
Peau
Oreilles
Œsophage[2]
Trachée[1]
Poumons[1]
Bronches et bronchioles[1]
Estomac[2]
Intestin grêle et côlon[2]
Rectum[2]

[1] Éléments de l'appareil respiratoire
[2] Éléments de l'appareil digestif, aussi appelé tractus gastro-intestinal

Figure 1.1 : Les allergies et l'asthme concernent de nombreux organes.

✓ L'asthme et les allergies ne s'excluent pas mutuellement.
Une hypersensibilité particulière n'empêche pas d'en avoir d'autres ;
on peut, en effet, présenter des sensibilités différentes à divers allergènes,
irritants et facteurs favorisants. De nombreux chercheurs (dont je fais
partie) considèrent les allergies comme un continuum de maladies qui
se manifestent de différentes manières, selon la nature et le degré des
sensibilités personnelles, de même que le niveau d'exposition aux
facteurs déclenchants.

✓ Les éternuements, le nez qui coule, l'inflammation nasale, la respiration
sifflante, la toux, les démangeaisons, les éruptions ou les œdèmes ne
sont pas toujours liés à des réactions allergiques. C'est pourquoi,
comme je l'expliquerai ultérieurement dans le paragraphe intitulé
« Les bases du diagnostic et du traitement de l'asthme et des allergies »,
il est indispensable d'établir un bon diagnostic pour traiter efficacement
la cause sous-jacente des symptômes.

✓ La majorité des asthmatiques ont des allergies (une rhinite allergique
pour la plupart) mais l'asthme se manifeste parfois sans composante
allergique. L'atopie (une prédisposition génétique au développement
d'une hypersensibilité allergique) ne semble pas jouer de rôle
déterminant dans l'asthme d'apparition tardive (survenant souvent
après 40 ans) dont la fréquence est moindre que l'asthme infantile.
En revanche, les facteurs favorisants, comme la sinusite, le reflux
gastro-œsophagien, les polypes nasaux, les sensibilités à l'aspirine et
aux autres anti-inflammatoires peuvent déclencher cette maladie.

Le déclenchement des réactions allergiques

Votre système immunitaire constitue la seconde ligne de défense contre les
substances étrangères. La principale protection de votre organisme est votre
organe le plus étendu : la peau. (Souvenez-vous-en pour votre prochaine
participation à *Questions pour un champion*.)

D'habitude, votre système immunitaire vous protège contre les bactéries, les
virus, les parasites et autres agents pathogènes en produisant des anticorps
qui reconnaissent les envahisseurs et les éliminent sans faire d'histoire. En
fait, le plus souvent, tant que votre système immunitaire fonctionne bien,
vous ne vous rendez même pas compte que ce processus continu se déroule
pour assurer votre survie et votre santé.

Toutefois, dans le cas d'une allergie, le système immunitaire produit en
surnombre des anticorps contre des substances habituellement inoffensives
comme les pollens. *L'atopie* (la prédisposition génétique de votre système
immunitaire à développer des hypersensibilités) est une caractéristique

héréditaire, qui explique souvent pourquoi le système immunitaire de certaines personnes réagit de façon excessive lors d'une exposition à un allergène, tandis que d'autres ignorent ou éliminent tout simplement ces substances.

Une histoire familiale d'atopie

Votre prédisposition génétique à l'allergie (atopie) peut se manifester de différentes manières sur divers organes. Cette prédisposition et des antécédents familiaux d'allergie sont des facteurs fortement prédictifs d'asthme ou d'allergies comme la rhinite allergique (rhume des foins), la dermatite atopique (eczéma allergique) ou l'hypersensibilité alimentaire ou aux médicaments.

Par exemple, votre oncle Édouard a une rhinite allergique, votre sœur a des sinusites et des otites à répétition et votre cousin Yann a eu, enfant, un épisode de dermatite atopique. Certains membres de votre famille particulièrement malchanceux ont une combinaison de toutes ces affections allergiques, ainsi que de l'asthme. (Si vous voulez devenir le chouchou de la famille, offrez-leur ce livre.)

L'histoire d'une atopie pourrait se résumer par un bébé souffrant de dermatite atopique, qui, lorsqu'il commence à marcher, développe des complications atopiques courantes, comme les otites (voir Chapitre 9). À la fin de l'enfance apparaît une rhinite allergique, puis un asthme s'installe à l'adolescence.

En revanche, le risque de développer une allergie de contact (voir Chapitre 17) ou des réactions allergiques aux piqûres d'insectes (voir Chapitre 21) ne semble pas plus important chez les personnes atopiques que pour le reste de la population. Ces affections semblent toucher autant les personnes allergiques que les autres, pour les raisons que je développerai dans le Chapitre 2.

Sensibilisation de votre système immunitaire

Les réactions allergiques sont provoquées par un processus complexe de sensibilisation, au cours duquel votre système immunitaire réagit aux allergènes. Les allergènes auxquels votre système immunitaire peut réagir comprennent :

✓ Des acariens (voir Chapitre 5).

✓ Des pollens de certaines graminées, de mauvaises herbes et d'arbres (voir Chapitre 5).

✓ Des spores de moisissures (voir Chapitre 5).

✓ Des poils de nombreux animaux, dont les chats, les chiens, les lapins, les oiseaux, les chevaux, les gerbilles et autres rongeurs (voir les Chapitres 6 et 11).

✓ Des aliments parmi lesquels les cacahuètes (arachides), les poissons, les fruits de mer et les fruits secs (chez l'adulte), ainsi que le lait, les œufs, le soja et le blé (surtout chez les enfants). Consultez le Chapitre 19 pour plus de détails.

✓ Le venin d'insectes piqueurs de l'ordre des hyménoptères comme les abeilles, les guêpes et les frelons (voir Chapitre 21).

✓ Des médicaments, parmi lesquels la pénicilline et les céphalosporines (voir Chapitre 20).

✓ Des allergènes de contact (voir Chapitre 17) comme le formaldéhyde et le nickel que l'on trouve dans de nombreux objets de la vie quotidienne. (Voir « La dermite de contact… » plus loin dans ce chapitre.)

Apparition d'une réaction allergique

Si vous êtes prédisposé aux allergies, voici à titre d'exemple l'histoire typique de sensibilisation et de réaction allergique aux pollens de graminées, l'un des facteurs déclenchants de rhinite allergique les plus courants (vous trouverez ce processus décrit plus en détail dans le Chapitre 2).

1. Les pollens de graminées pénètrent dans votre organisme, en général par inhalation.

2. Votre système immunitaire détecte la présence de cette substance étrangère dans votre organisme et stimule la production d'anticorps IgE, une classe d'anticorps particulière.

3. Les IgE se fixent à la surface des mastocytes, cellules présentes dans les tissus qui tapissent notamment le nez, les poumons et la peau.

4. Votre organisme élabore des IgE pour s'opposer à des substances spécifiques. Votre système immunitaire est doué d'une formidable mémoire qui, contrairement à vous ou moi, n'oublie jamais un visage. Après la sensibilisation, vous serez peut-être allergique à cette substance une grande partie de votre vie. Pour les graminées, par exemple, votre système immunitaire produit des IgE spécifiques possédant des sites récepteurs qui permettent aux allergènes de graminées d'associer deux IgE spécifiques. Les IgE fonctionnent comme une serrure à la surface du mastocyte dont l'allergène est la clé.

5. Le déverrouillage du mastocyte déclenche la sécrétion d'histamine, de leucotriènes et autres médiateurs chimiques puissants de l'inflammation, pour une réponse défensive contre l'allergène. À leur tour, ces substances provoquent un œdème et une inflammation à l'origine des symptômes habituels de l'allergie.

Les médecins utilisent souvent les antihistaminiques pour lutter contre les symptômes de l'allergie car l'histamine joue un rôle très important dans l'inflammation. En outre, comme je l'expliquerai dans les Chapitres 7 et 12, au cours de ces vingt dernières années, les chercheurs ont mis au point des médicaments plus spécialisés pour contrer et/ou inhiber les principaux processus allergiques. Les corticoïdes locaux inhalés, les cromones, et les antileucotriènes, apportent de nouvelles approches thérapeutiques de prévention et de maîtrise des symptômes de l'asthme et des réactions allergiques.

Bien prendre en charge ses allergies

L'asthme et les allergies touchent des millions de personnes dans le monde. Les problèmes de l'asthme et des allergies comprennent des symptômes occasionnels mineurs, des épisodes aigus, des crises graves, et parfois même des réactions à l'évolution parfois mortelle (dans les cas les plus rares).

Toutefois, grâce aux récentes découvertes médicales dans la compréhension des facteurs immunologiques et allergiques impliqués dans les réactions allergiques, il est souvent possible désormais de diagnostiquer précisément les troubles et de mettre en place un traitement efficace et approprié pour maîtriser les symptômes et prendre en charge sa maladie.

Une bonne prise en charge des maladies allergiques, et tout particulièrement l'asthme et la rhinite allergique, nécessite souvent de s'attaquer à toute une gamme de symptômes, de traitements et de mesures préventives, car l'asthme et les allergies sont des maladies à multiples facettes.

Présentation des maladies allergiques

Dans les paragraphes qui vont suivre, je vais vous résumer les principaux caractères des allergies les plus courantes et vous expliquer comment les distinguer de maladies non allergiques qui y ressemblent. J'ajouterai également des renvois aux chapitres où ces pathologies sont traitées plus en détail.

La rhinite allergique : la goutte au nez

La rhinite allergique est la maladie allergique la plus courante en France, où elle touche 16 à 20 % de la population. Les symptômes de la rhinite allergique comprennent une rhinorrhée (le nez qui coule) claire et aqueuse, une obstruction nasale, des éternuements, un jetage postérieur (écoulement vers l'arrière du nez), une irritation du nez, des oreilles, du palais et de la gorge. De plus, les symptômes de conjonctivite allergique (yeux irrités et larmoyants) sont souvent associés. Les infections de l'oreille moyenne (otite moyenne) et des sinus (sinusite) sont des complications fréquentes de la rhinite allergique.

La deuxième partie de cet ouvrage comprend plusieurs chapitres consacrés aux différentes formes de rhinites, allergiques ou non ; les moyens de diagnostic et de traitement de ces troubles dont dispose votre médecin ; les astuces pour éviter de déclencher différents types de rhinites ; des détails sur les traitements ; ainsi que des informations sur les complications de la rhinite allergique.

L'asthme : inspirez… sifflez

L'asthme peut se définir ainsi : une maladie inflammatoire chronique des voies aériennes pulmonaires entraînant une gêne respiratoire. Toutefois, en pratique, l'asthme a de nombreuses facettes, et il est souvent difficile de l'identifier et de le diagnostiquer correctement. Donc, même si les traitements prescrits offrent un moyen efficace de soulager, et de prévenir, les symptômes et l'inflammation sous-jacente (rougeur, œdème, congestion et gêne respiratoire) qui caractérisent l'asthme, cette maladie pose toujours de graves problèmes dans le monde.

L'inflammation des voies respiratoires (des bronches) est l'élément le plus important de l'asthme. Le plus souvent, quand on a de l'asthme, les symptômes vont et viennent, mais l'inflammation sous-jacente persiste.

Les symptômes caractéristiques de l'asthme sont une toux sèche, évoluant parfois depuis plusieurs semaines, une respiration sifflante, un souffle court et une oppression thoracique. Les symptômes importants de l'asthme chez le nourrisson et le jeune enfant comprennent une respiration sifflante, une toux persistante et des rhumes avec toux persistants ou récurrents. (En raison de ces symptômes, l'asthme chez l'enfant est souvent confondu avec une bronchite récurrente, des rhumes avec toux récurrents, ou des toux persistantes.)

Dans de très nombreux cas, l'asthme, comme la plupart des allergies, est une manifestation de l'atopie (la prédisposition génétique au développement d'une hypersensibilité aux allergènes). En fait, beaucoup d'asthmatiques ont aussi une rhinite allergique.

La réponse excessive du système immunitaire sensibilisé aux facteurs déclenchants de l'asthme (généralement des allergènes inhalés comme les poils — et squames — d'animaux et les acariens, ainsi que des substances irritantes, provoquant aussi des symptômes de rhinite allergique) est souvent le facteur principal de l'aggravation de l'inflammation sous-jacente des voies respiratoires (lisez le Chapitre 10 pour une explication détaillée de ce processus).

La troisième partie de cet ouvrage est consacrée à l'asthme : le diagnostic, le traitement, les moyens d'éviter les allergènes, le suivi de l'asthme à long terme, et plus particulièrement l'asthme infantile et l'asthme pendant la grossesse.

La dermatite atopique : ça vous gratouille ou ça vous chatouille ?

Aussi appelée eczéma atopique ou eczéma allergique, la dermatite atopique est une allergie qui touche votre organe le plus étendu, la peau. La démangeaison que vous grattez est le moyen le plus simple de définir cette maladie de peau non contagieuse.

MYTHE

C'est dans vos bronches, pas dans votre tête

Pendant des siècles, on a cru que les facteurs psychologiques comme l'anxiété, les troubles émotionnels ou le stress déclenchaient l'asthme. Toutefois, bien que ces problèmes puissent aggraver l'asthme ou les allergies, ils n'en sont pas à l'origine.

Malheureusement, j'entends toujours parler d'amis ou de membres de la famille d'asthmatiques pour lesquels l'asthme n'est que dans la tête du patient. Certains affirment que, si l'asthmatique se calmait, sa maladie disparaîtrait. En réalité, le stress ne provoque pas l'asthme, mais, à l'inverse, les problèmes respiratoires peuvent générer un stress. Être angoissé parce qu'on a du mal à respirer est une réaction tout à fait normale et bien compréhensible.

Il est donc capital de diagnostiquer correctement l'asthme et/ou les allergies et d'entamer précocement un traitement incisif. Vous pouvez presque toujours lutter contre l'asthme et les allergies pour éviter que ces affections ne prennent le dessus, et ainsi mener pleinement votre vie.

Oubliez les stéréotypes négatifs des asthmatiques et des allergiques, présentés comme des personnes faibles, anxieuses, toujours en train de tousser et de se moucher. L'asthme et les allergies peuvent toucher tout le monde, du président du club d'échecs de l'école au capitaine de l'équipe de foot.

« La démangeaison que vous grattez » fait allusion au cycle démangeaison-grattage, caractéristique de la dermatite atopique. Le grattage de votre peau desséchée accentue l'irritation et l'inflammation, qui endommagent encore votre peau, et intensifient donc la démangeaison, conduisant à un grattage encore plus important et à une peau d'autant plus irritée. Ensuite, la peau se crevasse et se fissure, ouvrant la voie à des irritants, des bactéries et des virus, responsables de complications infectieuses.

La dermatite atopique accompagne souvent la rhinite allergique et précède parfois d'autres symptômes allergiques. La dermatite atopique peut donc fournir un indice précoce d'autres allergies ou d'asthme.

Cette partie ne fait qu'effleurer la dermatite atopique, s'il vous démange d'en savoir plus, consultez le Chapitre 16.

La dermite de contact : une expérience touchante

Les facteurs déclenchants les plus courants de la dermite de contact sont le nickel et le formaldéhyde.

Les signes caractéristiques de la dermite de contact comprennent une rougeur, des papules (boutons enflés), des vésicules et une démangeaison. Ces symptômes peuvent apparaître quelques heures ou quelques jours après le contact avec l'allergène, généralement à l'endroit où l'allergène a touché la peau. Le point de pénétration de l'allergène correspond à l'endroit où l'inflammation de la peau est la plus prononcée. Le Chapitre 17 présente des informations détaillées pour diagnostiquer et traiter la dermite de contact et éviter les allergènes.

L'urticaire et l'œdème de Quincke

L'urticaire et l'œdème de Quincke peuvent être des problèmes sérieux. Détailler les mécanismes aboutissant à l'urticaire pourrait vous donner de l'urticaire… s'il ne s'agissait pas de la principale idée fausse concernant ces éruptions cutanées. En fait, contrairement à ce que l'on croit généralement, le stress et autres facteurs psychologiques ne sont pas les principales causes d'urticaire, ils peuvent en revanche aggraver une maladie préexistante.

Une autre idée fausse est que l'urticaire et l'œdème de Quincke sont toujours dus à des réactions allergiques. Même si les allergies sont à l'origine de quelques cas aigus d'urticaire et d'œdème de Quincke (d'apparition soudaine), ces manifestations correspondent le plus souvent à des mécanismes non allergiques, notamment dans le cas d'urticaire chronique.

L'œdème de Quincke accompagne généralement l'urticaire. Un œdème de Quincke qui apparaît sans urticaire peut témoigner d'un problème grave ou d'une réaction à un médicament.

Les facteurs déclenchants les plus courants de l'urticaire et de l'œdème sont :

✓ Les hypersensibilités alimentaires, en particulier aux arachides, aux noix, au lait, aux œufs, aux poissons, aux crustacés, au soja et aux fruits comme les melons ou les kiwis. (Vous trouverez dans le Chapitre 19 de plus amples informations concernant les allergies alimentaires.)

✓ Les piqûres d'hyménoptères (abeilles, guêpes et frelons) provoquent souvent des urticaires localisées, évoluant en vésicules si vous êtes sensibilisé au venin de ces insectes. Dans certains cas (heureusement très rares), une piqûre d'insecte provoque un choc anaphylactique, réaction gravissime touchant simultanément de nombreux organes (voir « Le choc anaphylactique : des symptômes systémiques graves » plus loin dans ce chapitre). Le Chapitre 21 vous dévoilera tout sur les piqûres d'insectes.

✓ Les médicaments, dont la pénicilline, les sulfamides et autres antibiotiques ; l'aspirine et autres anti-inflammatoires non stéroïdiens (AINS) ; l'insuline ; les antalgiques opiacés ; les myorelaxants et les tranquillisants peuvent provoquer de l'urticaire et de l'œdème de Quincke en cas de sensibilisation aux allergènes de ces produits. (Consultez le Chapitre 20 pour plus d'informations sur les réactions médicamenteuses.)

Le Chapitre 18 traite de l'urticaire et de l'œdème de Quincke plus en détail.

Hypersensibilités alimentaires : allergènes au menu

Les réactions alimentaires les plus graves ne sont pas toujours dues à de vraies hypersensibilités alimentaires (terme plus précis pour désigner les allergies alimentaires). En fait, diverses formes d'intolérances alimentaires, intoxications alimentaires et autres mécanismes non allergiques sont responsables de nombreuses réactions que l'on attribue souvent aux allergies.

Les facteurs déclenchants les plus courants des véritables hypersensibilités alimentaires sont les protéines contenues dans les produits suivants :

✓ Les arachides et autres légumineuses, comme le soja, les petits pois, les haricots et les aliments qui en contiennent.

✓ Les coquillages et les crustacés, parmi lesquels les crevettes, les homards, les crabes, les palourdes et les huîtres.

✓ Les poissons, d'eau douce et de mer.

✓ Les noix, les amandes, les noix du Brésil, les noix de cajou, les noisettes.

✓ Les œufs, et notamment le blanc.

✓ Le lait de vache, ainsi que tous les produits qui contiennent de la caséine.

✓ Le blé et autres céréales comme le maïs, le riz, l'orge et l'avoine.

Si un œdème de la bouche et des lèvres, une respiration sifflante ou une urticaire se produisent juste après l'ingestion d'un aliment particulier (des cacahuètes par exemple), vous en conclurez facilement que votre réaction est de type allergique. Toutefois, dans de nombreux cas, il est nécessaire de se soumettre à des examens diagnostiques plus précis pour distinguer une intolérance alimentaire d'une véritable hypersensibilité alimentaire. Si vous avez faim de plus d'informations sur les allergies alimentaires, dégustez le Chapitre 19.

Hypersensibilités médicamenteuses : une pilule difficile à avaler

Certains médicaments entraînent des réactions allergiques chez des individus prédisposés. Les réactions allergiques aux médicaments se produisent le plus souvent avec la pénicilline et ses dérivés, mais aussi avec l'aspirine et autres anti-inflammatoires non stéroïdiens (AINS). Comme pour les réactions alimentaires, la plupart des réactions aux médicaments sont dues à des mécanismes non allergiques, dont je parlerai dans le Chapitre 20.

La peau est la cible principale des réactions d'hypersensibilité médicamenteuse mais les réactions allergiques médicamenteuses peuvent atteindre tous les organes du corps : les muqueuses, les ganglions lymphatiques, les reins, le foie, les poumons et les articulations. Ces réactions comprennent des éruptions cutanées, de l'urticaire, de l'œdème de Quincke, des symptômes respiratoires comme une toux ou une respiration sifflante, de la fièvre (provoquant parfois une fièvre médicamenteuse, accompagnée de temps à autre de frissons et d'une éruption cutanée), d'une baisse de tension, et/ou d'une anémie due à une réaction détruisant les hématies (globules rouges du sang).

Dans des cas très rares, une réaction médicamenteuse peut être à l'origine d'un choc anaphylactique parfois mortel, qui touche simultanément plusieurs organes (voir « Le choc anaphylactique : des symptômes systémiques graves » plus loin dans ce chapitre). Les injections de pénicilline sont responsables de la plupart des décès par anaphylaxie médicamenteuse. (Heureusement, l'utilisation de la pénicilline a nettement diminué ces dernières années.) Pour de plus amples informations sur les hypersensibilités médicamenteuses, consultez le Chapitre 20.

Les insectes piqueurs : quelle guêpe vous pique ?

Les venins d'insectes piqueurs de l'ordre des hyménoptères (abeilles, guêpes, frelons) déclenchent des réactions allergiques chez les personnes sensibilisées à ces allergènes. Les réactions vont d'une gêne, un œdème, une démangeaison, une urticaire à, dans de rares cas, une réaction anaphylactique mettant en jeu le pronostic vital.

À l'instar de la dermatite de contact, les hypersensibilités aux piqûres d'insectes concernent autant les personnes allergiques que les autres. En effet, une personne atopique ou souffrant d'autres allergies, telles qu'une rhinite allergique, un asthme, une dermatite atopique ou une allergie alimentaire, n'est pas plus exposée qu'une autre aux allergies aux piqûres d'insectes.

Le Chapitre 21 vous présentera ces insectes en détail et les moyens d'éviter leur contact venimeux.

Le choc anaphylactique : des symptômes systémiques graves

Le choc anaphylactique, une forme d'allergie paroxystique, mais fort heureusement rare, provoque une réaction d'évolution parfois mortelle affectant de nombreux organes simultanément. Les signes caractéristiques de l'anaphylaxie comprennent :

✓ Une rougeur soudaine de la peau.

✓ Des démangeaisons importantes sur la totalité du corps.

✓ Une éruption cutanée ou une urticaire.

✓ Des nausées, des vomissements, des douleurs abdominales et/ou des diarrhées.

✓ Un œdème de la gorge et/ou de la langue (des membres également).

✓ Une gêne respiratoire.

✓ Des vertiges ou des évanouissements.

✓ Une importante chute de tension.

Les causes les plus fréquentes du choc sont les réactions aux allergènes suivants :

✓ Le venin d'insectes piqueurs de l'ordre des hyménoptères.

✓ Les médicaments tels que la pénicilline et ses dérivés.

✓ Le latex.

✓ Certains aliments, et notamment l'arachide et les fruits de mer.

Par ailleurs, des réactions pseudo-allergiques (voir Chapitre 20), causées par des médicaments comme l'aspirine ou les autres anti-inflammatoires non stéroïdiens, provoquent parfois des réactions mettant en jeu le pronostic vital qualifiées d'anaphylactoïdes. Ces réactions immédiates et systémiques ressemblent beaucoup au choc anaphylactique, mais ne sont pas dues à une réponse allergique IgE-dépendante.

Si vous êtes sujet aux réactions anaphylactiques, préparez-vous aux mesures d'urgence qui s'imposent pour prévenir ce type de réaction particulièrement grave. Consultez votre médecin qui vous prescrira une trousse d'urgence contenant des médicaments antihistaminiques, des bronchodilatateurs et une seringue auto-injectable d'adrénaline.

Demandez à votre médecin de bien vous montrer comment utiliser la trousse d'urgence. Il vaut mieux apprendre la technique d'injection de l'adrénaline tranquillement au cabinet de votre médecin plutôt que devoir l'essayer pour la première fois dans l'urgence.

Comme le choc anaphylactique est un problème grave dû à divers facteurs, j'en reparlerai tout au long de ce livre.

Teintez vos allergies

Les corticoïdes locaux inhalés souvent utilisés pour traiter l'asthme et les allergies sont très efficaces pour supprimer l'inflammation. Souvenez-vous toutefois que la plupart des médicaments de l'asthme et des allergies ne traitent que le résultat d'une longue et complexe chaîne de réactions de votre système immunitaire, mais n'éliminent pas les processus sous-jacents à l'origine de votre maladie. Donc, si vous arrêtez de prendre les médicaments qui vous ont été prescrits, le processus sous-jacent de la maladie risque fort de se réactiver et ainsi de faire réapparaître vos symptômes cliniques.

Je compare ce processus à une teinture capillaire. Vous pouvez changer de couleur de cheveux, mais si vous ne le faites pas régulièrement (comme prendre vos médicaments contre l'asthme et les allergies), les racines de vos cheveux reprennent leur couleur naturelle, car vous n'avez pas réellement modifié leurs caractéristiques constitutionnelles.

Les bases du traitement de l'asthme et de l'allergie

Les principales étapes d'une bonne prise en charge de l'asthme et des allergies sont :

✓ **Cherchez le bon diagnostic de votre maladie.** L'identification des allergènes, des irritants et/ou des facteurs favorisants qui déclenchent votre maladie est un point essentiel du diagnostic. Les sirops pour la toux ne constituent pas un traitement approprié à votre asthme. Trouvez d'abord pourquoi vous toussez (la toux est parfois le seul symptôme d'un asthme sous-jacent), vous pourrez ainsi faire le premier pas pour lutter contre votre maladie.

✓ **Évitez ou réduisez les expositions aux allergènes, aux irritants et aux facteurs favorisants qui déclenchent votre asthme et/ou vos allergies.** Grâce à des mesures efficaces pour éviter les allergènes (Chapitres 6 et 11) vous améliorerez nettement votre qualité de vie et réduirez, voire parfois éliminerez, la nécessité d'un traitement.

✓ **Prenez un traitement préventif de fond pour lutter contre les processus sous-jacents et utilisez efficacement les médicaments à action brève lors des épisodes aigus et des crises.** (Les Chapitres 7 et 12 examinent en détail les médicaments contre l'asthme et les allergies.)

✓ **Évaluez et surveillez votre état.**

✓ **Respectez votre traitement et restez vigilant à tous les aspects de votre maladie.**

✓ **Restez en bonne santé afin d'éviter la survenue de symptômes plus graves ou de complications, et de jouir ainsi d'une meilleure qualité de vie.**

Chapitre 2

Comprendre
l'asthme et les allergies

Malgré les immenses progrès réalisés au vingtième siècle dans la lutte contre les maladies infectieuses et dans l'amélioration des soins médicaux, les virus, les bactéries, les moisissures et autres agents potentiellement pathogènes demeurent une menace constante pour la santé. C'est pourquoi vos défenses immunitaires ont une telle importance pour votre bien-être.

Comme je le mentionnais dans le Chapitre 1, votre première ligne de défense contre les intrusions infectieuses est la barrière physique formée par votre plus grand organe, la peau. (Vos muqueuses, de même que les sucs digestifs très acides de votre estomac, les bactéries saprophytes de vos intestins, et certaines cellules non spécifiques, assurent aussi une défense rapide contre les intrusions.) La seconde ligne de défense indispensable, bien plus complexe (l'un des points clés de la survie de l'espèce humaine) est assurée par le système immunitaire.

Étant donné que de nombreux processus immunitaires interviennent dans l'asthme et les allergies (de même que dans une multitude d'autres maladies), les médecins font appel à leurs connaissances en immunologie (la science de l'immunité) lors de l'évaluation et du traitement des allergies.

Ce chapitre, consacré aux bases immunologiques des réactions allergiques, vous permet de mieux comprendre l'origine de vos troubles et les mécanismes pris en compte par votre médecin lors du diagnostic et du traitement de votre pathologie.

Votre santé sous haute protection : comment fonctionne votre système immunitaire ?

La mission fondamentale de votre système immunitaire est de distinguer votre corps (soi) des agents éventuellement pathogènes (non-soi). Pour assurer votre protection, votre système immunitaire effectue les tâches suivantes :

✓ Reconnaissance des micro-organismes étrangers (pouvant être pathogènes), de leurs produits et toxines, regroupés sous le nom d'antigènes. Ces substances stimulent votre système immunitaire et réagissent avec un anticorps ou une cellule lymphocytaire T sensibilisée (cellule spécialisée du système immunitaire impliquée dans l'immunité à médiation cellulaire, comme je l'expliquerai plus loin dans « Réactions à l'exposition aux allergènes »). Les allergènes, généralement formés de protéines, sont des types particuliers d'antigènes à l'origine d'une réaction allergique.

✓ Participation à l'élimination des antigènes de l'organisme.

Le système de défense immunitaire est indispensable à la survie de tous les animaux. Lorsque le système immunitaire fonctionne correctement, son action protectrice est continue et généralement imperceptible dans la vie quotidienne.

Cependant, le système immunitaire est à double tranchant, car dans certains cas il met trop de zèle à défendre l'organisme et, au lieu d'éviter une infection, il est à l'origine de différentes pathologies parmi lesquelles :

✓ **Les maladies auto-immunes**. Ces maladies sont parfois très graves. Le rhumatisme articulaire aigu est une complication rare d'une infection à streptocoque des voies respiratoires supérieures (angine streptococcique) mal traitée, au cours de laquelle le système immunitaire peut attaquer les cellules cardiaques qui présentent une réaction croisée avec les antigènes bactériens du streptocoque. Ce type de complication justifie la nécessité de suivre jusqu'au bout le traitement antibiotique prescrit par le médecin pour une angine et d'effectuer un prélèvement bactériologique de gorge à l'issue du traitement pour s'assurer d'avoir totalement éliminé l'infection. (Pour plus de détails sur la réaction croisée, consultez le Chapitre 6.)

✓ Dans d'autres cas, le système immunitaire distingue certaines de ses propres cellules comme des antigènes. Cette anomalie est à l'origine de maladies comme le lupus érythémateux, le psoriasis, la polyarthrite rhumatoïde ou certaines formes de diabète, lorsque le système immunitaire perçoit comme des antigènes des cellules vitales et fonctionnelles de l'organisme, et leur déclare la guerre.

✓ **Le rejet des greffes**. Pour le don d'organes, les médecins essayent de trouver un receveur et un donneur compatibles afin de réduire le risque de rejet par le système immunitaire du receveur. Toutefois, il est souvent nécessaire d'administrer au receveur un traitement immunosuppresseur pour éviter le rejet de la greffe. Cette immunosuppression augmente alors le risque d'infections opportunistes.

✓ **Les maladies allergiques**. Les allergiques et les asthmatiques ont certainement un système immunitaire qui fonctionne trop bien. Comme je l'expliquais dans le Chapitre 1, les médecins utilisent le terme d'hypersensibilité pour qualifier les allergies car le système immunitaire est trop sensible à des substances comme les pollens, les poils (et squames) d'animaux et autres allergènes qui ne présentent pourtant aucune menace réelle pour l'organisme. Hypersensibilisé, le système immunitaire se comporte comme une alarme qui ferait intervenir sans distinction un bataillon de C.R.S. pour l'intrusion d'un cambrioleur ou d'un chat sur votre pelouse.

Classification des constituants du système immunitaire et de ses maladies

Le système immunitaire comprend plusieurs processus intervenant conjointement. Imaginez ces processus comme un réseau de défense civile avec des arsenaux, des voies de ravitaillement, un soutien logistique ainsi que des centres de commande et de contrôle pour les cellules qui défendent activement l'organisme. Les organes et les tissus essentiels du système immunitaires sont :

✓ **La moelle osseuse**. C'est là que naissent les cellules souches (cellules indifférenciées), qui vont se développer en cellules B (cellules plasmatiques spécialisées) qui par la suite sécréteront des protéines plasmatiques particulières, les *anticorps*. Ces anticorps se répartissent en cinq classes d'*immunoglobulines* (identifiées par le préfixe Ig) :

- **Les IgG**. Principaux constituants des gammaglobulines utilisées dans le traitement de certains types de déficit immunitaire, les anticorps IgG représentent plus des trois quarts des anticorps de l'organisme. En coopération avec les globules blancs, les IgG et les IgM sont indispensables à la défense contre les infections bactériennes.

- **Les IgM**. Environ 5 % de nos anticorps appartiennent à cette classe.

- **Les IgA**. Principaux anticorps des muqueuses, on trouve les IgA dans la salive, les larmes, et dans les sécrétions des muqueuses bronchique, gastro-intestinale et génitale, où ils assurent la protection contre les infections. On les rencontre également dans le lait maternel, les premiers jours après l'accouchement, apportant ainsi une protection aux nourrissons allaités.

- **Les IgD**. Ces anticorps, agissant sur les antigènes à la surface des cellules, sont en faible quantité et jouent un rôle non spécifique dans le processus immunitaire.

- **Les IgE**. Quoique présentes en quantités infimes dans l'organisme, les IgE sont les principaux acteurs des réactions allergiques (et ont donc droit à un plus long paragraphe, c'est d'ailleurs certainement à cause d'elles que vous lisez cet ouvrage !). Tout le monde produit des IgE, mais les allergiques ont une tendance héréditaire à en produire en plus grand nombre. Les IgE incitent d'autres cellules, notamment les mastocytes et les basophiles (des cellules sentinelles particulières présentées dans « Réactions à l'exposition aux allergènes » plus loin dans ce chapitre), à déclencher une réaction en chaîne complexe qui aboutit aux symptômes de l'asthme et des allergies.

  La surface des mastocytes présente des récepteurs aux IgE. Deux IgE spécifiques d'un allergène se fixent à l'allergène en question (pollens, poils d'animaux, moisissures, acariens, venins d'insectes piqueurs, certains aliments et certains médicaments) à la surface du mastocyte, déclenchant alors une réaction allergique de type I (voir « Classification des réactions immunitaires anormales » plus loin dans ce chapitre).

✓ **Le thymus**. Les sécrétions hormonales de cette glande (comme la thymosine) sont indispensables à la régulation du fonctionnement du système immunitaire. Le thymus participe aussi à la maturation de certaines cellules T, qui jouent ensuite un rôle clé dans la production d'anticorps contre les antigènes.

✓ **Les ganglions lymphatiques**. Le système lymphatique assure le drainage du système immunitaire. Les ganglions filtrent les matériaux produits par une inflammation locale. Par exemple, lorsque vous avez une angine, le médecin recherche, en vous palpant le cou, les ganglions gonflés en aval de la zone infectée, qui témoignent d'une infection.

✓ **La rate**. Cet organe filtre et transforme les antigènes du sang.

✓ **Les tissus lymphoïdes**. Les amygdales, les végétations, l'appendice et certaines régions de l'intestin participent au système immunitaire en transformant les antigènes.

S'enflammer pour une bonne cause

Vous vous demandez pourquoi nous disposons de tant d'IgE si elles sont si problématiques. La survie de l'espèce humaine est pourtant en grande partie redevable à ces immunoglobulines apparemment ennuyeuses. Aux temps préhistoriques, non seulement l'homme devait cueillir et chasser pour assurer ses repas quotidiens (et ne pas servir de goûter à un autre animal), mais il devait également faire face à toutes sortes d'agents infectieux et notamment des parasites.

La puissante réaction inflammatoire déclenchée par la fixation à une IgE d'un antigène spécifique d'un parasite a certainement permis que les infections parasitaires ne mettent pas l'humanité en péril. En réalité, les IgE continuent à jouer un rôle de premier ordre dans la réponse immunitaire de certaines populations des régions défavorisées du monde, où les parasites menacent toujours la santé humaine.

Je vois parfois des patients, revenus depuis peu de pays sous-développés, qui présentent une concentration sanguine élevée en IgE et en éosinophiles. Dans ces cas, je commence par éliminer toute possibilité d'infection parasitaire avant de poser le diagnostic plus probable d'allergie. Toutefois, dans la mesure où les maladies parasitaires sont extrêmement rares au sein de la population française, des concentrations élevées d'IgE et d'éosinophiles évoquent presque toujours une allergie.

Chez l'homme actuel, le rôle des IgE rappelle celui tenu autrefois par les cellules adipeuses. Aux temps préhistoriques, les hommes avaient besoin de cellules adipeuses pour faire des réserves de nourriture et ne pas mourir de faim en cas de disette. Aujourd'hui, les cellules adipeuses se sont transformées en poignées d'amour et les IgE contribuent aux allergies.

Protection et services en tous genres

Le système immunitaire fait intervenir quatre grands mécanismes que l'on peut comparer à des forces armées différentes utilisant des moyens différents mais liés pour accomplir une mission défensive. Ces quatre mécanismes sont :

> ✓ **L'immunité humorale.** Cette composante qui repose sur les cellules B (voir plus haut) est comparable à l'armée de l'air. Elle produit et déploie ses anticorps (l'équivalent pour le système immunitaire de la haute technologie en matière d'armement). L'immunité humorale fournit à l'organisme ses défenses principales contre les infections bactériennes, et joue un rôle majeur dans la survenue d'allergies chez les personnes ayant une histoire familiale d'*atopie* (la prédisposition génétique à développer des hypersensibilités et produire des anticorps contre des allergènes par ailleurs inoffensifs).

✓ **L'immunité à médiation cellulaire**. Cette composante fait intervenir les cellules T (voir « Votre santé sous haute protection : comment fonctionne le système immunitaire ? ») et d'autres cellules apparentées, plutôt que les anticorps, pour défendre l'organisme contre les virus, les moisissures, les organismes intracellulaires et les antigènes tumoraux (une sorte de guerre des tranchées).

✓ **L'immunité phagocytaire**. La fonction de cette composante immunitaire s'apparente à celle d'une équipe de nettoyage (ou de vautours et de charognards), car elle utilise les macrophages (cellules de nettoyage) qui circulent dans l'organisme à la recherche de débris à éliminer. Cette forme d'immunité n'a qu'un rôle mineur dans les réactions allergiques.

✓ **Le complément**. Ce terme décrit un système composite de protéines plasmatiques et de protéines de membranes cellulaires qui interagissent entre elles ainsi qu'avec les anticorps, et remplissent une importante fonction de médiateurs dans le système de défense civile, protégeant les premières lignes du pays à la manière des garde-côtes. Les maladies associées à un déficit en complément dépendent du type de protéine du complément dont le système immunitaire est dépourvu. Certaines personnes ont une prédisposition accrue aux infections, d'autres souffrent de problèmes rhumatologiques (lupus érythémateux ou arthrite rhumatoïde), certains ont un œdème de Quincke héréditaire sans urticaire mettant en jeu leur pronostic vital (Chapitre 18).

Distinguer les déficits immunitaires et les maladies allergiques

Il y a quelques années, quand je parlais de *déficit immunitaire*, je devais m'expliquer sur le sujet. Maintenant, je passe beaucoup de temps à expliquer que l'immunodéficience n'est pas synonyme de Sida (syndrome d'immunodéficience acquise) mais plutôt que le Sida n'est qu'un des nombreux types de déficits immunitaires.

Si votre médecin recherche chez vous un déficit immunitaire, il ne demande pas nécessairement un test de dépistage du Sida. Par contre, votre médecin vous demandera certainement des tests de dépistage de déficit immunitaire pour lui permettre d'écarter d'autres types de maladies.

L'asthme et les allergies sont presque toujours synonymes d'hyperréactivité du système immunitaire, mais il existe quelques personnes déficientes en IgA qui, présentant des infections récurrentes, ont aussi une maladie allergique. Les déficiences immunitaires sont toutefois extrêmement rares par rapport à la fréquence des allergies et de l'asthme.

Souvenez-vous de ces points importants concernant l'immunodéficience, l'asthme et les allergies :

✓ Souvent, si vous êtes allergique, asthmatique et que vous souffrez d'infections récurrentes, votre système immunitaire trop réactif inonde votre organisme d'un excès de mucus qui s'infecte et provoque des infections comme une sinusite (Chapitre 9) ou une bronchite (Chapitre 10).

✓ En plus de vingt ans, parmi les milliers de patients qui m'ont été adressés pour des infections récurrentes, seuls quelques patients présentaient des déficiences immunitaires. Le plus souvent, les patients souffraient réellement d'allergies ou d'asthme.

✓ Si vous subissez une infection bactérienne comme une sinusite ou une bronchite, votre médecin doit tout d'abord évaluer si votre infection est une complication d'une rhinite allergique et/ou d'un asthme avant de rechercher des déficits immunitaires bien plus rares.

✓ Les médecins peuvent écarter la majorité des syndromes de déficience immunitaire grâce à des examens sanguins simples de numération et de concentration en anticorps.

Immunisation et immunologie

On entend souvent dire qu'on apprend toute sa vie. C'est particulièrement vrai pour le système immunitaire dont la capacité d'apprentissage semble illimitée. En effet, il mémorise en permanence les caractéristiques d'innombrables antigènes en vue de conserver un souvenir de ces rencontres pour permettre à la défense de réagir rapidement lors d'une exposition future.

La capacité de mémorisation des barrettes de mémoire de tous les ordinateurs que vous êtes susceptible d'utiliser au cours de votre vie est bien moins étendue que celle du système immunitaire. Par le biais de la composante humorale (voir « Protection et services en tous genres ») le système immunitaire est capable de reconnaître des centaines de milliers de milliards d'antigènes et de produire les anticorps spécifiques pour chacun d'eux. Comparez cet exploit au souvenir du nom, de l'apparence et des caractéristiques de chaque personne, plante ou animal que vous croisez au cours d'une vie (ce qui serait bien utile pour vos réunions).

Des agressions inoubliables

La capacité phénoménale de mémorisation de votre système immunitaire explique pourquoi une infection virale particulière vous permet en général d'acquérir une immunité vis-à-vis de ce virus. Votre système immunitaire reconnaît l'antigène lors d'une exposition ultérieure, déclenchant ainsi une réponse rapide qui neutralise et élimine le virus avant qu'il ne vous affecte.

Dans de nombreuses cultures anciennes, on savait que les personnes ayant survécu à une maladie infectieuse étaient généralement immunisées contre cette même maladie. Dans l'antiquité, les médecins chinois et égyptiens pratiquaient une forme de vaccination.

Abusez votre système immunitaire pour votre bien

La vaccination joue un tour à votre système immunitaire en lui faisant croire que vous avez déjà subi une véritable infection sans vous exposer aux conséquences parfois très graves de maladies comme la polio. La réaction de votre système immunitaire à l'infection perçue comme telle vous garantit que, lors d'une exposition future au même virus, vos mécanismes de défense répondront rapidement et efficacement, protégeant ainsi votre santé.

Les vaccins mis au point grâce aux progrès de l'immunologie permettent aux parents de nombreux pays de ne plus craindre que leur enfant succombe à une épidémie estivale de polio. Les autres maladies maîtrisées grâce aux vaccins comprennent la variole, la diphtérie, la coqueluche, le tétanos, la varicelle, la rougeole, la rubéole, les oreillons, de même que certaines formes d'hépatites et de méningites.

La stimulation du système immunitaire pour produire une réaction protectrice contre l'allergène est le principe de base de l'immunothérapie spécifique comme je l'expliquerai plus loin dans ce chapitre.

Classification des réactions immunitaires anormales

Je le mentionnais précédemment, votre système immunitaire peut vous poser des problèmes en cas de mauvais fonctionnement, soit parce qu'il est déficient, soit parce qu'il fait trop bien son travail. Ces réactions anormales se classent en quatre types distincts.

Parmi les quatre mécanismes intervenant au cours des allergies, les types I et IV, qui traitent et mémorisent les rencontres antérieures avec les antigènes, sont les plus importants.

Réactions IgE-dépendantes (type I)

Les réactions IgE-dépendantes (type I), responsables des réactions allergiques immédiates (*hypersensibilité immédiate*), sont souvent provoquées par une piqûre d'insecte ou l'injection d'un médicament comme la pénicilline chez une personne extrêmement sensibilisée à ces facteurs déclenchants. La réaction de type I la plus grave est le choc anaphylactique (voir Chapitre 1).

La rhinite allergique (le rhume des foins), l'asthme allergique et certaines allergies médicamenteuses sont d'autres exemples de ce type de mécanisme immunitaire. Comme la réaction allergique se déclenche rapidement en cas d'hypersensibilité immédiate, les tests cutanés (Chapitre 8) permettent souvent d'identifier sans délai les facteurs déclenchants. Pour une explication plus détaillée des réactions de type I, je vous renvoie au paragraphe « Une hypersensibilité immédiate » ci-après.

Réactions cytotoxiques (type II)

Les réactions cytotoxiques (type II) détruisent les cellules et interviennent, par exemple, dans la destruction des globules rouges à l'origine d'une anémie et d'une baisse du nombre de plaquettes dans le sang, réduisant ainsi les capacités de coagulation.

Certains médicaments comme la pénicilline, les sulfamides et la quinidine déclenchent des réactions cytotoxiques. Les réactions de type II jouent un rôle dans l'anémie hémolytique et l'ictère du nourrisson ainsi que dans le rejet des greffes.

Formation de complexes immuns (type III)

Les manifestations de la *formation de complexes immuns* comprennent une fièvre, une éruption cutanée, une urticaire, un œdème, des ganglions lymphatiques volumineux et des douleurs articulaires. Ces réactions sont parmi celles que les médecins qualifient de *maladie sérique*. Ces symptômes apparaissent généralement une à trois semaines après la dernière prise médicamenteuse (pénicilline, sulfamides, thiouracile et phénytoïne).

Les réactions de type III interviennent aussi dans les maladies auto-immunes telles que le lupus érythémateux, le psoriasis, la polyarthrite rhumatoïde, certaines formes de diabète et de maladies rénales.

Réactions à médiation cellulaire (type IV)

L'eczéma de contact est le principal exemple de *réactions à médiation cellulaire (type IV)*, caractérisée par une réponse locale, non systémique (Chapitre 17). Les médecins parlent aussi d'*hypersensibilité retardée* pour ce type de réaction, la réponse allergique ne survenant que plusieurs heures, voire plusieurs jours après l'exposition à l'allergène.

Ces réactions retardées sont rarement mortelles, mais demandent parfois plus de temps pour se calmer ou disparaître que les réactions atopiques comme l'hypersensibilité immédiate. Revoyez « Réactions IgE-dépendantes (type I) ».

Une hypersensibilité immédiate

Les réactions allergiques de type I font intervenir un grand nombre de processus complexes, au cours desquels certains acteurs jouent différents rôles. Les paragraphes qui suivent vous expliquent les rôles des principales cellules et substances qui participent à la sensibilisation et au déclenchement des réactions allergiques.

Dressons la scène des réactions allergiques

Les principaux acteurs des réactions de type I sont les suivants :

✓ **Les mastocytes**. Ces cellules du tissu conjonctif jouent un rôle clé dans les maladies allergiques. Les mastocytes se rencontrent surtout près des vaisseaux sanguins et des cellules à mucus des épithéliums (tissus qui tapissent différentes parties de l'organisme). En cas d'asthme ou d'allergies, les médecins s'inquiètent de l'action des mastocytes dans l'épithélium des yeux, des oreilles, du nez, des sinus, de la gorge, des bronches, de la peau et de l'appareil digestif.

✓ **Les basophiles**. Ces cellules sanguines se situent près de la surface des tissus et jouent un rôle majeur au cours de la phase retardée de la réaction (lisez « Réactions à l'exposition aux allergènes » ci-après pour plus d'informations).

Les mastocytes et les basophiles figurent parmi les premières cellules rencontrées par les antigènes lorsqu'ils pénètrent dans votre organisme. Ces cellules sentinelles sont couvertes de nombreux sites récepteurs d'IgE pouvant se lier avec les IgE spécifiques des divers allergènes (correspondant, par exemple, à différents pollens ou poils d'animaux).

Ces cellules renferment également de puissants médiateurs chimiques de l'inflammation, libérés lors de la fixation d'un allergène spécifique sur les IgE. L'inflammation ainsi produite correspond aux symptômes de l'asthme et des allergies.

✓ **Les éosinophiles**. Des médiateurs attirent ces globules blancs sur le site de la réaction allergique où ils libèrent divers médiateurs de l'inflammation, dont des enzymes susceptibles de léser les tissus. Les éosinophiles jouent un rôle déterminant dans la phase retardée des réactions qui affectent les asthmatiques et les allergiques, et interviennent notamment dans l'inflammation nasale qui survient plusieurs heures après un épisode initial de rhinite allergique.

L'histamine et les leucotriènes (dont je parle souvent dans cet ouvrage) ne sont que deux des multiples médiateurs de l'inflammation libérés par les mastocytes et les basophiles au cours des réactions allergiques. Ces nombreux médiateurs ont les effets suivants sur votre organisme :

✓ Dilatation des vaisseaux sanguins, ce qui augmente leur perméabilité et active de ce fait l'inflammation.

✓ Augmentation des sécrétions muqueuses, responsables des écoulements nasaux, des yeux larmoyants et de la congestion des voies respiratoires, selon le site d'action du facteur déclenchant.

✓ Activation des nerfs sensitifs, à l'origine des démangeaisons. (Si vous avez une rhinite allergique, vous pouvez percevoir des démangeaisons au niveau du nez lorsque d'autres symptômes allergiques se déclarent, car ces médiateurs activent vos nerfs sensitifs.)

✓ Dégradation tissulaire, souvent douloureuse et gênante.

✓ Stimulation de la production des IgE et activation des éosinophiles, renforçant donc l'inflammation.

✓ Attraction d'autres cellules inflammatoires dans la région pour amplifier la réaction.

✓ Constriction des muscles lisses des voies respiratoires.

Réactions à l'exposition aux allergènes

Vous allez découvrir les relations entre les acteurs que je vous décrivais précédemment. La séquence typique de réaction IgE-dépendante (hypersensibilité immédiate) comprend les étapes suivantes :

1. Votre système immunitaire est exposé à un allergène.

   Les expositions aux allergènes se produisent par :

   - **Inhalation.** Les allergènes inhalés (ou *pneumallergènes*), comme les pollens, les moisissures, les allergènes d'acariens et les allergènes des poils d'animaux, pénètrent par le nez et/ou la bouche, mettant l'allergène en contact avec les cellules immunitaires qui tapissent le nez, la bouche, la gorge et les bronches. Les symptômes courants de ces expositions sont une rhinorrhée (le nez qui coule), des éternuements, un larmoiement, une obstruction nasale, un jetage postérieur (écoulement vers l'arrière du nez), une toux, une oppression thoracique, une respiration sifflante et un souffle court.

   - **Ingestion.** Vous pouvez avaler les allergènes contenus dans les cacahuètes, les crustacés, les œufs, le lait ou dans les médicaments comme la pénicilline. Ces expositions déclenchent des symptômes buccaux : démangeaison et œdème de la langue, des lèvres et de la gorge ; des symptômes gastro-intestinaux comme la nausée, les crampes d'estomac, les vomissements et la diarrhée ; des réactions cutanées comme l'urticaire et l'œdème de Quincke ; ainsi que des symptômes respiratoires tels que la toux, la respiration sifflante, le souffle court et une rhinite.

   - **Contact.** L'exposition par contact direct fait intervenir des réponses d'hypersensibilité retardée de type IV : réactions au nickel, au latex... (Chapitre 17). Les symptômes par contact direct sont généralement localisés : une éruption cutanée, par exemple.

   - **Injection.** L'injection d'un médicament par une seringue et les dards d'insectes peuvent provoquer des réactions très violentes car l'injection des allergènes a lieu directement dans la circulation sanguine, ce qui leur permet de se disperser rapidement vers tous les organes du corps. Les injections de pénicilline sont les exemples d'anaphylaxies médicamenteuses les plus graves chez les personnes hypersensibles à ce produit. Les venins d'insectes piqueurs risquent également de provoquer des réactions gravissimes.

2. L'allergène déclenche une réaction IgE-dépendante dans votre organisme.

   Si vous avez un terrain atopique (prédisposition héréditaire aux allergies), les macrophages qui débarrassent votre organisme des protéines étrangères (tels les allergènes) se comportent comme des cellules présentatrices des antigènes (des allergènes). Les cellules T (autres cellules spécialisées du système immunitaire) recrutent alors des cellules B qui se transforment en plasmocytes. Ce processus aboutit à la production d'anticorps IgE spécifiques de l'allergène (voir la Figure 2-1).

3. Les allergènes se fixent aux IgE spécifiques situées à la surface des mastocytes et des basophiles.

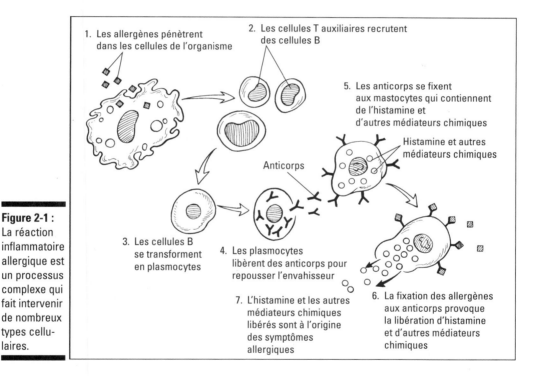

Figure 2-1 :
La réaction inflammatoire allergique est un processus complexe qui fait intervenir de nombreux types cellulaires.

1. Les allergènes pénètrent dans les cellules de l'organisme

2. Les cellules T auxiliaires recrutent des cellules B

3. Les cellules B se transforment en plasmocytes

4. Les plasmocytes libèrent des anticorps pour repousser l'envahisseur

5. Les anticorps se fixent aux mastocytes qui contiennent de l'histamine et d'autres médiateurs chimiques

Histamine et autres médiateurs chimiques

Anticorps

6. La fixation des allergènes aux anticorps provoque la libération d'histamine et d'autres médiateurs chimiques

7. L'histamine et les autres médiateurs chimiques libérés sont à l'origine des symptômes allergiques

Lors de votre première exposition à l'allergène, vous ne ressentez aucune réaction. Toutefois, votre organisme produit des IgE spécifiques qui se fixent sur les sites récepteurs des mastocytes. Votre système immunitaire est ainsi sensibilisé, et une exposition ultérieure à ce même allergène induira une réaction allergique.

4. Vous êtes de nouveau exposé à l'allergène. Il se fixe à deux IgE spécifiques de la surface du mastocyte, à la manière d'une clé dans une serrure.

5. Cette fixation croisée de l'allergène à deux IgE active la libération par le mastocyte des puissants médiateurs chimiques de l'inflammation, qui vont affecter divers organes et déclencher les symptômes allergiques.

Vous avez parfois l'impression, notamment lors des réactions provoquées par une piqûre d'insecte ou par la pénicilline, que votre réaction allergique est due à une seule exposition. Néanmoins, dans la plupart des cas, vous aviez connu une exposition antérieure sensibilisante, peut-être de l'une des manières suivantes :

En ce qui concerne les piqûres d'insectes, vous avez probablement été piqué lorsque vous étiez enfant, mais vous avez certainement oublié cette expérience car la réaction restée localisée n'avait pas été trop douloureuse.

Votre première exposition à la pénicilline vous laisse peut-être encore moins de souvenirs. En effet, le lait ou la viande de bœuf que vous consommez peuvent contenir cet antibiotique provenant des traitements administrés au bétail.

Et c'est reparti : la réaction retardée

La réponse allergique comporte deux phases faisant intervenir les cellules inflammatoires et les puissants médiateurs chimiques de l'inflammation. La phase immédiate se produit dans l'heure qui suit l'exposition à l'allergène. Tandis que la réaction retardée a lieu de trois à dix heures après la première manifestation allergique. Les éosinophiles, stimulés par les basophiles (voir « Dressons la scène des réactions allergiques » précédemment), lancent une seconde vague d'attaque contre les allergènes, plusieurs heures après, juste quand vous pensiez en avoir fini avec cette crise. Dans certains cas, la réaction retardée se révèle plus grave que la réaction initiale. L'inflammation est l'un des principaux symptômes de cette seconde salve.

Les antihistaminiques et bronchodilatateurs à action brève ne sont efficaces que dans le traitement de la réaction immédiate. Votre médecin vous prescrira peut-être des corticoïdes oraux pour lutter contre les symptômes de la réaction retardée. L'immunothérapie spécifique est une forme particulière de traitement qui permet de réduire les réactions immédiates et retardées de l'exposition à l'allergène, comme vous le verrez d'ici peu dans « Les bienfaits de l'immunologie ».

Hyperréactivité

Si vous êtes en permanence exposé à un allergène domestique auquel vous êtes allergique (les poils de votre lapin nain par exemple) vous constaterez que, pendant la saison des graminées auxquelles vous êtes allergique, vos symptômes seront plus ennuyeux, même à des niveaux d'exposition plus faibles qu'auparavant. En augmentant votre *charge allergénique* (votre niveau total d'exposition, à tout moment, à n'importe quelle combinaison d'allergènes qui déclenchent vos allergies – voir Chapitre 6), les autres allergènes et irritants peuvent également vous poser des problèmes. L'élimination des poils (et squames) d'animaux de votre domicile pourrait vous permettre d'avoir moins d'allergies à la saison des graminées.

À l'inverse, bien que le chat de vos amis ne vous pose aucun problème la majeure partie de l'année, ses poils risquent de déclencher une rhinite allergique et/ou de l'asthme pendant la saison des graminées. La raison en est que les pollens abaissent votre seuil de tolérance (vous devenez *hyperréactif*) à cet affectueux animal.

Réactions non spécifiques

Les réactions non spécifiques sont un autre type de complications qui apparaissent lorsque l'inflammation et la sensibilisation — par des expositions répétées ou continues à des facteurs déclenchants — de vos fosses nasales et de vos voies respiratoires sont telles que des irritants non allergiques initient également des réactions. Ces irritants non spécifiques sont souvent :

✓ La fumée de tabac (cigarettes, cigares ou pipes).

✓ Les vapeurs et parfums des produits d'entretien, savons parfumés, parfums et eaux de toilette ; des colles, solvants et aérosols ; et des poêles à gaz ou à pétrole non ventilés.

✓ Les fumées de poêles ou de cheminées.

✓ La pollution atmosphérique.

✓ Les vapeurs de produits chimiques, principalement sur le lieu de travail.

Les réactions déclenchées par les irritants ne sont pas IgE-dépendantes, mais augmentent néanmoins l'atteinte des zones déjà sensibilisées. Perpétuellement exposé à des allergènes et à des irritants, vous êtes susceptible d'entrer dans un cercle vicieux : l'atteinte provoquée par les réactions allergiques est exacerbée par les irritants, qui à leur tour aggravent les zones affectées et accentuent leur sensibilité, aboutissant donc à une amplification des symptômes et une atteinte plus sévère des voies respiratoires.

Les bienfaits de l'immunologie

L'immunologie est une source de bienfaits pour traiter l'asthme et les allergies. Les médecins disposent en effet de l'immunothérapie spécifique pour modifier les réactions de votre système immunitaire face aux facteurs déclenchants. La réponse immunologique obtenue après immunothérapie spécifique encourage le système immunitaire à protéger plutôt qu'endommager votre organisme (Chapitre 8).

L'immunothérapie spécifique est généralement le moyen le plus efficace de traiter les causes sous-jacentes de maladies allergiques telles que la rhinite allergique (et la conjonctivite allergique), l'asthme allergique et l'allergie aux piqûres d'insectes (grâce à la désensibilisation aux venins, voir au Chapitre 21).

BERGER PAR LE MENU

Amélioration de votre avenir grâce à l'immunologie

Les progrès médicaux réalisés en un siècle dans le domaine de l'immunologie figurent parmi les plus grandes réalisations de l'histoire de l'humanité. Ils sont à l'origine de véritables miracles inimaginables il y a cent ans dans l'ensemble du monde. Je crois que les progrès constants en immunologie vont permettre de découvrir des moyens nettement plus efficaces de prévention des maladies infectieuses qui menacent toujours de nombreux citoyens de notre planète. Les recherches en immunologie ont déjà permis de lutter contre certaines formes de cancer grâce aux interférons, aux traitements anti-tumoraux et autres interventions immunologiques.

Dans notre quête de nouvelles thérapeutiques pour lutter contre les symptômes de l'asthme et des allergies, l'immunologie a joué un rôle clé dans la mise au point du traitement, utilisant une IgE ultramoderne appelée anticorps monoclonal recombinant humanisé (rhuMAb). Ce nouveau médicament est conçu pour se lier immunologi-quement aux IgE circulantes et ainsi empêcher leur fixation aux mastocytes, afin de bloquer l'amorce de la réaction allergique.

L'étude de l'immunité est une priorité pour l'homme. Les médecins et les chercheurs doivent persévérer pour élucider le fonctionnement du système immunitaire et percer ses secrets pour un futur meilleur. Je suis convaincu que le XXIe siècle verra la mise au point de nombreux vaccins contre des maladies graves comme l'herpès, le virus respiratoire syncytial (VRS) qui provoque des bronchiolites chez les nourrissons (Chapitre 14) et bien sûr contre le Sida, fléau mondial. De même, je crois que le XXIe siècle connaîtra de nouvelles formes de désensibilisation pour les allergies. La recherche immunologique produira peut-être même un jour un vaccin contre l'asthme et les allergies. (Si cela se produit, mes patients n'auront plus besoin de moi et je pourrai envisager de réaliser mon rêve : passer mes journées sur les terrains de golf.)

Chapitre 3

La consultation

● ●

Dans ce chapitre :

➤ Préparez votre premier rendez-vous

➤ Remplissez les questionnaires

➤ Optimisez vos visites chez le médecin

➤ Sachez ce que vous pouvez attendre de votre médecin

● ●

*V*otre visite chez le médecin, qu'il soit spécialiste des allergies et de l'asthme ou bien généraliste, est un moment important. Avec votre médecin, vous formez une équipe, et il est essentiel d'établir et d'entretenir ce partenariat pour garantir une bonne prise en charge et un traitement efficace de votre asthme, vos allergies ou toute autre maladie grave.

L'efficacité de votre traitement ne dépend pas tant de la durée de la consultation que de sa *qualité*. Certes, je suis content de voir mes patients et ils sont incontestablement sensibles au charme de ma personnalité, mais, j'en ai pleinement conscience, la vraie raison de leur visite, c'est d'aller mieux. Mon expérience m'a démontré que les patients retirent un meilleur bénéfice du traitement quand ils savent tirer le meilleur parti de leur consultation chez le médecin. Voici quelques trucs :

✓ Préparez vos visites chez le médecin (comme je vous l'expliquerai plus loin dans ce chapitre).

✓ Expliquez bien à votre médecin vos symptômes et les effets de votre traitement.

✓ Étudiez tous les aspects de votre traitement, les médicaments prescrits et les moyens les plus efficaces pour éviter les facteurs déclenchants de l'asthme et des allergies. (Les Chapitres 6 et 11 vous proposent de plus amples informations sur le sujet.)

✓ Fixez avec votre médecin des objectifs thérapeutiques et assurez-vous de pouvoir parler ouvertement avec lui des effets et résultats de votre traitement.

✓ Respectez votre traitement. Vous êtes le facteur déterminant de votre démarche thérapeutique. Votre bonne santé et votre qualité de vie dépendent de votre participation active.

Préparation de votre première consultation

Afin d'établir le bon diagnostic, votre généraliste vous enverra peut-être consulter un spécialiste : un allergologue (voir l'encadré « Consulter un spécialiste ») et/ou un pneumologue. Votre première consultation abordera les points suivants :

✓ Le bilan de vos antécédents médicaux (voir les paragraphes suivants) en reprenant toutes les maladies que vous avez eues, et pas seulement celles qui vous semblent en relation avec l'asthme ou les allergies.

✓ Un examen clinique. En fonction de votre maladie, de vos antécédents et des raisons pour lesquelles votre médecin traitant vous a adressé à son confrère, l'examen s'intéressera surtout aux régions concernées par les symptômes allergiques, ou comprendra une évaluation plus générale. (Voir « Symptômes de l'asthme et des allergies » ci-après.)

✓ Des tests cutanés (selon vos antécédents médicaux et l'examen clinique) pour confirmer des sensibilisations spécifiques et/ou d'autres examens appropriés (épreuves fonctionnelles respiratoires, décrites plus loin dans « Évaluation de l'asthme grâce à la spirométrie »).

✓ La prescription d'un traitement accompagnée de recommandations de suivi et/ou d'instructions sur les mesures environnementales à entreprendre pour éviter, ou du moins réduire, les expositions aux facteurs déclenchants de votre asthme ou de vos allergies.

Faites vos devoirs

L'identification des causes sous-jacentes à votre allergie ou à votre asthme constitue la meilleure approche pour un traitement efficace. Cependant, comme je l'expliquais dans le Chapitre 2, en raison de la complexité des maladies allergiques, la découverte de l'origine des maux ne repose pas seulement sur des examens (analyses sanguines ou radiographies) et leur interprétation.

Bien que nous ayons assisté récemment à des progrès spectaculaires dans le diagnostic et le traitement de nombreuses maladies (surtout grâce à la recherche de nouvelles thérapeutiques), votre spécialiste doit tout d'abord connaître la totalité de vos antécédents médicaux pour vous traiter. Ces antécédents serviront de base à votre évaluation.

BERGER PAR LE MENU

Consulter un spécialiste

Je vous conseille de consulter un spécialiste de l'asthme et des allergies (allergologue ou pneumologue) quand :

Votre diagnostic est difficile à poser. Une toux chronique et/ou une rhinorrhée (nez qui coule) qui ne cèdent pas au traitement initial (médicaments contre la toux ou contre le rhume) sont deux des raisons les plus fréquentes pour que votre généraliste vous adresse à un spécialiste.

Votre diagnostic requiert des examens complémentaires. Dans certains cas, votre généraliste vous enverra chez un spécialiste pour effectuer des tests cutanés nécessaires pour confirmer une suspicion d'allergie comme une rhinite allergique (rhume des foins), un asthme, une dermatite atopique (eczéma), une hypersensibilité à certains aliments ou des réactions allergiques aux piqûres d'insectes. D'autres examens peuvent être pratiqués chez un spé-

cialiste pour diagnostiquer un asthme : un bilan fonctionnel respiratoire, une spirométrie, des tests de provocation bronchique, une bronchoscopie (voir Chapitre 10) et/ou une exploration de votre rhinite par rhinoscopie.

Votre médecin vous conseille de pratiquer une immunothérapie spécifique. (Voir Chapitre 8.)

D'autres affections compliquent votre maladie ou son diagnostic. Cela comprend une sinusite, des polypes nasaux, une rhinite grave, un reflux gastro-œsophagien, une obstruction bronchique chronique, des problèmes de cordes vocales ou une aspergillose (une mycose qui peut toucher vos poumons).

Vous vous êtes déjà retrouvé aux urgences ou vous avez été hospitalisé pour votre asthme (voir Chapitre 10) ou pour un choc anaphylactique (voir Chapitre 1).

Le médecin que vous consultez pour votre asthme et/ou vos allergies vous demandera généralement de lui fournir des informations médicales très précises lors de la première consultation. L'interrogatoire a en effet une valeur capitale. Après avoir pris connaissance de vos antécédents médicaux, il vous examinera. Il pourra par la suite demander des examens complémentaires dans l'optique de confirmer le diagnostic et d'identifier avec précision les facteurs déclenchants de vos symptômes allergiques, et aussi déterminer vos niveaux de sensibilité à ces facteurs.

La préparation pour une première consultation chez un spécialiste ne doit pas vous stresser autant qu'un examen ou un entretien d'embauche. Prenez toutefois un peu de temps avant votre rendez-vous pour réunir et revoir toutes les informations dont votre spécialiste a besoin pour poser son diagnostic. Préparez-vous à communiquer au médecin les éléments suivants :

✓ Tous vos symptômes, ceux qui vous semblent liés aux allergies et les autres.

✓ Toutes les autres maladies pour lesquelles vous avez été, ou êtes actuellement, traité.

✓ Les médicaments que vous consommez, qu'ils soient prescrits ou non.

✓ Vos antécédents médicaux ainsi que ceux de votre famille.

✓ Des détails sur des facteurs de votre environnement (domicile, travail, école) qui peuvent intervenir dans votre maladie.

Vous trouverez des exemples détaillés des informations nécessaires à votre médecin un peu plus loin dans ce chapitre.

Vous vous posez certainement des questions au sujet de votre maladie. Vous pouvez parfaitement parler de vos inquiétudes lors d'une première consultation. Souvenez-vous qu'il n'y a pas de question stupide concernant vos antécédents, le diagnostic ou le traitement.

Vous pensez qu'un problème dont vous souhaitez parler est évident, insignifiant ou déplacé, mais l'aborder avec votre médecin peut permettre d'éclairer la nature de votre maladie. La meilleure façon de savoir, c'est de se lancer et d'en parler. Un bon médecin appréciera le fait que vous ayez pris le temps de formuler vos propres questions. Je vous conseille de noter vos questions à l'avance et de les donner au médecin au début de l'entretien qui pourra ainsi se concentrer sur les problèmes les plus importants.

Racontez votre histoire

Vous devrez certainement fournir les informations suivantes lors de votre première consultation chez un spécialiste de l'asthme et des allergies :

Patient, connais-toi !

En fournissant au médecin les informations dont il a besoin concernant vos antécédents médicaux, vous prenez part au diagnostic et au traitement de votre maladie. Tout en réunissant les nombreux détails de leurs antécédents, beaucoup de mes patients ont découvert des relations entre des symptômes, des facteurs déclenchants et favorisants qu'ils n'avaient pas soupçonnées jusqu'alors.

Cette connaissance de soi aide non seulement le médecin à poser son diagnostic, mais peut aussi vous aider à faire des choix avertis à propos des options de traitement, et à éviter les facteurs déclenchants et favorisants de vos allergies ou de votre asthme.

✓ Votre nom, adresse, numéro de téléphone, et autres informations pour vous contacter.

✓ Votre âge, sexe et profession. (Si vous consultez pour votre enfant, inscrivez votre âge et votre profession ainsi que ceux de votre conjoint.)

✓ Le nom du médecin généraliste (ou de la personne qui vous a envoyé).

✓ Vos principaux problèmes médicaux et leur durée.

✓ Vos symptômes et les régions ou organes concernés. Expliquez en détail quand et dans quelles circonstances ces symptômes apparaissent, le diagnostic n'en sera que plus précis.

✓ Les femmes doivent signaler si elles pensent, ou savent, être enceintes ; ou si elles en ont l'intention.

✓ Les facteurs qui vous semblent aggraver la maladie. Par exemple, vous avez remarqué que vos symptômes respiratoires (toux, respiration sifflante et souffle court) sont plus marqués quand vous allez chez des amis qui ont des animaux ou en présence de fumeurs.

✓ Le nom des médicaments que vous prenez actuellement, ceux que vous utilisez pour votre maladie, mais aussi ceux délivrés sans ordonnance, ou les préparations d'herboristerie, que vous prenez pour soulager des douleurs légères par exemple. Apportez la liste des médicaments utilisés. Si vous n'êtes pas sûr du nom d'un médicament, apportez-le dans son emballage d'origine. Vous pouvez également demander au pharmacien ou à votre généraliste une liste des médicaments qui vous ont été prescrits. Il est parfois difficile de retrouver toutes ces informations d'un seul coup, aussi je vous invite à établir une liste de ce que vous prenez au fur et à mesure, à laquelle vous pourrez facilement vous référer quand vous consulterez un nouveau médecin, comme je l'explique plus loin dans « Notez vos symptômes et vos traitements ».

✓ Si vous avez déjà été traité ou examiné pour la même maladie, informez votre nouveau médecin des résultats des consultations précédentes, ainsi que des traitements entrepris. (Apportez les résultats de tous les examens que vous avez effectués, vous éviterez ainsi le coût et le désagrément de les refaire.)

✓ Apportez toutes les informations précises dont vous disposez sur les autres maladies que vous avez et leurs traitements, vous faciliterez l'évaluation de votre état de santé.

✓ Vos antécédents familiaux sont très importants pour poser le diagnostic, aussi prenez le temps de noter au mieux ces informations (voir « Retrouvez vos antécédents familiaux » plus loin dans ce chapitre). De même, si vous remplissez ce questionnaire pour un enfant, notez les informations sur la naissance, les vaccinations, et les maladies infantiles (bronchiolite et/ou croup).

✓ Votre cadre de travail, l'école ou la crèche, vos activités, vos loisirs sont aussi des facteurs importants.

✓ Votre alimentation, les régimes que vous suivez, les aliments que vous évitez, et les allergies alimentaires qui ont déjà été diagnostiquées.

✓ Les médecins ne sont pas des détectives privés, mais ils ont besoin de connaître votre domicile car de nombreux éléments de votre entourage peuvent déclencher ou aggraver vos symptômes, notamment la poussière, les poils (et squames) d'animaux, les moisissures, la fumée de cigarette. Donnez donc à votre médecin des informations sur les éléments suivants :

- Une liste des personnes partageant votre domicile et leurs habitudes (tabac, animaux…).

- Si vous avez des plantes d'intérieur, identifiez-les pour votre médecin.

- Les spécialistes ne sont ni des entrepreneurs, ni des agents immobiliers, ni des décorateurs d'intérieur, mais ils essayent d'évaluer l'état de votre domicile. Notez la situation, l'âge, les principaux matériaux de construction utilisés, le système de circulation d'air, l'état du sous-sol, le type de tapis et de meubles que vous avez. Votre médecin vous demandera également des renseignements sur le jardin, la cour et la végétation environnante.

- Votre médecin se renseignera aussi sur votre chambre, car vous y passez certainement une grande partie de votre vie (plus encore que sur le terrain de golf, dans mon cas). L'exposition aux allergènes dans la chambre joue souvent un rôle important dans la gravité des symptômes allergiques.

Notez vos symptômes et vos traitements

Notez chaque jour vos symptômes, ces informations aideront votre médecin lors de l'évaluation de votre maladie. Vous pouvez présenter ce carnet de bord de vos symptômes sous la forme d'un tableau, avec lignes et colonnes pour les symptômes, les médicaments, les débits expiratoires de pointe (DEP) (pour surveiller l'asthme, voir Chapitre 13), et vos remarques concernant les éventuels facteurs déclenchants.

En plus de votre carnet de bord, je vous encourage à conserver une liste de tous les médicaments que vous consommez (prescrits, disponibles sans ordonnance ou à base de plantes).

En cas d'hypersensibilité médicamenteuse (voir Chapitre 20), cette liste de médicaments aidera beaucoup votre médecin à diagnostiquer votre problème. La liste doit comprendre le nom de spécialité ou le nom générique d'absolument tous les médicaments que vous avez pris et que vous prenez actuellement, y compris les vitamines et les suppléments délivrés sans ordonnance — qui sont pour certains aussi puissants que les médicaments traditionnels contrôlés par l'Agence française de sécurité sanitaire des produits de santé (AFSSAPS) — ou disponibles uniquement sur ordonnance. Notez aussi pour quelle maladie vous avez pris, ou prenez, ce médicament ainsi que l'efficacité et/ou les résultats de ces produits.

Surveillez votre alimentation

Les hypersensibilités alimentaires sont à l'origine de problèmes digestifs comme les nausées, les vomissements ou les diarrhées, mais elles peuvent aussi provoquer des symptômes dans tout l'organisme. Les symptômes de l'hypersensibilité alimentaire sont : l'obstruction nasale, les éruptions cutanées et l'urticaire, les céphalées (maux de tête), les problèmes respiratoires (toux, respiration sifflante, souffle court) et la fatigue générale.

Si votre médecin pense qu'une hypersensibilité alimentaire est responsable de vos symptômes, il vous conseillera peut-être de tenir un carnet de bord de votre alimentation qui l'aidera à voir si votre problème est une allergie alimentaire ou un autre type de réaction, comme une intolérance alimentaire (voir Chapitre 19 pour plus d'informations sur le carnet de bord alimentaire).

Retrouvez vos antécédents familiaux

Comme l'hérédité joue souvent un rôle important pour déterminer les risques de maladies allergiques, votre médecin vous posera certainement des questions sur vos antécédents familiaux. Il n'est pas nécessaire de jouer les Émile Zola mais vérifiez que vous savez qui, dans votre famille (mère, frère, oncle…), présente une maladie particulière. Précisez à votre médecin si vos parents, enfants ou autres membres de la famille ont des maladies allergiques : asthme, rhinite allergique (rhume des foins), dermatite atopique (eczéma), allergie alimentaire ou médicamenteuse…

En outre, la présence de maladie familiale pouvant influencer votre traitement, dites à votre médecin si certains membres de la famille ont, ou ont eu, du diabète, de l'hypertension, une maladie cardiaque, une mucoviscidose ou un cancer.

Symptômes de l'asthme et des allergies

Après avoir pris connaissance de vos antécédents médicaux, votre médecin vous examinera pour chercher des signes physiques de votre asthme ou de vos allergies. Les régions examinées, qui varient suivant vos antécédents et le type de symptômes que vous présentez, sont les suivantes :

✓ Les yeux, le nez, la gorge et les sinus. Le médecin observe : une rougeur ou un larmoiement ; l'aspect du tympan ; un œdème de la muqueuse nasale ; la quantité et le caractère des écoulements nasaux ; la présence de polypes nasaux ; la taille et la couleur des amygdales ; l'aspect des ganglions lymphatiques du cou (qui augmentent de volume) ; et une éventuelle tension des sinus.

✓ L'inspection du thorax et des épaules pour mettre en évidence une distension pulmonaire ou une attitude rentrée des épaules qui peuvent signer des difficultés respiratoires.

✓ Les poumons (à l'aide d'un stéthoscope), pour rechercher une respiration sifflante et autres bruits respiratoires anormaux, ainsi que les caractéristiques de votre débit respiratoire.

✓ La peau, pour chercher une zone sèche, rouge, irritée et qui démange (comme dans le cas de la dermatite atopique), témoignant souvent d'une prédisposition allergique.

✓ Si votre médecin suspecte une rhinite allergique, il observera des gestes et expressions du visage particuliers, notamment chez les enfants et les adolescents, comme je l'expliquerai dans le Chapitre 4.

Examens complémentaires

Afin de confirmer ou d'identifier plus précisément les causes sous-jacentes de vos symptômes, et en fonction de vos antécédents, de l'histoire de votre maladie et des résultats de l'examen clinique, votre médecin demandera certains examens complémentaires. Voici un aperçu des examens les plus courants.

Tests cutanés

Les allergologues considèrent les tests cutanés comme « l'étalon-or » du diagnostic des sensibilités à certains allergènes. Les tests cutanés indiquent parfois le niveau de sensibilité à un allergène spécifique. Ils sont surtout utilisés pour identifier des sensibilités aux pollens, aux acariens, aux moisissures, aux poils d'animaux, aux piqûres d'insectes, des hypersensibilités alimentaires et si nécessaire des hypersensibilités à la pénicilline.

Pour réaliser les tests cutanés, le médecin place une goutte de l'allergène suspecté sur votre peau, puis, à l'aide d'une aiguille, pique la peau pour faire pénétrer l'allergène et voir s'il produit une réaction. Si vous êtes effectivement allergique à l'allergène en question, votre peau réagit comme pour une piqûre de moustique ou une petite urticaire.

Une réaction positive permet d'identifier la cause de vos réactions allergiques et peut préciser votre niveau de sensibilité à cet allergène. (Voir Chapitre 8 pour en savoir plus sur les tests cutanés.)

Dosage sanguin des IgE spécifiques : RAST

Votre allergologue peut vous prescrire un dosage sanguin des IgE spécifiques RAST (de l'anglais Radio Allergo Sorbent Test) pour diagnostiquer vos sensibilités allergiques.

Évaluation de l'asthme par spirométrie

Si parmi vos symptômes vous avez une toux, une respiration sifflante et un souffle court, votre médecin vous demandera de réaliser une étude fonctionnelle respiratoire à l'aide d'un spiromètre pour vérifier si l'asthme est responsable de votre état.

Un spiromètre est un appareil qui mesure le débit des voies aériennes avant et après l'inhalation d'un bronchodilatateur à effet immédiat. Cette technique offre, chez l'adulte et l'enfant de plus de 4 ou 5 ans, le meilleur moyen de dépister une obstruction bronchique et de voir si l'état est réversible (s'il s'améliore après l'inhalation d'un médicament approprié). Votre médecin peut aussi vous prescrire d'autres examens fonctionnels s'il suspecte d'autres problèmes respiratoires (voir Chapitre 10).

Autres méthodes diagnostiques de l'asthme et des allergies

Les examens suivants sont parfois nécessaires pour confirmer le diagnostic d'un asthme ou d'une allergie :

- ✓ **Rhinoscopie**. Cette technique est utile pour rechercher les causes d'une obstruction nasale, d'un jetage postérieur (écoulement vers l'arrière gorge) et pour examiner l'état des sinus.

- ✓ **Radiographie des sinus et/ou du thorax, ou scanner des sinus (voir Chapitre 9)**. Votre médecin vous prescrira ces examens d'imagerie pour démasquer si d'autres pathologies, comme la bronchite chronique ou l'emphysème (regroupés sous le terme de *bronchopneumopathie chronique obstructive*, BPCO), la pneumonie ou la sinusite, s'ajoutent à votre maladie.

✓ **Tests de provocation bronchique.** Dans certains cas, les résultats recueillis lors de la spirométrie sont normaux ou presque, alors que l'asthme semble bien la cause la plus probable de vos symptômes. Votre médecin prescrira alors un test de provocation bronchique pour affiner son diagnostic. Cet examen comprend un exercice de quelques minutes (sur une bicyclette d'appartement ou un tapis roulant), ou bien l'inhalation d'une petite dose de métacholine ou d'histamine (voir au Chapitre 10), pour déterminer si des symptômes légers de l'asthme sont dus à un bronchospasme. Ce test permet au médecin de diagnostiquer un asthme, dont les symptômes apparaissent au cours des tests en raison de l'hyperréactivité bronchique (voir Chapitre 10), mais qui autrement passerait inaperçu.

✓ **Tympanométrie.** Les médecins utilisent souvent cette méthode de mesure de la réponse du tympan à différentes pressions, pour détecter la présence d'une otite moyenne (inflammation de l'oreille moyenne), une complication fréquente de la sinusite et de la rhinite allergique.

✓ **Régime d'éviction.** Si les tests cutanés n'ont pas permis de découvrir l'allergène incriminé dans votre allergie alimentaire, un régime d'éviction peut vous être demandé (sous contrôle médical) pour déterminer les facteurs déclenchants (voir Chapitre 19).

✓ **Tests de provocation orale.** Ces tests consistent à ingérer (sous contrôle médical) de très petites quantités d'aliments contenant des allergènes suspectés. Ils ne doivent être entrepris que si les réactions alimentaires n'étaient pas trop graves et doivent être effectués en milieu hospitalier (voir Chapitre 19).

Le suivi : votre deuxième consultation et les suivantes

La deuxième consultation chez un allergologue ou un pneumologue a lieu en général quelques semaines après la première. Cette nouvelle consultation étant aussi importante que la première, n'oubliez pas les informations et les documents dont votre médecin aura besoin.

Au moment de prendre rendez-vous pour votre deuxième consultation, demandez combien de temps durera la consultation afin d'organiser votre journée en conséquence.

Docteur, docteur, dites-moi tout

Au cours de votre deuxième consultation, le médecin étudie les résultats de vos examens, vous explique le diagnostic et élabore un traitement.

Demandez toujours un diagnostic précis quand vous consultez un spécialiste.

Suivant le diagnostic et votre état général, votre deuxième (ou troisième) visite se déroulera approximativement de la manière suivante :

✓ **Contrôle de l'efficacité des médicaments prescrits précédemment.** Dans certains cas, votre médecin ajustera les médicaments ou le dosage.

✓ **Résumé des principaux résultats de la première consultation.** Demandez aussi où trouver des informations supplémentaires (comme ce livre !).

✓ **Rédaction d'un programme thérapeutique.** Assurez-vous d'avoir bien compris les différents éléments de ce programme, et vérifiez que vous pourrez vous y tenir. Posez toutes vos questions concernant le traitement.

✓ **Remise des instructions écrites pour éviter allergènes, irritants et/ou facteurs favorisants qui déclenchent votre asthme ou vos allergies.**

Pensez à l'immunothérapie spécifique

Si vos antécédents médicaux et les tests cutanés indiquent clairement que vous êtes allergique à certains allergènes, votre médecin vous conseillera peut-être d'envisager une immunothérapie (désensibilisation). Ce traitement requiert un véritable engagement de votre part.

L'immunothérapie spécifique est un travail de longue haleine qui nécessite un réel investissement en temps. Pour les allergènes inhalés et les piqûres d'insectes (voir Chapitre 21) près d'un an d'injections sont nécessaires avant de savoir si le traitement est vraiment profitable. Votre engagement dans ce programme est la clef d'une désensibilisation réussie, vous devez donc respecter le calendrier d'injection prescrit par votre allergologue (voir Chapitre 8).

Faites équipe avec votre médecin

Les attentes varient d'un individu à l'autre, souvent en fonction des priorités de chacun, aussi, précisez clairement à votre médecin vos propres expectatives en matière de traitement, et demandez-lui ce qu'il est raisonnable d'en attendre. Participez à la mise au point et à la réalisation de vos objectifs de traitement. Si vous avez de l'asthme, je vous renvoie aux objectifs proposés pour une prise en charge efficace de l'asthme dans le Chapitre 13.

Les allergiques et les asthmatiques mènent pour la plupart une vie normale. Les soins appropriés et efficaces qui vous sont prodigués, votre participation motivée au traitement vous garantissent une bonne qualité de vie. Toutefois, si le suivi de votre traitement vous empêchait de participer pleinement à vos activités favorites, parlez-en à votre médecin et ajustez ensemble votre traitement pour en augmenter l'efficacité.

Deuxième partie
Prenez soin de votre nez

« C'est un bouclier anti-éternuements car ma mutuelle refuse de me rembourser un antihistaminique non sédatif. »

Dans cette partie...

Nul besoin de s'appeler Cyrano de Bergerac pour savoir que le nez est un organe particulier. Si vos symptômes vous font penser à une rhinite allergique, sachez que cette allergie a souvent des conséquences plus graves que les éternuements, le nez qui coule, la gorge irritée et les yeux qui pleurent.

Cette partie présente les facteurs déclenchants des rhinites allergiques, les effets de la maladie sur le reste de l'organisme, les complications les plus fréquentes, et ce que vous devez faire avec votre médecin pour vous traiter efficacement. Les traitements comprennent des moyens d'éviter les allergènes et les irritants, les médicaments nécessaires pour maîtriser et prévenir les symptômes, et l'immunothérapie spécifique permettant le suivi de la rhinite allergique à long terme.

Chapitre 4
La rhinite allergique

. . . .

Dans ce chapitre :

➤ Découvrez la rhinite allergique

➤ Identifiez le rhume des foins, en connaissant ses symptômes

➤ Prenez conscience des bienfaits d'un traitement

➤ Prenez en charge votre rhume des foins

➤ Examinez les formes particulières de rhinites allergiques

. . . .

*L*a rhinite allergique, maladie allergique la plus courante en France, concerne 16 à 20 % de la population. Cela fait beaucoup de crises d'éternuements, de nez qui coulent, de sinus bouchés et d'yeux irrités et larmoyants. La rhinite allergique n'est pas grave (même si on a parfois l'impression de mourir quand les symptômes s'intensifient), mais elle est quand même pénible et ses complications peuvent parfois poser problème en l'absence de traitement adapté.

L'appellation *rhume des foins* n'est pas appropriée. Elle remonte à des études de fermiers anglais du XIXᵉ siècle qui accusaient à tort la coupe des foins de printemps comme responsable des maladies inflammatoires du nez. En 1871, Charles Blackley identifia le pollen de nombreuses plantes (notamment des graminées) qui dépendent du vent pour leur pollinisation, comme cause principale du rhume des foins. L'appellation *rhume des foins* est toujours utilisée pour ce que les médecins nomment la *rhinite allergique saisonnière*.

Rhinite et rhinocéros : le nez grec

Rhinite est le terme médical désignant une inflammation de la muqueuse nasale. Ce nom dérive de *rhinos*, qui en grec désigne le nez (ainsi le rhinocéros à une corne, ceros, sur le nez), et n'a aucun rapport avec le Rhin, même si parfois votre nez coule comme un fleuve.

La seconde partie du terme, ite, signifie « inflammation » comme dans sinusite (inflammation des sinus), appendicite (inflammation de l'appendice) et, vous l'aviez deviné, rhinite, inflammation du nez.

Voici encore quelques termes que vous pouvez utiliser pour épater vos amis et mieux comprendre votre médecin :

✓ **Rhinologie** : étude de l'anatomie, des pathologies et de la physiologie du nez.

✓ **Rhinoscopie** : examen des fosses nasales.

✓ **Rhinovirus** : virus responsable de problèmes respiratoires comme le rhume.

✓ **Rhinopharyngite** : inflammation de la muqueuse nasale et de la gorge.

✓ **Rhinorrhée** : écoulement nasal.

La rhinite allergique ne provoque pas de fièvre. Si de la fièvre accompagne des symptômes qui ressemblent à une rhinite allergique, vous souffrez peut-être d'une infection virale ou bactérienne comme une sinusite (Chapitre 9), une grippe ou une pneumonie.

Pour en finir avec le nez qui coule

Afin de traiter efficacement et correctement la rhinite allergique, je vous conseille de réfléchir aux aspects suivants :

✓ **Vous en prenez pour longtemps**. En général, la rhinite allergique revient régulièrement et indéfiniment après la sensibilisation à l'allergène responsable des symptômes (voir Chapitre 2).

✓ **Votre nez doit être sain**. Le nez est un organe si vital de l'appareil respiratoire que sa santé est essentielle à votre bien-être. L'absence de traitement, ou une prise en charge inefficace de la rhinite allergique, est susceptible d'entraîner des complications comme les polypes nasaux (excroissances de la muqueuse nasale), la sinusite (inflammation des sinus, voir Chapitre 9), les otites à répétition (qui peuvent entraîner des pertes auditives, voir Chapitre 9), une aggravation des symptômes bronchiques, des anomalies dentaires ou faciales et des difficultés d'élocution chez l'enfant.

Non seulement votre nez soutient vos lunettes de soleil, mais il a d'autres fonctions salutaires :

- Votre nez réchauffe et humidifie l'air que vous inhalez.
- L'intérieur de votre nez filtre et purifie l'air que vous inhalez grâce à ses nombreux cils (minuscules cellules ciliées qui évacuent le mucus).
- Votre nez est essentiel pour l'odorat et la qualité de la voix. Par exemple, lorsque vous avez le nez bouché, votre voix est différente (on dit qu'elle est nasale).

✓ **Vous devez savoir pourquoi vous vous mouchez**. Le diagnostic de votre rhinite allergique requiert une étude de vos antécédents médicaux, un examen physique, des analyses, et parfois un test cutané pour identifier l'allergène incriminé. Tous ces éléments permettent de choisir le traitement le plus adapté.

✓ **L'éviction est parfois la solution**. La méthode la plus efficace et la moins chère pour lutter contre votre rhinite allergique est d'éviter les allergènes qui déclenchent vos symptômes, ce qui n'est malheureusement pas toujours évident. Vous ne pourrez peut-être pas tous les éviter, mais vous serez déjà suffisamment soulagé pour sentir l'amélioration de votre qualité de vie. (Voir Chapitre 6 pour vous aider à éviter les allergènes.)

✓ **Les médicaments sont parfois nocifs**. Si vous avez une rhinite allergique, vous avez peut-être recours aux antihistaminiques ou aux décongestionnants délivrés sans ordonnance pour vous soulager. Ces produits ont souvent des effets indésirables comme la somnolence (limitant sérieusement l'utilisation en toute sécurité de ces antihistaminiques), les troubles visuels, l'hypertension, les nausées, les douleurs gastriques, la constipation, l'insomnie, l'irritabilité, et bien d'autres… Non seulement ces effets secondaires sont plus pénibles que la rhinite allergique, mais, en plus, ils peuvent être dangereux. L'abus de décongestionnants en spray nasal est parfois responsable de rhinites médicamenteuses (voir l'encadré au Chapitre 7 qui lui est consacré).

La peur des fleurs

Les roses s'épanouissant au printemps et en été, périodes auxquelles les pollens d'arbres et de graminées transportés par le vent abondent, sont parfois accusées par les personnes atteintes de rhinite allergique d'être à l'origine de leurs symptômes. Mais les roses, de même que d'autres plantes colorées attrayantes, sont pollinisées par les insectes. Contrairement aux pollens d'arbres, de plantes herbacées et de graminées, ou aux spores de moisissures, très légers, le pollen des fleurs, lourd et collant, est peu susceptible d'être transporté par le vent. En fait, très peu des nombreuses espèces d'arbres de nos régions libèrent des pollens responsables de rhinite allergique. Notez toutefois que si vous êtes jardinier et/ou fleuriste, et donc en permanence exposé à de nombreux types de fleurs (pas seulement des roses), vous pouvez développer une sensibilité au pollen de ces plantes à fleurs, correspondant à une forme de rhinite allergique professionnelle.

Différents types de rhinites allergiques

Le rhume des foins, qui désigne la rhinite allergique saisonnière, est souvent utilisé pour parler d'une inflammation nasale (mais aussi pour vendre des médicaments contre cette affection). Les allergologues distinguent différentes formes de rhinites allergiques qu'ils regroupent en fonction du type d'exposition :

✓ La rhinite allergique saisonnière.

✓ La rhinite allergique perannuelle, qui comprend la rhinite allergique perannuelle avec exacerbation saisonnière (voir l'encadré « Malheurs chroniques : tous les allergènes, toute l'année »).

✓ La rhinite allergique professionnelle.

La rhinite allergique saisonnière

La saison des allergies

Les allergologues utilisent le terme de *saison pollinique* pour désigner la période marquée par une grande quantité de pollens d'arbres, de graminées ou autres herbacées dans l'air. Cette saison bat son plein du milieu du printemps au début de l'été, lorsque la forte concentration de pollens et de spores de moisissures de l'air affecte de nombreuses personnes sensibilisées. L'arrière-saison pollinique, de la fin de l'été au début de l'automne, est marquée par une prolifération des pollens d'herbacées.

Les symptômes de la rhinite allergique saisonnière, forme la plus fréquente de rhinite allergique, apparaissent à des moments précis de l'année, notamment lorsque certains pollens et/ou spores de moisissures sont présents dans l'air. Les symptômes du rhume des foins varient d'une année sur l'autre, en fonction des conditions climatiques et des différences régionales qui affectent la qualité, et la quantité, de pollens et de spores de moisissures de l'environnement, mais aussi en fonction du type et de la date d'exposition à ces substances. Les périodes de pollinisation des différentes plantes permettent de définir un calendrier pollinique : les taux de pollens transportés par le vent sont à leur maximum pour les arbres, les graminées et plantes herbacées aux périodes suivantes :

✓ **De la fin de l'hiver à la fin du printemps :** pollens d'arbres.

✓ **De la fin du printemps au début de l'été :** pollens de graminées.

✓ **Du milieu de l'été à l'automne** : pollens d'herbacées. La présence de pollens d'herbacées peut se prolonger jusqu'au début du mois d'octobre dans les régions plus chaudes et en l'absence de gelées.

Les spores de moisissures transportées par le vent, présentes en quantité variable tout au long de l'année, ne posent véritablement de problèmes qu'à la fin de l'été et en automne. Pour plus de détails sur ce qui est « dans le vent », envolez-vous vers le Chapitre 5.

La rhinite allergique perannuelle

La rhinite allergique perannuelle est généralement due à une sensibilisation de votre système immunitaire à un ou plusieurs facteurs déclenchants présents en permanence dans votre environnement, que ce soit chez vous, à l'extérieur, au travail, à l'école ou dans d'autres lieux que vous fréquentez. Les symptômes de cette affection peuvent être tout aussi graves que ceux de la rhinite allergique saisonnière.

Malheurs chroniques : tous les allergènes, toute l'année

Si vous souffrez de rhinite perannuelle, vous subissez peut-être une aggravation de vos symptômes lorsque l'air est chargé d'importantes quantités d'allergènes. Les médecins parlent alors de rhinite allergique perannuelle avec exacerbation saisonnière. Dans certains cas, l'exposition continue à de multiples allergènes peut être responsable d'une rhinite allergique chronique, dont la pérennisation des symptômes aggrave le tableau.

Rhinite allergique professionnelle

La rhinite allergique professionnelle est plus difficile à diagnostiquer et à traiter car elle est fréquemment secondaire à la combinaison de multiples facteurs déclenchants présents sur le lieu de travail. Ce type de rhinite concerne souvent les personnes souffrant d'un asthme professionnel. (Vous trouverez des détails sur l'asthme professionnel dans le Chapitre 11.) Votre médecin cherchera les facteurs suivants pour établir son diagnostic de rhinite allergique professionnelle :

✓ Vos symptômes se manifestent-ils surtout au travail ? Ou, s'ils sont présents par ailleurs, sont-ils aggravés sur votre lieu de travail ?

✓ Vos symptômes disparaissent-ils ou s'améliorent-ils lorsque vous quittez votre travail, à la fin de la journée, pendant le week-end ou les vacances, quand vous travaillez sur un autre site ou quand vous changez de travail ?

✓ Certains de vos collègues présentent-ils les mêmes symptômes ?

Pourquoi le nez coule-t-il ?

En plus des pollens (graminées, arbres et plantes herbacées) et des spores de moisissures transportés par le vent, d'autres facteurs déclenchants de rhinite, allergique ou non, fréquentent nos lieux de vie :

- ✓ Allergènes d'acariens.
- ✓ Moisissures d'intérieur.
- ✓ Poils, salive et urine d'animaux domestiques (chiens et chats).
- ✓ Fèces de rats, souris et blattes.
- ✓ Allergènes provenant de votre lieu de travail, de l'école ou autres lieux que vous fréquentez
- ✓ Substances allergéniques telles que les fibres, le latex, la sciure, divers produits chimiques, et bien d'autres choses encore

Comme je l'expliquais dans le Chapitre 2, de nombreuses substances qui n'induisent pas de réaction allergique de votre système immunitaire peuvent néanmoins aggraver une maladie allergique ou un asthme. Les allergologues parlent de substances irritantes, parmi lesquelles figurent la fumée de tabac, les aérosols, la colle, les produits d'entretien, les parfums et savons parfumés.

Faites-vous examiner

Je conseille vivement aux personnes réellement gênées par les symptômes du rhume des foins de consulter un médecin pour savoir si ces symptômes sont dus à une forme de rhinite allergique, à une rhinite non allergique, à une sinusite ou à une maladie respiratoire. Un traitement efficace ne peut s'envisager sans un bon diagnostic préalable.

Une sensation de fuite

De nombreuses personnes souffrant de rhinite allergique pensent, à tort, qu'au printemps, ou quand le temps change, ils ont un rhume qui traîne. Cependant, même si les infections virales comme le rhume ou la grippe peuvent survenir de façon cyclique, ces pathologies ne durent pas autant que la rhinite allergique saisonnière, perannuelle ou professionnelle. Les symptômes associés à ces rhinites allergiques sont souvent :

✓ Une rhinorrhée claire et aqueuse.

✓ Une inflammation nasale.

✓ Des éternuements.

✓ Un jetage postérieur (écoulement dans l'arrière de la gorge).

✓ Des yeux irrités et larmoyants.

✓ Des démangeaisons du nez, de la gorge et des oreilles.

✓ Une irritation persistante de la muqueuse des yeux, de l'oreille moyenne, du nez et des sinus (dans les cas chroniques).

Près de la moitié des personnes souffrant d'une rhinite allergique éprouvent d'autres symptômes dus à une réaction retardée (voir Chapitre 2), qui se manifeste trois à dix heures après l'exposition à l'allergène, généralement à l'origine des symptômes persistants, et en particulier de la congestion nasale.

N'OUBLIEZ PAS

Signes révélateurs

Les symptômes de rhinite allergique que je vous présente dans ce chapitre sont à l'origine de divers gestes et expressions caractéristiques, en particulier chez l'enfant et l'adolescent. Gardez ces signes à l'esprit s'il vous semble que vous-même, ou quelqu'un de votre entourage, a une rhinite allergique, car ils sont si caractéristiques que j'arrive généralement, en regardant dans la salle d'attente de mon cabinet, à savoir qui souffre de rhinite allergique. Quand mes enfants étaient plus jeunes, j'avais remarqué des signes analogues chez leurs camarades allergiques. Les expressions et gestes suivants vous aideront à diagnostiquer votre maladie :

✓ **Le salut de l'allergique.** Aussi tentant qu'il soit de le considérer comme une marque de respect à l'égard de leur médecin, le salut allergique décrit en fait la manière dont la plupart des personnes utilisent la paume de leur main pour frotter et retrousser le bout de leur nez pour soulager la démangeaison et la congestion nasale (et parfois essuyer un peu de mucus).

✓ **Les yeux au beurre noir.** La rhinite allergique maltraite vraiment certains patients. Des cercles sombres sous les yeux, dus au gon-flement et à la décoloration provoquée par la congestion de petits vaisseaux sanguins situés sous la peau de cette zone, peuvent vous donner l'apparence d'avoir fait quelques rounds avec Mike Tyson.

✓ **Le faciès adénoïdien.** La rhinite allergique entraîne parfois un œdème des végétations (tissu lymphatique qui tapisse l'arrière-gorge et se prolonge derrière le nez) donnant un faciès tombant et un air fatigué.

✓ **La ligne sur le nez.** Cette marque cutanée en travers de l'arête du nez est généralement le résultat (surtout chez les enfants) du frottement du nez (salut de l'allergique) pour soulager la congestion et la démangeaison.

✓ **La respiration par la bouche.** Dans les cas de rhinite allergique avec congestion nasale importante, la respiration se fait par la bouche de façon chronique, entraînant la formation d'un palais haut et arqué (ogival), d'une lèvre supérieure relevée et d'une avancée des dents (ce symptôme explique pourquoi tant d'adolescents atteints de rhinite allergique consultent un orthodontiste).

La rhinite allergique ne provoque généralement pas de symptômes tels que la fièvre, les douleurs musculaires et articulaires, ni les douleurs oculaires ou dentaires. Si ces symptômes apparaissent, l'origine de votre maladie est peut-être une infection virale ou bactérienne, ou encore une blessure. Consultez votre médecin.

Si votre septum nasal est dévié (le septum est la cloison cartilagineuse située entre vos narines), il peut bloquer l'un des côtés de votre nez, et provoquer une rhinorrhée ou une congestion. Comme les symptômes s'apparentent à ceux de la rhinite allergique, faites examiner votre septum nasal. Une correction chirurgicale de la déviation est parfois nécessaire pour éliminer une obstruction grave des voies aériennes.

L'avoir à l'œil : la conjonctivite allergique

Une rougeur de l'œil et de l'intérieur des paupières, une démangeaison, un gonflement et un larmoiement de l'œil sont les signes d'une *conjonctivite allergique*. Cette affection accompagne souvent la rhinite allergique et la plupart des allergènes impliqués dans la rhinite allergique déclenchent des poussées saisonnières ou perannuelles de conjonctivite.

Tout ce qui coule n'est pas allergique

De nombreuses personnes pensent que les éternuements, le nez qui coule et congestionné traduisent toujours une réaction allergique. Sachez cependant que la rhinite n'est pas nécessairement allergique comme dans les cas suivants :

✓ **Infectieuse**. Les pathologies virales des voies respiratoires supérieures (rhumes) sont souvent la cause d'un problème nasal aigu ou chronique.

✓ **Hormonale**. Les femmes ont parfois une inflammation nasale grave quand elles prennent une pilule contraceptive, en période d'ovulation ou pendant la grossesse (les symptômes apparaissent au deuxième mois et disparaissent après l'accouchement).

✓ **Émotionnelle**. L'excitation sexuelle provoque parfois une congestion nasale et une rhinorrhée. D'autres émotions intenses (rires ou pleurs) entraînent les mêmes symptômes.

✓ **Vasomotrice**. L'exemple typique de cette forme de rhinite non allergique se produit lors des changements brusques de température (un courant d'air froid). L'exposition à une lumière vive ou à des irritants (fumée de cigarette, parfums, désinfectants, vapeurs de peintures, d'encre d'imprimerie, de voitures et de solvants) provoquent aussi une rhinite vasomotrice.

✓ **Médicamenteuse.** Les anti-hypertenseurs (pour faire baisser la tension), l'aspirine et les anti-inflammatoires non stéroïdiens (comme l'ibuprofène) sont parfois responsables de rhinites, tout comme la cocaïne.

✓ **Gustative.** Les aliments épicés (surtout ceux très pimentés) peuvent entraîner des larmoiements, une rhinorrhée et des éternuements (et dégager momentanément les sinus, ouf !). La bière, le vin et autres boissons alcoolisées sont parfois responsables de ces symptômes. Ce type de réaction immédiate non allergique limitée à certains plats et boissons alcoolisées est différent du processus plus complexe de réaction allergique, comme je l'expliquerai dans le Chapitre 19.

Afin d'établir précisément son diagnostic, votre médecin devra étudier vos antécédents médicaux, votre histoire familiale d'atopie et vous examiner. Si votre généraliste suspecte une rhinite allergique, il vous enverra certainement chez un spécialiste : un allergologue ou un oto-rhino-laryngologiste (spécialiste des oreilles, du nez et de la gorge) dans les cas suivants :

✓ Si l'identification des facteurs déclenchants de votre pathologie est nécessaire.

✓ Si le traitement de votre rhinite (allergique ou non) n'est pas suivi d'une amélioration notable de votre état (traitement inadéquat et/ou réactions aux médicaments).

✓ Si vous souhaitez savoir comment éviter les allergènes et les irritants qui engendrent vos symptômes (voir Chapitre 6).

✓ Si votre rhinite ou les effets secondaires du traitement vous empêchent d'exercer votre profession (surtout pour piloter un avion ou une voiture).

✓ Si la maladie affecte profondément votre qualité de vie.

✓ Si la rhinite se complique : sinusite, otite, expressions du visage caractéristiques (voir l'encadré sur les « Signes révélateurs » précédemment).

✓ Si vous souffrez de plusieurs maladies comme une sinusite récurrente ou chronique (voir Chapitre 9), un asthme (voir Chapitre 10) ou un autre problème respiratoire, une otite (voir Chapitre 9) ou des polypes nasaux.

> ✓ Si votre médecin doit vous prescrire des corticoïdes oraux (voir Chapitre 6).
>
> ✓ Si vos symptômes persistent depuis plus de trois mois.

Votre médecin, généralement l'ORL, recherchera des signes de salut allergique, d'œil au beurre noir, de faciès adénoïdien, de respiration par la bouche, de pâleur (souvent signe de fatigue) et examinera les régions suivantes :

> ✓ L'arête de votre nez pour y rechercher une ligne horizontale et observer l'état de votre septum nasal (la cloison cartilagineuse entre les narines).
>
> ✓ Vos fosses nasales, pour chercher des cornets œdématiés (tissus saillants qui tapissent l'intérieur du nez, voir la Figure 4-1), des polypes nasaux (excroissances de la muqueuse nasale, pâles, rondes ou piriformes, lisses et gélatineuses), une congestion, de même que les caractéristiques, la couleur et la quantité des sécrétions.
>
> ✓ L'intérieur de votre bouche et l'arrière de votre gorge, à la recherche d'une rougeur, un gonflement, des amygdales hypertrophiées, et pour contrôler le drainage depuis les fosses nasales. En outre, votre médecin vérifiera la présence d'un palais ogival et/ou d'une mauvaise occlusion (mauvais alignement des mâchoires et des dents induit par la respiration buccale et le mauvais positionnement de la langue).
>
> ✓ Votre cou et votre visage, pour chercher des grosseurs, des zones sensibles, douloureuses ou engourdies.
>
> ✓ Vos yeux et vos oreilles, pour des signes d'inflammation et/ou d'infection.
>
> ✓ Si nécessaire, un examen plus poussé pourrait comprendre un contrôle des cordes vocales, des végétations, des trompes d'Eustache (la connexion entre l'oreille moyenne, le nez et la gorge, qui fait claquer vos tympans lorsque l'avion descend).

En plus d'évaluer votre état physiologique, votre médecin essayera aussi de connaître :

> ✓ La fréquence, les variations saisonnières et le mode d'expression de vos réactions allergiques.
>
> ✓ Le type d'allergènes et d'irritants auxquels vous êtes exposé chez vous, au travail, à l'école, chez les copains et dans la famille, et tous les autres lieux que vous fréquentez comme les centres commerciaux, théâtres, restaurants, et même vos moyens de transport (voiture, train, bateau et avion).

Aidez votre médecin

Tenez un carnet de bord, sur lequel vous noterez quand et où vos symptômes allergiques apparaissent ; ces informations aideront au diagnostic. Par exemple, vous ressentez des symptômes de rhume des foins modérés mais maîtrisables quand vous allez chez des amis qui ont des chiens et des chats. Toutefois, vous constaterez que parfois, lors de ces visites, vos symptômes sont plus graves.

Si vous tenez un carnet de bord de la date de vos épisodes allergiques, vous aiderez beaucoup le médecin à déterminer si la présence d'allergènes saisonniers comme les pollens de graminées aggravent votre état (voir Chapitre 6).

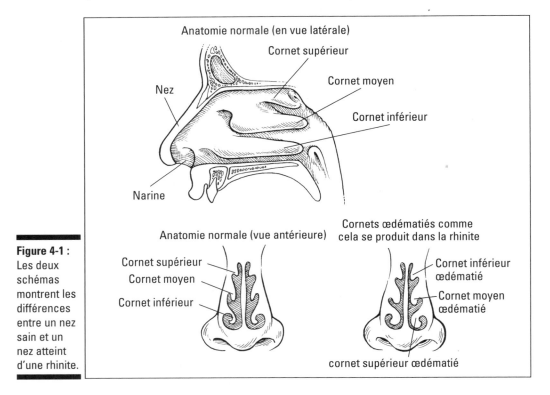

Figure 4-1 : Les deux schémas montrent les différences entre un nez sain et un nez atteint d'une rhinite.

Tests cutanés : l'étalon-or

Votre médecin vous demandera peut-être de vous soumettre à des tests cutanés pour confirmer et identifier les allergènes responsables de votre maladie. Dans certains cas, les tests cutanés indiquent également le niveau de sensibilité à ces allergènes. Lors des tests cutanés, une goutte de l'allergène suspecté est déposée sur la peau, puis, à l'aide d'une pointe, on pique la peau pour faire pénétrer l'allergène et voir s'il produit une réaction. En cas d'allergie à cet allergène, la réaction ressemble à une piqûre de moustique ou une urticaire. Pour en savoir plus, lisez le Chapitre 8.

Prise en charge de la rhinite

Comme je le mentionnais dans le premier chapitre de cet ouvrage, le traitement et la prise en charge des allergies, dont la rhinite allergique, reposent sur trois approches.

L'éviction

Benjamin Franklin déclarait fort justement « Une once de prévention vaut mieux qu'une livre de traitement. » L'élimination ou au moins la réduction des expositions aux allergènes et aux irritants suffit parfois à réduire l'intensité des symptômes et le recours aux médicaments. Le Chapitre 6 regorge de détails pour vous aider à identifier et éviter les allergènes et les irritants, présents au domicile et dans la chambre, où nous passons tous beaucoup de temps.

Traitement pharmacologique

Le traitement pharmacologique, qui repose sur les médicaments, est très important dans le domaine des allergies car il est souvent difficile d'éviter entièrement un allergène. Votre médecin vous prescrira donc un ou plusieurs médicaments, selon la nature et la gravité de vos symptômes, mais aussi selon votre âge, votre profession, et divers autres facteurs. Ces produits, leurs indications et leurs effets secondaires sont présentés en détail au Chapitre 7.

L'immunothérapie spécifique

Si l'éviction des allergènes et les traitements ne sont pas suffisamment efficaces, et si la gravité de vos symptômes ou la nature de votre métier le justifient, votre médecin vous conseillera de recourir à l'immunothérapie spécifique. Pour une rhinite allergique, l'immunothérapie spécifique requiert au moins trois ans de traitement. (Pour plus de renseignements, consultez le Chapitre 8.)

Cas particuliers

Certains patients atteints de rhinite ont besoin de traitements particuliers.

✓ **Les enfants**. Les antihistaminiques oraux et les cromones inhalées sont souvent la première option thérapeutique pour les jeunes patients atteints de rhinite allergique. Les corticoïdes locaux par voie nasale sont également utilisés.

✓ **Les femmes enceintes**. Demandez conseil à votre médecin car de nombreux médicaments sont contre-indiqués pendant la grossesse.

✓ **Les athlètes**. Demandez à votre médecin si les médicaments que vous prenez (prescrits ou non) figurent sur la liste des classes de substances et méthodes dopantes interdites par le ministère de la Jeunesse et des Sports. D'une manière générale, que le produit relève ou non d'une législation, il est préférable, si vous êtes un athlète, d'éviter tout médicament qui pourrait réduire vos performances ou au contraire vous procurer un avantage injuste.

Chapitre 5

Pollens, moisissures et poussières

- -

Dans ce chapitre :

➤ Découvrez ce que vous respirez

➤ Interprétez les comptes polliniques atmosphériques

➤ Méfiez-vous des acariens et autres habitants de la poussière

- -

*I*l y a quelque chose dans l'air… qui peut déclencher vos allergies ou votre asthme. En temps normal, la respiration se fait de façon réflexe, sans y penser, tant que rien dans l'air n'entrave le processus. Toutefois, à moins de vivre dans une bulle, à chaque inspiration, vous n'inhalez pas que de l'oxygène.

L'air que nous respirons contient une foule de particules trop petites pour être distinguées à l'œil nu. En plus des polluants et autres matériaux transportés par l'air, ces particules comprennent des substances allergéniques, connues sous le terme de pneumallergènes (ou aéro-allergènes), susceptibles de déclencher des réactions allergiques et affecter le bien-être des personnes allergiques ou asthmatiques.

Les pneumallergènes suivants sont les facteurs déclenchants les plus courants de *rhinites allergiques* (voir Chapitre 4) et d'asthme. (Rendez-vous au Chapitre 11 pour plus d'informations sur l'effet de ces allergènes sur l'asthme.)

✓ Pollens transportés par le vent

✓ Spores de moisissures transportées par le vent

✓ Poussière domestique qui contient différents types d'allergènes comme les acariens, les fibres, les spores de moisissures d'intérieur, les poils, squames et autres matériaux allergéniques produits par les animaux domestiques et nuisibles.

De nombreuses personnes sont allergiques aux pneumallergènes qui pénètrent dans les bâtiments par les portes et les fenêtres, ou qui sont acheminés à l'intérieur par les vêtements, la fourrure des animaux domestiques ou les cheveux.

Les pollens

Les pollens sont responsables des symptômes de rhinites allergiques et d'asthme. Les plantes dont le pollen est transporté par le vent (arbres, graminées ou autres herbacées) plutôt que par les insectes en produisent des quantités énormes pour se reproduire. Les émissions de pollens de certains arbres ressemblent à un nuage.

Par référence à ceux des plantes actuelles, les pollens recueillis sur les sites de fouilles sont utilisés par les archéologues et les botanistes pour reconstituer les environnements anciens.

Le pollen en détail

Les plantes à fleurs et à graines se reproduisent par pollinisation, mécanisme qui fait intervenir le transfert de grains de pollen depuis la partie mâle de la plante vers les sites reproducteurs femelles. Lorsqu'un grain de pollen atteint le site femelle, il produit un tube pollinique qui transporte la cellule mâle vers la cellule reproductrice femelle. (L'aspect technique se révèle parfois très troublant…)

Le pollen est transporté par divers moyens : les insectes, d'autres animaux ou le vent. Le pollen véhiculé par le vent responsable des symptômes de rhinite allergique provient de trois types de plantes :

✓ **Les graminées**. Les graminées responsables de rhinites allergiques sont disséminées sur l'ensemble du territoire.

✓ **Les autres plantes herbacées**. La plus importante est l'armoise.

✓ **Les arbres**. La plupart des arbres qui libèrent un pollen allergisant sont des *angiospermes* (le groupe des plantes à fleurs, même si ces arbres n'ont pas vraiment de fleurs !) comme les saules, les peupliers, les bouleaux ou les chênes. Le pollen de quelques *gymnospermes* (à graine nue) comme les pins, les épicéas, les sapins, les genévriers et les cyprès déclenchent aussi des symptômes de rhinite allergique.

Bien que ces groupes de plantes soient responsables de la plupart des cas de rhinite allergique induite par les pollens, seul le pollen de quelques membres de chaque groupe est allergisant.

MYTHE

Le bois mort

Vous souffrez d'allergies lorsque vous êtes exposé au pollen de certaines graminées, autres plantes herbacées ou arbres, mais cela ne signifie pas que vous êtes allergique à la plante en question.

Si vous êtes allergique au pollen, vous pouvez donc sans crainte continuer à travailler sur votre bureau en chêne ; il a cessé de produire du pollen il y a bien longtemps.

Dans le vent

Pour certaines plantes, la pollinisation par le vent a bien marché pendant des millions d'années, leur permettant de survivre et de prospérer dans des environnements dépourvus d'insectes ou d'animaux pollinisateurs. Notre espèce, récemment apparue (*Homo sapiens*, vous et moi), a aussi prospéré dans ces régions ; l'homme s'est donc souvent trouvé sur la route des pollens transportés par le vent. Au lieu d'atteindre leur cible, les grains de pollen viennent se perdre dans nos yeux, notre nez, notre gorge et nos poumons, engendrant des réactions chez les individus sensibles.

Pollens et moisissures en toutes saisons

La majorité des plantes libèrent leur pollen transporté par le vent à des périodes précises de l'année. Ces périodes s'échelonnent en trois saisons polliniques. Si vos allergies s'aggravent pendant l'une de ces saisons, la prédominance de certains pollens est peut-être en cause.
Voici le type de pollens et de moisissures présents à chacune de ces saisons :

✓ En hiver, les pollens sont rarement à l'origine d'allergies, sauf dans le sud de la France où les plantes et les moisissures continuent à produire du pollen et des spores, tant qu'il n'y a pas de neige.
L'allergie aux pollens de cyprès est d'ailleurs préoccupante dans le Midi méditerranéen. Ces dernières années, de nombreuses haies de cyprès de même nature ont été plantées, favorisant l'explosion de cette allergie. On parle même pour le pollen de cyprès de polluant biologique.

En plein hiver, des signes de rhinite et d'asthme peuvent ainsi apparaître chez les personnes allergiques aux pollens de cyprès.
Méfiez-vous, car ils sont souvent confondus avec une infection virale.

Dès la fin de l'hiver, les arbres sont certainement responsables de vos symptômes.

✓ À la fin du printemps et au début de l'été, les graminées sont probablement coupables.

✓ De la fin de l'été à l'automne, les plantes herbacées sont en cause.

S'il vous plaît, transportez mon pollen

Les plantes responsables des rhinites allergiques ne sont pas assez jolies pour attirer les insectes ou autres animaux pollinisateurs, et sont donc pollinisées par le vent. La plupart des fleurs qui nous attirent, comme pour les insectes et les autres animaux, produisent des pollens plus lourds qui collent aux animaux pollinisateurs qui les transportent ainsi jusqu'aux organes femelles des fleurs. Vous risquez donc bien moins d'être sensibilisé par des roses et autres fleurs colorées attirantes, à moins d'être en permanence à leur contact. Si vos symptômes allergiques se déclenchent après avoir senti une rose, votre réaction est probablement due aux pollens des plantes environnantes.

Si votre rhinite allergique suit une évolution saisonnière comme celle présentée ci-dessus, consultez votre médecin pour trouver quels pollens sont à l'origine de vos problèmes. Demandez-lui aussi quels sont les principaux allergènes présents dans un rayon de 100 kilomètres autour de votre domicile.

Plantes introduites

Une liste de plantes locales allergéniques sert de point de départ pour trouver l'origine de vos allergies. Toutefois, il ne faut pas oublier les plantes introduites dans votre environnement, comme les arbres et les herbes, plantées autour de chez vous dans un but décoratif, notamment le ficus *benjamina*.

Comptez vos pollens

Certains journaux proposent des comptes polliniques atmosphériques hebdomadaires. Le compte pollinique mesure le nombre total de grains de pollen d'une espèce dans un mètre cube par jour. Les résultats des comptes polliniques se répartissent selon cinq catégories : d'absent à très élevé.

N'oubliez pas que la sévérité des symptômes déclenchés par les pollens dépend non seulement du compte pollinique, mais aussi du type de pollen mesuré.

Voici d'autres facteurs à prendre en considération pour l'interprétation des comptes polliniques :

✓ La pluie élimine momentanément les pollens de l'air, tandis que les orages d'été les dispersent encore plus loin.

✓ Le temps chaud augmente la pollinisation, alors que les températures plus fraîches (vous l'aviez certainement remarqué) réduisent la quantité de pollen produite.

✓ Étant transportés par le vent, les pollens franchissent de grandes distances. Les plantes de votre jardin ou du voisin ne sont donc pas forcément responsables de vos allergies. Abattre le magnifique olivier qui trône dans votre jardin n'aura peut-être que très peu d'effets sur vos allergies.

La qualité, pas la quantité

Tous les pollens ne sont pas égaux. Les études montrent que les petits pollens de graminées, comme le pâturin, peuvent parcourir de longues distances avant de provoquer une allergie. En revanche, une exposition beaucoup plus forte et plus directe sera nécessaire pour déclencher vos symptômes avec le pollen de pin ou d'eucalyptus (ces pollens, gros et lourds, ne sont pas beaucoup dispersés par le vent). De même, un compte pollinique moyen d'armoise pourrait avoir beaucoup plus de conséquences qu'un compte pollinique élevé de plantain, selon vos sensibilités à ces pollens. C'est donc pourquoi il est important de connaître le type de pollen dans le vent, ainsi que sa quantité.

Lisez ces conseils pour vous aider à réduire les problèmes lors des journées à compte pollinique très élevé :

✓ Si on vous annonce un compte pollinique élevé pour des pollens auxquels vous êtes allergique, prenez des mesures pour éviter ou réduire votre exposition. Pour des détails sur les moyens de les éviter lisez le Chapitre 6.

✓ Si vous ne pouvez éviter complètement les pollens, utilisez les comptes polliniques pour vous aider à choisir (suivant les conseils de votre médecin) quand utiliser les médicaments pour prévenir la survenue des symptômes, ou du moins en réduire l'ampleur. Les médicaments pour la rhinite allergique sont présentés dans le Chapitre 7.

✓ Intéressez-vous aux niveaux polliniques qui déclenchent vos symptômes. Chacun d'entre nous réagit différemment aux niveaux de pollens, et les pollens varient suivant les régions. Cependant, lorsque le compte pollinique atteint un niveau moyen, la plupart des personnes allergiques commencent à éprouver des symptômes.

Contactez le Réseau national de surveillance aérobiologique pour plus d'informations sur les pollens et les moisissures de votre région. Le RNSA dispose de quarante sites de comptage répartis sur l'ensemble du territoire. Consultez le site www.rnsa.asso.fr pour plus d'informations.

Les arbres

Sur les nombreuses espèces d'arbres qui poussent dans nos contrées, seules quelques-unes produisent des pollens responsables de rhinites allergiques. La saison pollinique, pour la plupart d'entre elles, va de la fin de l'hiver au début du printemps.

Les pollens libérés par ces arbres se déplacent beaucoup moins loin que les pollens de graminées transportés par le vent.

Les arbres produisant des pollens allergisants sont :

- ✓ L'aulne, le noisetier, le bouleau (surtout dans le Nord et l'Est de la France), le charme
- ✓ Le châtaignier, le chêne, le hêtre
- ✓ Le saule, le peuplier
- ✓ L'olivier, le frêne, le troène
- ✓ Le cyprès (surtout dans le sud), le genévrier
- ✓ Le mûrier (dans le sud de la France)
- ✓ Le platane
- ✓ Le tilleul

Les graminées

Les plantes de la famille des graminées composent les prairies et les pelouses. Les pollens de graminées sont la première cause d'allergies dans le monde. En France, les pollens de la plupart des graminées sont allergisants. Les graminées produisent d'énormes quantités de pollens ; des études ont d'ailleurs montré qu'un champ de graminées libère plus de pollens qu'une même surface plantée d'arbres.

Les graminées pollinisées par le vent libèrent des quantités phénoménales de pollens à la fin du printemps. Les principales graminées responsables de symptômes allergiques sont :

- ✓ Le chiendent
- ✓ Le dactyle
- ✓ La fétuque
- ✓ La fléole (surtout en région parisienne)
- ✓ L'ivraie
- ✓ Le pâturin

Le dactyle, l'ivraie, la fléole... ont des allergènes communs. Une allergie au pollen de l'une de ces graminées signale souvent une sensibilité aux allergènes d'une autre.

Les herbacées

Les plantes herbacées pollinisées par le vent sont généralement de petites plantes sauvages annuelles souvent dépourvues de valeur agricole ou d'intérêt décoratif (elles n'ont pas de jolies fleurs). Celles responsables d'allergies sont surtout :

- ✓ L'armoise
- ✓ L'ambroisie (sillon rhodanien)
- ✓ Le chénopode
- ✓ La pariétaire
- ✓ Le plantain

Les moisissures

On pense que les spores de moisissures sont responsables d'allergies respiratoires depuis 1726. En fait, les moisissures figurent parmi les plus anciens habitants de notre planète. En France, les moisissures n'ont pas l'importance des allergènes de la poussière ou du pollen, mais elles induisent néanmoins des rhinites allergiques et autres troubles respiratoires.

Les comptes de moisissures sont généralement plus élevés que les comptes polliniques et s'accroissent au cours de l'été. Les spores de moisissures d'extérieur sont présentes presque toute l'année (sauf s'il neige) à l'inverse des pollens, qui ne sont libérés que pendant des saisons distinctes. Cependant, les comptes de spores de moisissures peuvent s'élever très rapidement et redescendre tout aussi soudainement. L'exposition aux spores est possible toute l'année car les moisissures prospèrent aussi à l'intérieur.

Les moisissures d'extérieur poussent sur des cultures (blé, maïs et soja), sur des matières en voie de décomposition (compost, foin, tas de feuilles et déchets de tontes), ainsi que sur de nombreux aliments (tomates, maïs, melons, bananes et champignons). (Si vous souhaitez en savoir plus sur les moisissures et les allergies alimentaires, dévorez le Chapitre 19.)

Dispersion des spores

Comme pour les herbacées ou les arbres, seules quelques formes de moisissures produisent des allergènes responsables de rhinites allergiques et d'asthme. On rencontre des spores de moisissures transportées par le vent partout sur le globe, sauf aux pôles. Aussi, à moins d'être un ours polaire ou un manchot, nous sommes tous plus ou moins exposés aux moisissures suivantes :

✓ *Cladosporium*. Ce genre prospère partout dans le monde, sauf dans les régions les plus froides ; ses spores sont les plus fréquentes dans l'air.

✓ *Alternaria*. Ces moisissures d'extérieur sont la première cause d'allergie respiratoire fongique (aux moisissures).

✓ *Aspergillus*. Moisissure d'intérieur, mais aussi d'extérieur, *Aspergillus* se rencontre dans les régions agricoles, les vides sanitaires des maisons, la poussière. L'exposition à *Aspergillus* est responsable de maladies respiratoires comme l'asthme (Chapitre 11), la pneumopathie appelée « poumon de fermier » et l'aspergillose broncho-pulmonaire allergique (ABPA).

Affaires de moisissures

Voici quelques éléments pour vous aider à déterminer si les spores de moisissures sont à l'origine de vos symptômes :

✓ Vos symptômes de rhinite allergique se manifestent presque toute l'année plutôt que de manière saisonnière.

✓ Vos symptômes s'aggravent pendant les mois d'été, même si les pollens ne sont pas en grand nombre.

✓ Vos allergies empirent près des terrains cultivés, des céréales, des terrains envahis par la végétation et pendant ou juste après une séance de jardinage. (Pour plus d'informations sur les moyens d'éviter les moisissures, voir Chapitre 6).

La poussière

Parmi les allergènes, la poussière de maison est la cause la plus fréquente d'allergies. Des études récentes ont montré que les allergènes inhalés présents dans la poussière sont les principaux facteurs de risques de crises d'asthme.

Rassurez-vous, la poussière n'est pas synonyme de saleté, et ne témoigne pas d'un mauvais entretien de votre domicile. Je suis un maniaque de la propreté, néanmoins, lorsque je pars une semaine, je trouve inévitablement une couche de poussière sur les meubles à mon retour, même si la maison est fermée et que personne n'y est venu. La poussière est inévitable car elle résulte de la décomposition des fibres et autres matériaux de notre environnement.

La poussière à la loupe

La poussière de maison contient généralement :

✓ Des allergènes d'acariens.

✓ Des poils (et squames) d'animaux.

✓ Des fragments d'insectes.

✓ Des fibres comme l'acrylique, la rayonne, le nylon, le coton...

✓ Des particules de papier et de bois.

✓ Des fragments de cheveux et des squames.

✓ Des cendres de tabac.

✓ Des particules de sel, sucre, épices et minéraux.

✓ Des pollens et des spores de champignons.

Les acariens

Les allergènes les plus puissants de la poussière proviennent des acariens (*Dermatophagoïdes pteronyssinus* et/ou *Dermatophagoïdes farinae*, selon les régions). La Figure 5-1 vous présente un acarien. Ces invertébrés microscopiques à huit pattes se nourrissent essentiellement des squames de peau morte produites en permanence par les animaux à sang chaud, comme l'homme. (Ne vous inquiétez pas, les acariens ne s'attaquent pas à la peau vivante.)

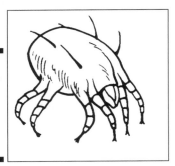

Figure 5-1 :
Les acariens
sont parmi
les plus
abondants
producteurs
d'allergènes

Les allergènes des pelotes fécales d'acariens sont souvent à l'origine d'allergies chez l'homme. Comme les acariens sont en général confortablement pelotonnés au fond des tapis, on entre rarement en contact direct, seulement avec leurs déjections ou leurs corps en décomposition, qui sont une source importante d'allergènes. Les acariens prospèrent dans les environnements sombres, chauds et humides comme les matelas, oreillers, sommiers, tapis, serviettes, meubles capitonnés, rideaux et jouets en peluche.

Les squames abondent généralement dans les matelas et les sommiers, ce qui explique pourquoi un lit héberge environ deux millions d'acariens. (Et vous qui pensiez être seul !) Par conséquent, vos symptômes peuvent s'amplifier dans le lit ou lorsque vous faites une petite sieste sur le canapé, car vous inhalez des quantités importantes d'allergènes en dormant. De ce fait, une grande partie des conseils pour éviter les allergènes présentés au Chapitre 6 concernent votre chambre.

Lors d'une expérience, les acariens d'un tapis ont été tués et le tapis coupé en petits morceaux, stockés chacun dans des conditions différentes de température et d'humidité. Près de deux ans plus tard, les allergènes des acariens morts étaient aussi puissants qu'à l'origine.

Quoi d'autre dans la poussière ?

Les animaux sont également responsables d'un grand nombre de rhinites allergiques (et d'asthme, voir Chapitre 11). Ce ne sont pas leurs poils qui sont allergisants, mais leur salive et leur urine. Même si vous n'avez pas d'animaux, le contact avec des personnes qui en ont permet aux poils de leurs animaux de s'accrocher à vos vêtements ou à vos mains, et ensuite de se retrouver chez vous. L'urine de souris ou de rats provoque aussi des allergies. Des études récentes montrent que les allergènes de fragments de blattes et de leurs fèces sont responsables de crises d'asthme, surtout chez les enfants.

Le Chapitre 6 (qui débute à la page suivante, poursuivez donc votre lecture) vous présente plus d'informations sur tous ces allergènes et sur les irritants, ainsi que sur les moyens de les éviter.

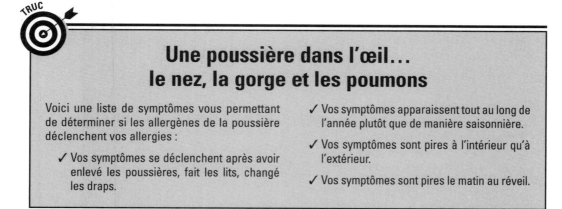

TRUC

Une poussière dans l'œil...
le nez, la gorge et les poumons

Voici une liste de symptômes vous permettant de déterminer si les allergènes de la poussière déclenchent vos allergies :

✓ Vos symptômes se déclenchent après avoir enlevé les poussières, fait les lits, changé les draps.

✓ Vos symptômes apparaissent tout au long de l'année plutôt que de manière saisonnière.

✓ Vos symptômes sont pires à l'intérieur qu'à l'extérieur.

✓ Vos symptômes sont pires le matin au réveil.

Chapitre 6
L'éviction des allergènes

Les trois principaux moyens de traiter les allergies sont l'éviction, la pharmacothérapie (traitement médicamenteux), et l'immunothérapie spécifique (traitement qui modifie la réponse immunitaire aux allergènes). De ces trois méthodes, l'éviction se révèle souvent la plus pratique et la plus efficace. Vos symptômes peuvent disparaître, et votre santé être ainsi nettement améliorée, en évitant totalement ou au moins en réduisant l'exposition aux substances de votre environnement responsable de réactions allergiques. Ces mesures permettent aussi de réduire la consommation médicamenteuse ou les injections pour la désensibilisation (et par conséquent d'économiser du temps et de l'argent). Ce chapitre va vous présenter les diverses méthodes d'éviction permettant d'améliorer votre vie en dépit des allergies ou/et de l'asthme.

Importance de l'éviction

Vous connaissez cette blague du patient qui se plaint :

— Docteur, ça me fait mal quand je fais ça.

— Eh bien, arrêtez donc de le faire, répond le médecin.

Si idiote que cette blague puisse paraître, le conseil du médecin illustre bien le concept de l'éviction, qu'il soit question de rhinite allergique, d'urticaire ou d'asthme. Selon votre sensibilité, évitez les substances ou les niveaux d'exposition aux substances à l'origine de vos allergies.

L'éviction paraît simple, pourtant, dans la vie courante, il faut trouver (à moins de vivre dans une bulle) les mesures efficaces et pratiques pour réduire les contacts avec les allergènes.

Éviction réussie

Les mesures de contrôle de l'environnement sont capitales pour la prise en charge d'une maladie allergique. Les allergologues vous aident à élaborer et appliquer une stratégie d'éviction efficace pour vous-même comme pour les membres de votre famille qui souffrent d'allergie ou d'asthme. Cette stratégie comporte les étapes suivantes :

1. **Identifiez les facteurs déclenchants de l'allergie dans votre environnement, notamment les allergènes et irritants présents à l'intérieur du domicile.**

2. **Reconnaissez les situations susceptibles de vous remettre en contact avec ces facteurs déclenchants.**

3. **Découvrez comment éviter les allergènes ou réduire vos expositions.**

4. **Interdisez l'accès de votre maison aux allergènes, rendez-la « hypoallergénique ».**

Les systèmes de chauffage, de ventilation et de climatisation sont les poumons de votre maison. La qualité de l'air que vous respirez à l'intérieur dépend beaucoup de l'état de ces systèmes et de l'air qui y circule.

Un peu de terminologie

Si le jargon vous donne des boutons, cette liste vous expliquera les termes techniques les plus utilisés par les allergologues pour parler de l'éviction des allergènes :

✓ **La charge allergénique** : votre niveau total d'exposition à n'importe quel moment, à n'importe quelle combinaison d'allergènes responsables de vos allergies.

✓ **Le seuil allergique** : votre niveau de sensibilité à un allergène. Un seuil allergique bas signifie que votre sensibilité à l'allergène est élevée, c'est-à-dire qu'il suffit d'une faible exposition à la substance pour déclencher les symptômes. Un seuil élevé signifie que votre organisme ne répond qu'à une forte concentration d'allergène. Votre seuil est susceptible de baisser en cas d'expositions trop fréquentes à de grandes quantités d'allergènes ou à une combinaison d'allergènes.

✓ **Les allergènes** : une substance normalement inoffensive, comme le pollen, la poussière, les poils (et squames) d'animaux, les piqûres d'insectes, certains aliments et certains médicaments à l'origine d'une réponse anormale du système immunitaire si vous êtes sensibilisé à cette substance.

✓ **La réaction croisée** : le système immunitaire est particulièrement habile à reconnaître les allergènes apparentés, c'est-à-dire qui se ressemblent bien qu'étant d'origines différentes. En cas d'exposition simultanée à des allergènes apparentés, votre charge allergénique risque de franchir votre seuil et donc de déclencher des symptômes.

✓ **HEPA** : système de filtration de l'air mis au point pour les blocs opératoires dans les hôpitaux et autres lieux nécessitant un environnement stérile. Les filtres HEPA retiennent 99,97 % de toutes les particules supérieures à 0,3 microns (un trois-centième du diamètre d'un cheveu). Lorsque le système fonctionne réellement à ce niveau, seulement 3 particules sur 10 000 pénètrent dans la pièce. Les aspirateurs et purificateurs d'air équipés de filtres HEPA permettent de débarrasser votre environnement des allergènes.

Connaissez vos limites

Les mesures d'éviction n'ont pas pour objectif l'élimination totale de tous les allergènes et irritants de votre environnement. Souvent, il suffit de réduire l'exposition à certains allergènes pour prévenir ou faire disparaître les symptômes.

Représentez-vous votre seuil allergique comme une tasse, et les allergènes, comme du liquide versé dans cette tasse. Pour remplir une petite tasse (seuil allergique bas) un peu de liquide suffit (peu d'allergènes). En revanche, une tasse plus grande (un seuil plus élevé) peut contenir plus de liquide sans déborder (sans déclencher de réaction allergique). Un bon contrôle du seuil requiert donc une bonne connaissance de votre limite.

Gardez à l'esprit le concept d'équilibre entre seuil allergique et charge allergénique. Vous ne vous débarrasserez pas de vos allergies si le niveau d'exposition aux allergènes dépasse votre seuil allergique. L'équilibre est perturbé non seulement à cause d'une exposition trop importante à un allergène, mais aussi en cas d'exposition à de petites quantités d'allergènes différents.

Franchissez le seuil

Les *réactions croisées*, également responsables de réactions allergiques, contribuent à dépasser votre seuil allergique. Si, par exemple, vous êtes allergique aux graminées, vous êtes peut-être également sensibilisé aux allergènes de melon.

La réaction croisée se produit chez certains individus car leur système immunitaire ne distingue pas certaines protéines alimentaires et d'autres protéines d'origines différentes. Ainsi, pendant la saison des graminées (en plus de vos symptômes d'allergie aux graminées) vous pouvez ressentir une démangeaison et un œdème de la bouche et des lèvres lorsque vous mangez du melon, même si ce fruit ne vous pose aucun problème le reste de l'année. Certaines personnes présentent une réaction croisée entre le latex (voir Chapitre 17) et toutes sortes d'aliments : bananes, avocats, papayes, kiwis et châtaignes.

La vie intérieure

Il y a bien longtemps, nos ancêtres ont compris la nécessité de fuir les dangers du monde préhistorique en se réfugiant dans des abris. Nous sommes maintenant pour la plupart des créatures d'intérieur. Nous avons quitté nos grottes pour des banlieues, des centres commerciaux et des bureaux bien fermés. Dans nos habitations, nous sommes à l'abri des prédateurs (pour la plupart) et nous avons souvent les moyens de nous protéger de l'adversité du climat.

L'un des inconvénients de notre vie moderne, c'est que les environnements intérieurs (domicile, travail, école et moyens de transport) renferment souvent bien plus d'allergènes que l'extérieur. Les endroits clos concentrent les irritants et les allergènes. Le temps que nous passons à l'intérieur favorise donc notre exposition à ces facteurs déclenchants.

Les mesures d'économie d'énergie instaurées dans les années soixante-dix ont aggravé la concentration d'allergènes à l'intérieur des bâtiments, car les particules allergéniques et les irritants en suspension dans l'air restent piégés à l'intérieur. Sans pour autant remettre en cause les économies d'énergie (surtout quand je reçois les factures), il est indispensable de s'assurer de la qualité de l'air respiré (principalement à la maison).

Pollution intérieure

Si vous avez une rhinite allergique, vous focalisez peut-être votre attention sur les comptes polliniques, la pollution atmosphérique et autres éléments de votre environnement extérieur. Vous pensez que l'air respiré à l'intérieur est plus sain qu'à l'extérieur. Toutefois, d'après des études sur la protection de l'environnement, la pollution de l'air intérieur est en réalité jusqu'à 70 fois supérieure à celle de l'extérieur.

Nous passons pour la plupart près de 90 % de notre temps à l'intérieur, dont 60 % dans la maison. La pollution de l'air à l'intérieur est donc un problème majeur, surtout dans la mesure où les études ont montré qu'elle peut provoquer ou aggraver l'asthme et les allergies.

Allergènes sur le grill

Le problème de l'exposition aux allergènes et aux irritants à l'extérieur et à l'intérieur illustre la différence entre un barbecue dans la nature et dans la maison. À l'extérieur, la fumée se dissipe. (Bien sûr, les émissions contribuent à la pollution atmosphérique, mais c'est une autre histoire !) Le principe du barbecue est comparable à la manière dont l'air dilue les effets des polluants et des allergènes.

Si vous étiez assez fou pour allumer votre barbecue à l'intérieur, toutes fenêtres closes, en deux minutes la fumée remplirait la maison. Imaginez maintenant les allergènes et irritants de l'intérieur comme cette fumée. L'air est souvent pollué dans les habitations. L'éviction des allergènes dont je parle dans ce chapitre vous montre comment éviter ce type de pollution.

L'éviction des allergènes commence chez soi

L'éviction des allergènes commence au domicile. Je vous ai déjà conseillé d'éviter ou de réduire les expositions aux allergènes et irritants à l'extérieur (ainsi qu'au travail, à l'école…) ; l'éviction est particulièrement importante dans votre logement. Même si vous êtes exposé aux allergènes à l'extérieur, la réduction de vos expositions domestiques vous sera certainement profitable.

Nous passons pour la plupart près d'un tiers de notre vie dans notre chambre (et principalement au lit). La chambre est donc la pièce la plus importante. Une fois votre chambre débarrassée des allergènes, essayez d'y rester le plus possible afin d'offrir à vos allergies un répit bien mérité.

Les principales sources d'allergènes à combattre chez vous sont :

✓ La poussière et les acariens.

✓ Les animaux.

✓ Les moisissures.

✓ Les pollens.

Une éviction réussie requiert également l'élimination des irritants. Même si ces substances ne déclenchent pas de réaction allergique de la part de votre système immunitaire, comme le font les allergènes, ils aggravent les symptômes préexistants.

La fumée de tabac est l'irritant majeur rencontré à l'intérieur. Les autres irritants sont :

✓ Les aérosols, les peintures et les fumées de poêle à bois.

✓ La colle.

✓ Les produits d'entretien.

✓ Les parfums.

✓ Les savons parfumés.

Les bases de l'éviction des allergènes sont illustrées dans la Figure 6-1 et expliquées plus en détail dans les paragraphes suivants.

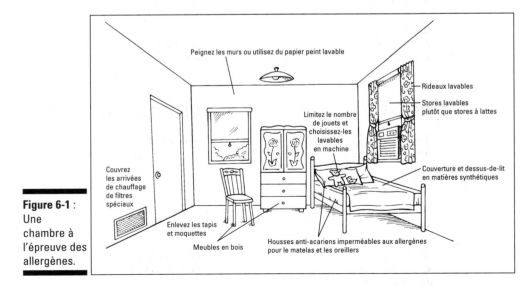

Figure 6-1 :
Une
chambre à
l'épreuve des
allergènes.

Peignez les murs ou utilisez du papier peint lavable

Rideaux lavables

Stores lavables
plutôt que stores à lattes

Limitez le nombre
de jouets et
choisissez-les
lavables
en machine

Couverture et dessus-de-lit
en matières synthétiques

Couvrez
les arrivées
de chauffage
de filtres
spéciaux

Enlevez les tapis
et moquettes

Meubles en bois

Housses anti-acariens imperméables aux allergènes
pour le matelas et les oreillers

Éliminez la poussière

La poussière, première cause d'allergies, se rencontre malheureusement partout. Comme les impôts, la poussière est inévitable. Elle provoque des symptômes allergiques à la fois comme irritant pour vos organes déjà sensibilisés (yeux, nez ou poumons) et comme allergène.

Les études montrent qu'une maison de six pièces recueille près de 18 kilogrammes de poussière chaque année. La poussière, qui n'est pas synonyme de saleté ni de mauvais entretien, est produite par la décomposition des fibres provenant des oreillers, des draps, des vêtements, des rideaux...

Éliminez les acariens

L'éviction des allergènes de votre domicile impose de s'attaquer aux acariens plus qu'à tout autre allergène, car ces organismes microscopiques constituent la principale fraction allergénique de la poussière. Selon certaines études, 50 à 60 % des patients allergiques sont sensibles aux acariens. Les acariens sont également les principaux responsables des crises d'asthme.

Bien que vous ne les ayez probablement jamais remarqués, les acariens prospèrent en tous lieux. Ces minuscules cousins des araignées vivent dans la poussière, où ils se régalent des squames que nous produisons en permanence (près de 1,5 grammes par jour, quel festin !) ; c'est d'ailleurs la signification de leur nom scientifique, *Dermatophagoïdes*, « mangeurs de peau ». Les pelotes fécales qu'ils produisent, au rythme moyen de 20 particules par jour, constituent les allergènes de poussière les plus fréquents.

Faites sortir les acariens de votre chambre

Nous allons rarement au lit seul. Les acariens prospèrent dans les environnements humides et sombres de nos matelas, oreillers et sommiers. Notre lit abrite donc en moyenne deux millions d'acariens, ce qui signifie que nous respirons d'importantes quantités d'allergènes pendant la nuit. Les acariens s'épanouissent également dans les couvertures, tapis, serviettes, meubles capitonnés, rideaux et jouets en peluche.

Bien que l'éradication totale de ces habitants naturels de nos maisons semble irréalisable (les femelles pondent 20 à 50 œufs toutes les trois semaines), il est possible de minimiser l'exposition grâce à quelques mesures pratiques et efficaces.

D'après mon expérience personnelle, les mesures suivantes permettent de réduire significativement les symptômes allergiques et le recours aux médicaments chez les patients allergiques ou asthmatiques. (Les annexes à la fin de cet ouvrage vous fourniront de plus amples renseignements pour vous procurer les produits mentionnés dans la liste qui suit.)

- ✓ **Literie** : recouvrez tous les oreillers, matelas et sommiers de housses spéciales imperméables aux allergènes. L'utilisation de housses anti-acariens enveloppant matelas, oreillers et couettes est désormais fortement recommandée. Elles permettent de diminuer le contact de l'allergique avec les acariens. Ces housses sont lavables en machine à 60°, respectent la transpiration naturelle et évitent la macération. Les personnes allergiques doivent faire preuve de prudence avant d'acheter des produits avec la mention « anti-acarien » ou « anti-allergique », car il existe un risque de publicité mensongère. De nombreux industriels se sont emparés de ce nouveau marché. Or, de nombreux produits n'ont pas fait l'objet d'évaluations scientifiques. Demandez conseil à votre médecin allergologue. Lavez les draps et couvertures à l'eau chaude (au moins à 60°) tous les quinze jours. N'utilisez que des oreillers, couvertures et dessus de lit en matières synthétiques. Évitez les édredons, couettes et oreillers en plumes et duvet.

- ✓ **Climat** : n'établissez pas votre chambre dans une partie humide de la maison (telle que le sous-sol). Utilisez un déshumidificateur pour maintenir l'humidité de la pièce inférieure à 50 %. Utilisez un hygromètre pour contrôler les taux d'humidité.

- ✓ **Tapis et rideaux** : si possible, optez pour un style dépouillé dans votre chambre. Enlevez les tapis et moquettes. Les surfaces nues comme le bois, le lino ou le carrelage sont inhospitalières pour les acariens et beaucoup plus faciles à nettoyer, réduisant donc l'accumulation de poussière. Si vous ne pouvez enlever la moquette ou les tapis, traitez-les avec des produits anti-acariens qui inactivent les allergènes d'acariens. Je vous conseille également d'utiliser des rideaux ou des stores lavables plutôt que des stores à lattes ou de lourds rideaux.

- ✓ **Ménage** : passez l'aspirateur (équipé d'un filtre HEPA) tous les jours partout. Si vous êtes allergique, portez un masque pour faire le ménage ou lors de toute activité qui soulève de la poussière. Nettoyez vos meubles avec une solution d'acide tannique.

- ✓ **Ventilation** : utilisez des filtres HEPA pour maintenir l'air de l'intérieur aussi pur que possible. (Voir « Un peu de terminologie » précédemment.) Couvrez les arrivées de chauffage avec des filtres spéciaux pour purifier l'air avant qu'il ne pénètre à l'intérieur.

✓ **Décoration et ameublement** : utilisez des meubles en bois. De même, conservez votre chambre bien rangée et facile à entretenir. Évitez les étagères, les bibelots, les posters, les photos, les cadres, les gros coussins et autres nids à poussière. Réduisez à l'essentiel le nombre de vêtements, de livres et autres affaires personnelles dans votre chambre. Enfermez soigneusement ceux que vous gardez dans des armoires ou des commodes quand vous ne les utilisez pas.

✓ Si votre enfant souffre d'allergies ou d'asthme, ne faites pas de sa chambre un zoo d'animaux en peluche, limitez-le à quelques peluches lavables en machine. Conservez les jouets et les peluches dans un placard ou un coffre quand ils ne servent pas.

Éliminez les poils et squames d'animaux

Les animaux domestiques sont des membres chéris de nombreuses familles. Cependant, les poils de ces animaux représentent une source importante d'allergènes. Tous les animaux à sang chaud, quelle que soit la longueur de leurs poils, produisent dans leurs squames, leur urine et leur salive des protéines responsables d'allergies. Ces squames constituent également une source de nourriture pour les acariens. Les allergènes de chat persistent dans les tapis pendant près de 20 semaines et dans les matelas pendant des années, même lorsque le chat n'est plus là.

Je conseille généralement aux personnes allergiques ou asthmatiques de ne pas prendre d'animal à la maison. Si vous avez déjà un animal domestique, je sais qu'il est très difficile de se séparer de ce « membre de la famille », même s'il est responsable de vos allergies ou de celles de vos enfants.

Si vous n'envisagez pas de vous séparer de votre animal, je vous conseille les mesures suivantes :

✓ Maintenez l'animal dehors autant que possible.

✓ Si vous ne pouvez le laisser dehors, empêchez-le absolument d'aller dans la chambre de l'allergique.

✓ Assurez-vous que chaque personne qui touche l'animal se lave les mains avant de toucher l'allergique ou d'entrer dans sa chambre.

✓ Lavez votre animal une fois par semaine pour éliminer les allergènes de surface et réduire la quantité de poils qui s'attachent aux vêtements de la famille (et parviennent ainsi dans la chambre de l'allergique). Bien que cela demande un peu de pratique (et quelques griffures), même les chats s'habituent à prendre un bain.

Éliminez les moisissures

Les moisissures, organismes parmi les plus anciens et les plus fréquents de la planète, sont des champignons microscopiques largement répandus dans nos intérieurs. Vous en avez certainement rencontré plusieurs formes, depuis les tâches sur la porte de la douche, à celles sur le citron oublié depuis longtemps derrière le frigo (j'espère que votre mère n'en sait rien !).

Les spores libérées dans l'air par les moisissures s'installent sur des matières organiques et prolifèrent. L'inhalation des spores transportées par l'air déclenche des réactions allergiques chez les individus sensibilisés. Les spores de moisissures, plus nombreuses que les grains de pollen, sont, à la différence de ces derniers, présentes en toutes saisons (jusqu'à l'arrivée de la neige).

Les moisissures d'extérieur pénètrent dans la maison par les fenêtres ouvertes et les aérations. Les moisissures d'intérieur, qui, elles, poussent toute l'année, prospèrent particulièrement dans les zones sombres et humides comme les sous-sols et salles de bains. Les moisissures se développent aussi sous les tapis, dans les oreillers, matelas, climatiseurs, poubelles et réfrigérateurs. Plus la maison est ancienne, plus leur nombre est important.

L'éviction des moisissures est capitale pour soulager vos allergies. Je vous conseille les mesures suivantes pour lutter contre les moisissures :

✓ Évitez de laisser des zones humides dans la maison, comme un sous-sol inachevé ou une fuite d'eau dans une pièce. Utilisez un déshumidificateur pour abaisser le degré d'humidité de la pièce à 35 ou 40 %.

✓ Assurez-vous que l'évacuation du sèche-linge se fait bien vers l'extérieur.

✓ Ventilez votre salle de bain, surtout après une douche ou un bain. Utilisez des produits antifongiques derrière les toilettes, autour de l'évier, de la douche, de la baignoire, de la machine à laver, du réfrigérateur et autres zones de la maison où l'eau et l'humidité s'accumulent.

✓ Nettoyez toutes les moisissures visibles sur les murs, les sols et plafonds avec un produit non chloré.

✓ Jetez les ordures et nettoyez la poubelle régulièrement pour éviter le développement des moisissures.

✓ Séchez les vêtements et les chaussures humides. N'étendez pas le linge à l'extérieur car il piégerait les spores des moisissures transportées par le vent.

✓ Limitez le nombre de plantes d'intérieur ou éliminez-les, car les moisissures prospèrent dans la terre des pots. Les fleurs séchées sont également un repaire de moisissures ; éliminez-les.

Si vous souffrez d'allergies ou d'asthme, évitez les expositions aux moisissures dans le jardin : elles prospèrent dans les feuilles mortes, le compost, l'herbe coupée, les engrais, le foin et les granges. Si vous devez travailler au jardin portez un masque bien ajusté. Coupez les végétaux situés trop près de la maison afin de laisser respirer le bâtiment et de prévenir l'humidité et le développement de moisissures.

Éliminez les pollens

Le rhume des foins est certainement l'allergie la plus connue. Ce type d'allergie est souvent associé à l'exposition aux pollens de l'extérieur, mais une exposition à des niveaux équivalents de pollens est possible à la maison.

La plupart des pollens transportés par le vent pénètrent dans les maisons par les fenêtres ou les systèmes d'aération, où ils sont aussi responsables de rhinites allergiques. Les arbres, graminées et autres herbacées pollinisés par le vent produisent du pollen à différentes périodes de l'année. Le Chapitre 5 explique les comptes polliniques, et les annexes à la fin de cet ouvrage proposent les adresses d'associations à contacter pour obtenir des informations sur les moisissures et pollens locaux.

Suivez ces conseils, surtout en période de forte pollinisation, pour éviter une exposition excessive aux pollens :

✓ Évitez les activités d'extérieur intenses, comme les activités physiques ou les efforts en fin d'après midi, lorsque les comptes polliniques sont au plus haut.

✓ Fermez les fenêtres pendant les heures les plus chaudes.

✓ Nettoyez et remplacez régulièrement les filtres de votre climatiseur.

✓ Lavez vos cheveux avant d'aller vous coucher pour éviter de transporter du pollen sur votre oreiller.

✓ Utilisez un sèche-linge au lieu d'étendre le linge dehors où il joue le rôle de piège à pollens. Vous aimez peut-être l'idée du linge frais séché en plein air, mais vos organes cibles (voir Chapitre 1) n'apprécient pas du tout les pollens capturés, surtout si vous avez étendu sur le fil vos draps et taies d'oreillers.

Pour plus d'informations sur les produits nécessaires à l'éviction des allergènes, consultez les annexes à la fin de cet ouvrage.

Chapitre 7
Soulagez votre rhinite

omme je l'indiquais dans le chapitre 6, l'éviction des allergènes améliore nettement votre qualité de vie. Toutefois, certains allergènes, tels les pollens, moisissures et acariens, sont présents absolument partout et une éviction complète est délicate, voire impossible.

Si vous souffrez d'un rhume des foins et que vous travaillez dehors, il est très difficile d'éviter les allergènes. De même, si votre profession vous expose aux poils d'animaux responsables de vos allergies, vous devez trouver d'autres moyens pour prendre en charge votre maladie. Quand les symptômes allergiques ne sont pas correctement traités, des complications telles que la sinusite, l'asthme et d'autres maladies respiratoires graves peuvent survenir.

Heureusement, une bonne utilisation des médicaments permet d'enrayer les réactions allergiques dues à une exposition imprévue aux allergènes. J'explique dans ce chapitre les mécanismes d'action des principaux médicaments contre les allergies, leurs éventuels effets indésirables, et comment faire le bon choix pour améliorer les symptômes.

Familiarisez-vous avec la pharmacologie

Les nombreux médicaments anti-allergiques présentent des indications et des caractéristiques différentes. Certains médicaments sont conçus pour un objectif précis tandis que d'autres sont plus généraux. Les traitements antiallergiques sont de trois types :

✓ **Prévention** : bien utilisés, les traitements préventifs empêchent la survenue de réactions allergiques. Chez les personnes présentant des symptômes chroniques de rhinite, allergique ou non (voir Chapitre 4), l'approche thérapeutique la plus efficace est l'utilisation d'antihistaminiques oraux et de corticoïdes locaux en spray nasal.

✓ **Stabilisation** : les cromones interrompent une réaction déjà initiée avant que le système immunitaire ne libère les puissants médiateurs de l'inflammation, comme l'histamine et les leucotriènes (voir Chapitre 2) à l'origine des symptômes.

✓ **Soulagement** : la plupart des antihistaminiques oraux et des décongestionnants appartiennent à cette catégorie. Ce sont les médicaments les plus utilisés pour faire disparaître les symptômes d'une réaction allergique déjà enclenchée. Comme je vous l'expliquerai dans les paragraphes qui suivent, vous ne profiterez pas pleinement des antihistaminiques et des corticoïdes par voie nasale, si vous ne les utilisez qu'après l'apparition des symptômes.

Les principaux types de médicaments utilisés dans le traitement des allergies sont :

✓ Les antihistaminiques (disponibles sous plusieurs formes).

✓ Les décongestionnants (disponibles en spray nasal ou en gouttes).

✓ Les corticoïdes locaux en spray nasal.

✓ Les cromones en spray nasal.

✓ Les anticholinergiques en spray nasal.

Vous trouverez dans ce chapitre les indications et les bienfaits de chacun de ces types de médicaments.

 Un patient bien informé est un patient en meilleure santé. Si votre médecin vous prescrit des médicaments pour combattre votre rhinite allergique (ou toute autre pathologie), n'hésitez pas à vous renseigner sur le produit, pourquoi il vous a été prescrit, et sur ses éventuels effets indésirables. Pour en savoir plus, consultez le Chapitre 12.

Les antihistaminiques

Comme leur nom l'indique, les antihistaminiques (disponibles en comprimés, gélules, solutions buvables ou injectables) combattent les effets de l'histamine, une substance chimique libérée par l'organisme à la suite d'un traumatisme ou en réponse à un allergène. Les antihistaminiques, utilisés depuis 1942, sont souvent la première option thérapeutique pour une personne atteinte de rhinite allergique.

Les antihistaminiques contrent les effets de l'histamine et sont particulièrement efficaces pour éliminer les éternuements, le nez qui coule, les démangeaisons du nez, des yeux et de la gorge. Les antihistaminiques produisent quelques effets indésirables, suivant le médicament utilisé, la dose et la durée du traitement.

Si vous êtes asthmatique, n'ayez pas peur d'utiliser les antihistaminiques. Des études ont montré que la diminution des symptômes nasaux grâce aux antihistaminiques avait un effet bénéfique sur les voies aériennes basses des asthmatiques.

L'histamine

Comme je l'expliquais dans le Chapitre 1, l'histamine est une substance chimique produite et libérée par les mastocytes (cellules localisées dans les tissus qui tapissent l'appareil respiratoire). On ne prend conscience de l'histamine que lorsque le système immunitaire la libère en grandes quantités dans les tissus du nez en réponse à un traumatisme ou en présence d'un allergène. Après sa libération par le mastocyte, l'histamine repère les sites récepteurs localisés dans la muqueuse nasale.

Imaginez ces récepteurs comme des serrures. L'histamine s'introduit à la manière d'une clé dans le site récepteur et déclenche les symptômes de la rhinite allergique. Les antihistaminiques se fixent aux récepteurs avant l'histamine. Étant donné que les récepteurs n'acceptent qu'une molécule à la fois, si le récepteur est bloqué par l'antihistaminique, les symptômes allergiques ne peuvent se déclarer.

Dosage préventif

Les antihistaminiques sont souvent utilisés comme médicaments de secours. Mais si vous attendez l'apparition des symptômes, l'antihistaminique ne peut inverser la réaction ; c'est comme refermer la porte de l'écurie après que le cheval s'est enfui ! Vous ne le ferez pas revenir (disons qu'en fermant la porte vous empêchez tout de même que les autres chevaux ne le suivent).

Utilisez les antihistaminiques de façon préventive. Prenez le médicament deux à cinq heures avant l'exposition à l'allergène. Si le contact avec l'allergène est permanent, prenez régulièrement des antihistaminiques. Par exemple :

✓ Si vous êtes allergique aux graminées, commencez à prendre votre médicament fin avril, avant que les graminées n'aient libéré leur pollen début mai, et continuez à prendre vos médicaments jusqu'à la fin de la saison pollinique. Même si vous êtes exposé à des quantités importantes d'allergènes, vos symptômes seront moins sévères grâce à cette méthode préventive.

✓ Si vous savez que les poils d'animaux déclenchent chez vous une rhinite allergique, et que vous devez aller dîner chez des amis qui en ont (des animaux, pas de la rhinite) prenez vos antihistaminiques deux à cinq heures avant l'apéritif. N'oubliez pas de continuer en rentrant chez vous car il est probable que des poils soient restés accrochés à vos vêtements.

Tenez compte des conseils suivants lorsque vous prenez des antihistaminiques :

✓ Il est dangereux d'utiliser des machines ou de pratiquer des activités nécessitant de la vigilance, de la dextérité, de la coordination ou des réflexes rapides lorsqu'on prend des antihistaminiques.

✓ Il faut éviter l'alcool, les sédatifs, les antidépresseurs et autres types de tranquillisants au cours d'un traitement antihistaminique.

✓ Les antihistaminiques présentent d'autres effets indésirables : obstruction nasale, sécheresse de la bouche et des sinus, somnolence, constipation.

Les antihistaminiques de deuxième génération

En raison des importants progrès de la recherche depuis la mise au point des antihistaminiques, il y a plus de cinquante ans, les antihistaminiques de deuxième génération engendrent moins d'effets indésirables. (Néanmoins, la plupart des antihistaminiques prescrits sont encore de première génération, comme ceux disponibles sans ordonnance, et peuvent entraîner une somnolence.) Les avantages des antihistaminiques de deuxième génération sont les suivants :

✓ Ne traversant pas la paroi des vaisseaux sanguins du cerveau, ils sont dépourvus d'effets sédatifs (la loratadine et la féxofénadine), ou légèrement sédatifs (la cétirizine).

✓ Les effets indésirables autres que la somnolence, tels que la bouche sèche, la constipation, la rétention urinaire ou les troubles de la vision sont moins fréquents et moins accentués avec les antihistaminiques de deuxième génération.

✓ Les antihistaminiques de deuxième génération améliorent nettement la qualité de vie des patients.

Les antihistaminiques de deuxième génération apportent un réel mieux dans le traitement des rhinites allergiques. Les patients suivent plus scrupuleusement le traitement et obtiennent généralement une prévention plus efficace de leurs symptômes ainsi qu'une amélioration notable de leur état général.

N'oubliez pas d'informer votre médecin de tous les médicaments que vous prenez déjà (même ceux disponibles sans ordonnance) lorsqu'il vous prescrit un nouveau médicament.

Les antihistaminiques pour les enfants

Le traitement des enfants est parfois difficile, et la rhinite allergique n'y échappe pas. En dehors des obstacles rencontrés pour faire avaler les médicaments, les parents doivent faire attention aux effets indésirables.

Les décongestionnants nasaux

Encore appelés vasoconstricteurs, les décongestionnants en solution nasale sont parfois utilisés pour soulager l'obstruction nasale dans les rhinites allergiques.

Les pulvérisateurs et solutions de décongestionnants nasaux procurent un soulagement rapide et efficace de la congestion. Il ne faut toutefois les utiliser qu'occasionnellement et pas plus de trois à cinq jours consécutifs car une utilisation prolongée peut provoquer des effets adverses comme la rhinite médicamenteuse (décrite plus loin dans l'encadré qui lui est consacré).

N'utilisez jamais de spray nasal ou de solution nasale de décongestionnants locaux chez les enfants de moins de 6 ans sans avis médical. Bien utilisés, les décongestionnants locaux ont peu d'effets indésirables à l'exception de quelques éternuements ou une sécheresse des fosses nasales.

La rhinite médicamenteuse

La rhinite médicamenteuse est due à une utilisation prolongée des décongestionnants (spray nasal ou gouttes), qui irritent la muqueuse nasale et engendrent une importante congestion.

Malheureusement, certaines personnes augmentent les doses de décongestionnants lorsque les symptômes s'intensifient, et entrent ainsi dans un cercle vicieux, plus de décongestionnant accentuant encore la congestion. Dans ce cas, des doses élevées de décongestionnants n'éliminent pas la congestion mais produisent l'effet inverse et l'intensifient.

Seul l'arrêt du décongestionnant permet de sortir de ce cercle vicieux. Le médecin peut également prescrire un traitement court de corticoïdes locaux ou /et oraux pour venir à bout de la congestion et permettre d'interrompre la prise de décongestionnants.

L'avertissement mentionné sur la notice du médicament, stipulant une utilisation maximale de trois à cinq jours, est donc à respecter scrupuleusement.

Les corticoïdes locaux par voie nasale

Les corticoïdes locaux par voie nasale sont actuellement les médicaments les plus efficaces pour réduire les quatre principaux symptômes de la rhinite allergique : les éternuements, la rhinorrhée (nez qui coule), le prurit (démangeaison) et l'obstruction nasale.

Les corticoïdes locaux par voie nasale, disponibles uniquement sur prescription, se présentent sous forme de spray nasal ou de solution. Les informations suivantes vous aideront à déterminer avec votre médecin quel corticoïde local vous est adapté :

✓ Les corticoïdes en spray nasal éliminent l'inflammation des fosses nasales, et dégagent donc votre nez pour une meilleure respiration.

✓ Les corticoïdes locaux sont plus efficaces s'ils sont utilisés quotidiennement de manière préventive.

Ne dépassez jamais la dose prescrite pour éviter des effets indésirables systémiques tels ceux associés aux corticoïdes par voie générale comme je l'explique dans l'encadré « Corticoïdes à éviter ».

Même si l'efficacité et l'innocuité des corticoïdes inhalés ont été démontrées chez les enfants, quelques interrogations persistent encore parfois quant à leur influence sur la croissance des enfants qui les utilisent régulièrement. Si votre enfant utilise un corticoïde local par voie nasale, faites part à votre médecin de vos inquiétudes afin qu'il surveille sa croissance.

Les corticoïdes appartiennent à la famille tristement célèbre des stéroïdes. L'image négative des stéroïdes est principalement liée à la pratique des athlètes qui essayent d'accroître leur masse musculaire en abusant de corticoïdes anabolisants. En fait, le type de stéroïdes utilisés dans les sprays est complètement différent des anabolisants (qui sont en réalité des hormones mâles).

Corticoïdes à éviter

Bien que les corticoïdes inhalés soient très efficaces et sans danger, d'autres formes de corticoïdes, comme les corticoïdes oraux, sont déconseillées car potentiellement dangereuses.

Je vous conseille de n'utiliser des corticoïdes oraux à action rapide qu'en cas de rhinite médicamenteuse grave ou de polypes nasaux. Une courte cure de corticoïdes oraux permettra de vous déboucher le nez avant d'utiliser un corticoïde local.

Le cromoglycate de sodium

Grâce à son effet anti-inflammatoire, le cromoglycate de sodium en spray nasal est particulièrement efficace pour éliminer les symptômes des rhinites allergiques. Ce produit stabilise les mastocytes, prévenant ainsi la libération d'histamine et autres médiateurs chimiques de l'inflammation.

Comme je l'expliquais plus en détail dans le Chapitre 1, les mastocytes, en grand nombre dans le nez et les poumons, jouent un rôle majeur dans les réactions allergiques. Lorsque le système immunitaire de l'organisme détecte la présence d'un allergène, les mastocytes activés libèrent diverses substances dont l'histamine, qui engendre les symptômes de la rhinite allergique.

Pour savoir si le cromoglycate de sodium est adapté à votre cas, voici quelques éléments concernant ses indications et son efficacité :

✓ Le cromoglycate est plus efficace si vous commencez les prises deux à quatre semaines avant l'exposition à l'allergène. Dans le cas d'une rhinite allergique professionnelle, ou d'une exposition réduite aux allergènes, utilisez-le juste avant l'exposition, si toutefois vos fosses nasales ne sont pas entièrement obstruées.

✓ Si les symptômes de la rhinite allergique sont déjà installés, prenez pendant quelques jours une combinaison d'antihistaminique avec le cromoglycate de sodium.

✓ Le cromoglycate est un produit dépourvu d'effets indésirables qui peut donc être prescrit sans danger aux enfants.

✓ Le cromoglycate de sodium est disponible sous forme de spray nasal.

Les anticholinergiques

Le *bromure d'ipratropium* est le principe actif des produits anticholinergiques qui s'opposent à l'action cholinergique en empêchant l'acétylcholine, un neurotransmetteur qui stimule l'hypersécrétion nasale, de se fixer aux récepteurs du nez. Les anticholinergiques réduisent donc la quantité de mucus dans le nez.

Quelques éléments essentiels concernant les anticholinergiques par voie nasale :

✓ Le bromure d'ipratropium réduit efficacement la rhinorrhée rencontrée dans des affections comme la rhinite vasomotrice (non allergique, voir l'encadré « Le nez du skieur ») ou le rhume.

✓ Le bromure d'ipratropium a peu d'effets sur les autres symptômes de la rhinite allergique (obstruction, éternuements et démangeaison).

La conjonctivite allergique

La conjonctivite allergique accompagne souvent la rhinite allergique. En effet, ces deux affections sont généralement déclenchées par les mêmes allergènes. Les symptômes typiques de la conjonctivite allergique comprennent une rougeur du globe oculaire et de l'intérieur de la paupière, ainsi qu'un œdème, un prurit (démangeaison) et un larmoiement.

Le nez du skieur

Avez-vous déjà remarqué que les skieurs se mouchent tout le temps ! L'air froid entraîne une rhinorrhée symptomatique de la rhinite vasomotrice (voir Chapitre 4). Les sprays d'anticholinergiques sont assez efficaces pour prévenir ce phénomène, si vous les utilisez avant de chausser vos skis, mais aussi pour éliminer les symptômes une fois qu'ils sont apparus. Faites attention cependant, les ophtalmologues utilisent des gouttes d'anticholinergiques pour dilater la pupille, aussi évitez de diriger le spray vers vos yeux, sous peine de ne plus voir les bosses.

Étant donné que les mécanismes de la rhinite allergique et de la conjonctivite allergique sont semblables, cette dernière est souvent traitée avec les mêmes médicaments présentés sous forme de collyres :

✓ **Les antihistaminiques** : les antihistaminiques (la lévocabastine et l'émédastine) sont prescrits pour traiter la conjonctivite allergique

✓ **Les cromones** : ce type de médicament inhibe la libération des médiateurs chimiques de l'inflammation, prévenant par conséquent l'apparition des symptômes allergiques. Comme je l'indiquais précédemment, l'efficacité du **cromoglycate de sodium** est meilleure en utilisation préventive. Il est plus efficace s'il est administré régulièrement, quatre fois par jour. Lors d'une exposition exceptionnelle à un allergène (si vous allez par exemple prendre le thé chez votre tante et ses chats) utilisez le cromoglycate immédiatement avant de partir. Ce produit a également démontré son efficacité dans le traitement de la « *conjonctivite printanière* » (une affection oculaire caractérisée par un prurit douloureux et une grande sensibilité à la lumière).

Les médecins prescrivent des collyres cortisoniques dans les cas graves de conjonctivite allergique qui ne répondent pas aux produits cités ci-dessus. Leur utilisation doit être attentivement surveillée car les collyres cortisoniques peuvent avoir des effets indésirables graves. N'utilisez jamais

les collyres cortisoniques si une infection virale est suspectée (comme l'herpès), car ils peuvent prolonger et même aggraver l'infection. En outre, l'utilisation prolongée de collyres cortisoniques est parfois responsable de glaucome, de troubles visuels ou de cataracte. Consultez un ophtalmologue avant de les utiliser.

Je conseille souvent aux patients atteints de conjonctivite allergique d'utiliser des collyres pendant la saison pollinique en complément de leur traitement pour la rhinite allergique, afin de réduire la gêne oculaire. Ne vous frottez pas les yeux, même s'ils vous démangent, le frottement ne fait qu'aggraver la situation. Rincez doucement vos yeux à l'eau claire ou avec une solution stérile de lavage pour éliminer le pollen et vous soulager.

Si vous souffrez de conjonctivites allergiques graves, votre médecin pourra vous prescrire un antihistaminique par voie générale et/ou une association de différents collyres pour mieux vous soulager.

Chapitre 8

Les tests cutanés et l'immunothérapie

• •

Dans ce chapitre :

➤ Comprenez l'intérêt des tests cutanés

➤ Exploitez les résultats des tests

➤ Informez-vous sur l'immunothérapie

➤ Adhérez au traitement

• •

Selon la nature et la sévérité de vos allergies ainsi que du niveau d'exposition aux allergènes, les mesures d'éviction et le traitement pharmacologique ne sont pas toujours suffisants pour venir à bout de vos symptômes. Attaquez-vous alors à la base du problème, au lieu de ne traiter que les symptômes. Votre médecin vous conseillera de consulter un allergologue pour :

✓ **Les tests cutané**s. Ces tests confirment l'origine de vos symptômes et, si possible, identifient les allergènes impliqués dans vos allergies. Je vous expliquerai plus loin les deux principaux types de tests cutanés employés couramment.

✓ **L'immunothérapie spécifique**. Aussi appelée *désensibilisation* ou *vaccinothérapie aux allergènes*, c'est le seul traitement qui intervient sur le cours naturel de la maladie allergique. (Je vous présenterai l'immunothérapie plus en détail dans quelques pages.)

Les tests cutanés

Les allergologues considèrent les tests cutanés comme la méthode diagnostique la plus fiable et la plus précise pour le diagnostic des allergies. Ces tests permettent de déterminer si une dose infime d'un allergène suspecté produit une réaction positive localisée. La réaction se traduit par une induration et un érythème (rougeur) localisé de la peau ressemblant à une piqûre de moustique ou une urticaire sur le site du test. Une réaction positive confirme une sensibilité à l'allergène administré et peut également indiquer le niveau de sensibilité spécifique à cet allergène.

Vous devrez rester en observation pendant au moins 15 à 20 minutes après les tests. Si les tests produisent une réponse positive, votre allergologue examine et mesure l'induration et l'érythème produits. Ces mesures permettent de déterminer le niveau de sensibilité à l'allergène qu'ils ont injecté.

Vous allez vous faire épingler

Les tests cutanés sont de deux types :

- ✓ **Le prick-test** : réalisé sur l'avant-bras ou la peau du dos.
- ✓ **L'intradermo-réaction** : ce type de test ne s'utilise que lorsque les prick-tests n'ont donné aucun résultat positif. L'intradermo-réaction consiste en une série de petites injections d'une solution contenant l'allergène, juste sous la surface de la peau du bras ou de l'avant-bras.

Pour le prick-test comme pour l'intradermo-réaction, la réaction positive apparaît généralement en 20 minutes. Ne vous inquiétez pas, ces tests ne vont pas vous transformer en pelote d'épingles. Comme pour le prick-test, l'intradermo-réaction, qui utilise des aiguilles très fines pour déposer l'allergène juste sous la surface de la peau, n'est pas douloureuse.

Les tests cutanés et les antihistaminiques ne font pas bon ménage

Après vous avoir interrogé et examiné, si votre médecin vous demande de vous soumettre à des tests cutanés, vous devrez interrompre votre traitement aux antihistaminiques (et autres dans certains cas) quelque temps avant les tests. La présence de ces médicaments dans votre organisme risque, en effet, d'interférer avec les résultats des tests cutanés. Vous n'aurez probablement pas, cependant, à interrompre le reste de vos traitements.

N'arrêtez jamais votre traitement contre l'asthme sans avis médical. Heureusement, la plupart des médicaments pour traiter l'asthme n'influencent pas les tests cutanés.

La liste suivante vous présente les divers produits courants que vous ne devez pas consommer avant un test cutané. Votre médecin vous fournira toutefois des indications plus précises, adaptées aux médicaments que vous prenez.

✓ Arrêtez les antihistaminiques 48 à 72 heures avant les tests.

✓ Si vous prenez des bêtabloquants ou des inhibiteurs de la monoaminoxidase (IMAO) dites-le à votre médecin, car il devra prendre des précautions particulières lors des tests cutanés. En effet, ces médicaments réduisent l'efficacité de l'adrénaline, une substance utilisée en cas d'urgence, si une réaction allergique grave (heureusement exceptionnelle) se produit après un test cutané. Si votre médecin ne souhaite pas vous faire interrompre votre traitement aux bêtabloquants ou aux IMAO, il vous fera faire un test sanguin (RAST), à la place des tests cutanés.

✓ En raison de leurs effets antihistaminiques, certains antidépresseurs peuvent aussi interférer avec les tests cutanés. Si vous prenez des antidépresseurs tricycliques, voyez avec votre médecin si le traitement peut sans danger être interrompu trois à cinq jours avant le test, ou si vous devez lui substituer un autre antidépresseur dépourvu de ces propriétés antihistaminiques.

✓ N'arrêtez jamais un traitement prescrit par votre médecin (quelle que soit la maladie) sans lui demander conseil auparavant.

✓ Les maladies de peau, comme la dermatite de contact, l'eczéma, le psoriasis ou les irritations de la zone des tests cutanés sont également susceptibles d'interférer avec les résultats. N'oubliez pas de les mentionner à votre médecin avant de pratiquer les tests.

Les prick-tests

Les prick-tests représentent la méthode la plus pratique, la moins coûteuse et la plus précise dans l'identification des anticorps IgE produits par votre système immunitaire (voir Chapitre 2) en réponse aux allergènes inhalés ou alimentaires.

Les *anticorps* sont les éléments produits par notre système immunitaire pour lutter contre les virus et les bactéries pathogènes qui envahissent en permanence notre organisme. Toutefois, dans le cas des allergies, le système immunitaire développe une sensibilité à des substances par ailleurs inoffensives (pollens, poils d'animaux) et produit des anticorps pour se défendre contre ces substances appelées allergènes.

Quand le système immunitaire détecte la présence d'allergènes contre lesquels il a déjà produit des anticorps, ceux-ci se fixent aux mastocytes situés dans la région où les allergènes ont été rencontrés (les voies respiratoires, par exemple). Cette fixation provoque la libération d'histamine et de leucotriènes qui déclenchent les symptômes allergiques (voir Chapitre 2).

Le prick-test se pratique en plaçant une goutte de solution contenant l'allergène suspecté sur la peau de l'avant-bras ou du dos. La peau est ensuite piquée rapidement à travers la goutte. La piqûre très superficielle n'est pas douloureuse, et ne fait pas saigner.

Pour réussir à identifier les allergènes inhalés, il vous faudra peut-être parfois subir jusqu'à 30 ou 40 prick-tests. Le nombre de tests varie suivant l'endroit où vous vivez, travaillez ou allez à l'école, et le type d'exposition allergénique à laquelle vous êtes soumis. Généralement, le nombre de tests nécessaires est moins élevé.

Dans le cas d'une allergie alimentaire, le nombre de tests peut-être important. Mais seuls quelques aliments sont responsables de la majorité des allergies alimentaires (cacahuètes, fruits de mer, poissons, œufs, lait, blé, soja, fruits secs). Après un interrogatoire précis de vos antécédents médicaux, votre médecin n'aura besoin que de quelques tests cutanés aux allergènes alimentaires pour l'aider à confirmer son diagnostic d'allergie alimentaire (voir Chapitre 19).

Certaines allergies alimentaires, comme l'allergie aux cacahuètes, peuvent déclencher des réactions graves. Si un patient me déclare « Docteur, à chaque fois que j'ai mangé quelque chose qui contenait de l'arachide, j'ai cru que j'allais mourir », je le crois sur parole. Si vos réactions allergiques sont graves, je vous déconseille de pratiquer des tests cutanés (surtout ceux à intradermo-réaction) car les réactions positives pourraient vous mettre en danger. (Voir Chapitre 19 pour plus d'informations sur les allergies alimentaires.) Prévenez toujours votre médecin des réactions alimentaires graves que vous avez subies avant de faire des tests cutanés.

L'intradermo-réaction

Cette méthode est désormais beaucoup moins utilisée.

Étant donné que l'intradermo-réaction consiste à injecter juste sous la surface de la peau un peu d'allergène en solution, le risque de réaction généralisée, bien que faible, reste présent. La réaction est d'ordinaire moins importante avec un prick-test et alerte l'allergologue sur les dangers d'une intradermo-réaction à cet allergène.

Des réactions retardées peuvent se produire après une intradermo-réaction, beaucoup plus rarement avec un prick-test, en raison de divers facteurs (le type d'extrait allergénique utilisé pour le test par exemple). Les symptômes de ces réactions sont un œdème et un érythème sur le site du test.

Les réactions retardées se produisent jusqu'à 3 à 10 heures après le test, et peuvent durer encore 12 heures. Le gonflement disparaît en 24 à 48 heures. Dans certains cas, ces réactions retardées apportent des informations sur le niveau de sensibilité à l'allergène (ce que j'expliquais au Chapitre 2).

Les effets secondaires des tests cutanés

Les tests cutanés produisent quelquefois des effets indésirables chez les personnes particulièrement sensibles. Ces réactions sont bien moins fréquentes avec les prick-tests qu'avec l'intradermo-réaction. Il peut s'agir d'une réaction cutanée locale étendue à une réaction générale, comme les éternuements, la toux, l'oppression thoracique, l'œdème de la gorge, les démangeaisons oculaires et le jetage postérieur (écoulement du nez vers la gorge).

Dans des cas heureusement très exceptionnels, une réaction violente peut survenir après un test cutané. C'est pourquoi les médecins ne pratiquent ces tests que dans des structures médicales disposant de médicaments d'urgence et de matériel de réanimation.

Les analyses sanguines

Même si les tests cutanés sont considérés par la plupart des allergologues comme « l'étalon-or » pour le diagnostic des allergies, ils ne réussissent pas chez tous les patients. Le dosage des IgE spécifiques (RAST pour Radio Allergo Sorbent Test) sanguines aide alors au diagnostic. Par ailleurs, ce dosage est prescrit à la place des tests cutanés dans les cas suivants :

✓ Votre médecin vous déconseille d'interrompre vos traitements à base d'antihistaminiques ou d'antidépresseurs, susceptibles d'interférer avec les résultats des tests cutanés, ou de bêtabloquants et d'IMAO limitant les possibilités de recours à l'adrénaline pour contrer une éventuelle réaction allergique grave.

✓ Si vous présentez une maladie de peau importante comme un eczéma étendu ou un psoriasis (couvrant une grande partie du corps), votre médecin ne trouvera pas de site favorable à l'exécution des tests cutanés.

> ✓ Si votre sensibilité aux allergènes suspectés est si forte que l'administration de l'un d'eux pourrait induire une réaction généralisée, vous devez éviter les tests cutanés.
>
> ✓ Si le comportement, l'état physique ou mental du patient ne sont pas compatibles avec la réalisation des tests cutanés, le RAST est alors indiqué.

Le RAST, qui ne requiert qu'un seul échantillon de sang pour tester différents allergènes, peut apporter un complément d'informations, mais il n'est pas systématiquement prescrit.

L'immunothérapie

L'immunothérapie est actuellement la méthode de traitement la plus efficace car elle intervient sur les mécanismes immunologiques sous-jacents de la maladie (voir Chapitre 2) responsables de la rhinite allergique (rhume des foins), de la conjonctivite allergique, de l'asthme allergique et de l'allergie aux piqûres d'insectes. (Le Chapitre 21 explique en détail comment les allergologues traitent les allergies aux piqûres d'insectes grâce à l'immunothérapie). L'immunothérapie n'est pas aujourd'hui un moyen sûr et efficace de traiter les allergies alimentaires.

L'immunothérapie spécifique, répétons-le encore, est le seul traitement qui intervient sur le cours naturel des maladies allergiques. Ce traitement fait désormais l'objet d'un consensus international proposé par des experts médicaux de l'OMS, qui précise que l'immunothérapie doit faire partie de la prise en charge de la maladie allergique.

L'immunothérapie spécifique, parfois appelée vaccination aux allergènes, prévient l'apparition de nouvelles sensibilisations et empêche l'aggravation des symptômes allergiques. Elle prévient également l'apparition de l'asthme chez des patients atteints de rhinite allergique et évite le passage de la maladie allergique à la chronicité.

Les produits utilisés pour le traitement ont fait l'objet de nombreuses évaluations scientifiques. Ce sont de véritables médicaments, soumis au préalable à des protocoles d'essais, qu'il faut différencier de l'homéopathie qui ne repose aujourd'hui sur aucune étude scientifique valable.

L'immunothérapie spécifique prévient chez l'enfant allergique de nouvelles sensibilisations aux allergènes habituels et la survenue ultérieure d'asthme chez les enfants atteints de rhinite allergique. En ce début de nouveau millénaire, ce traitement retrouve ses lettres de noblesse et connaît un regain d'intérêt. Mais il ne faut pas oublier que son utilisation repose sur un diagnostic précis et rigoureux, sur des indications bien posées, et sur une bonne coopération du patient.

Qui piquer ?

L'immunothérapie est appropriée au traitement des allergies, dans les conditions suivantes :

✓ Si l'éviction totale des allergènes n'est pas pratique voire impossible, car votre mode de vie vous expose inévitablement aux allergènes.

✓ Vos symptômes allergiques sont en permanence invalidants.

✓ Les nombreux médicaments nécessaires à la prise en charge de vos symptômes allergiques ont des effets indésirables trop importants et un coût trop élevé par rapport aux bénéfices obtenus. L'immunothérapie semble donc plus indiquée.

✓ Les tests montrent la présence d'IgE spécifiques. Il est donc possible d'identifier précisément les allergènes incriminés dans vos réactions allergiques.

✓ Vous n'avez subi aucun effet adverse grave après un test cutané aux allergènes qui seront utilisés pour l'immunothérapie.

✓ Vous acceptez de vous soumettre aux contraintes de ce traitement, qui requiert un réel investissement de temps de votre part.

✓ Si vous avez un problème cardiaque, ou prenez des bêtabloquants ou des IMAO, l'immunothérapie n'est pas conseillée, à moins que votre médecin n'estime que les bénéfices de ce traitement surpassent le risque d'interrompre vos traitements en cours.

Les injections

Les injections sont la méthode la plus ancienne, mais elles sont moins utilisées depuis l'utilisation de la voie sublinguale. Si les aiguilles vous donnent des sueurs froides, restez calme, les injections sont bien moins douloureuses que les injections intramusculaires pour les vaccinations ou certains médicaments (cortisone ou pénicilline). Les fines aiguilles utilisées sont généralement les mêmes que pour l'intradermo-réaction et provoquent donc une gêne minime.

Je suis souvent étonné de voir avec quelle facilité les enfants supportent les injections sitôt l'appréhension de la première passée. Après la première injection, les suivantes ne leur posent généralement aucun problème, surtout lorsqu'ils remarquent que leurs symptômes s'amenuisent. Je ne dis pas que les enfants courent après les injections (où qu'ils viennent chez le docteur pour autre chose qu'une sucette), mais ils apprennent rapidement que, pour respirer correctement, ce traitement en vaut la peine.

Les allergènes les plus utilisés en immunothérapie pour la rhinite allergique, la conjonctivite allergique et l'asthme allergique comprennent des extraits de pollens, de spores de moisissures, d'acariens, et parfois d'allergènes d'animaux.

Même si ce traitement réduit nettement les symptômes allergiques, continuez à respecter les mesures d'éviction au cours de l'immunothérapie, votre traitement n'en sera que plus efficace.

L'immunothérapie, qui améliore nettement les symptômes allergiques et réduit de ce fait le recours aux médicaments antiallergiques, est le traitement actuellement disponible qui s'apparente le plus à une guérison. Toutefois, prévenez toujours votre médecin si vous souhaitez prendre des médicaments (prescrits ou non) que ce soit pour les allergies comme pour d'autres maladies. Informez-le également des modifications de votre état, même si cela vous semble sans rapport avec vos allergies. La grossesse, que je mentionne dans l'encadré suivant, en est un exemple qu'il vous faut signaler à votre allergologue.

Votre adhésion au traitement est un élément clé de l'immunothérapie. Respectez scrupuleusement le calendrier des injections (voir ci-après) prescrit par votre allergologue. Évitez cependant les injections dans les situations suivantes :

Grossesse et immunothérapie

Si votre grossesse survient en cours d'immunothérapie, ne vous inquiétez pas, les injections sont sans danger. Votre allergologue vous conseillera de continuer le traitement, à une dose éventuellement réduite pour minimiser les risques de réaction, mais néanmoins suffisante pour continuer à vous éviter les symptômes allergiques.

Si vous interrompez le traitement, vos symptômes vont peut-être s'aggraver, il vous faudra alors suivre un traitement pharmacologique plus important, peu indiqué pendant votre grossesse. Si vous êtes déjà enceinte et que vous envisagez d'entreprendre une désensibilisation, votre allergologue vous conseillera vraisemblablement d'en retarder le début après la naissance de votre enfant.

✓ **Activité physique** : ne faites pas d'effort intense au moins une heure avant et deux heures après les injections. L'activité physique est déconseillée dans cette période car elle élève le risque de réactions en augmentant la circulation sanguine responsable d'une absorption rapide de l'allergène injecté.

✓ **Maladie** : si vous avez de la fièvre, prévenez votre allergologue. En effet, la fièvre pourrait masquer une éventuelle réaction à l'injection.

✓ **Vaccination** : évitez de prévoir une vaccination le même jour que l'injection pour l'immunothérapie car les effets indésirables de la vaccination pourraient masquer une réaction. Si votre vaccination est déjà prévue, informez votre allergologue qui vous proposera une autre date pour l'injection.

Calendrier des injections

La meilleure efficacité de l'immunothérapie est obtenue en suivant le traitement toute l'année. Des études ont montré que les injections d'extraits allergéniques tout au long de l'année garantissent une réduction plus durable et plus complète de la sensibilité aux allergènes incriminés.

Voici comment se déroule une immunothérapie typique :

1. Votre allergologue commence le traitement par des injections, une fois par semaine, avec une dose très faible d'allergènes en solution.

2. Les doses d'allergènes sont progressivement augmentées par une concentration et une quantité plus importante d'extraits allergéniques, injectés semaine après semaine jusqu'à une dose d'entretien maintenue pendant trois à six mois. Cette dose d'entretien correspond à la dose maximale tolérée par votre organisme sans déclencher de réaction indésirable.

3. Une fois cette dose d'entretien atteinte, les injections doivent néanmoins être poursuivies. Les intervalles entre les injections passent d'une à quatre semaines, suivant votre réponse au traitement et votre niveau d'exposition aux allergènes en question.

À chaque injection, prévoyez de rester dans le cabinet de l'allergologue pendant au moins 20 minutes pour lui permettre de surveiller la peau sur le site d'injection. En outre, si jamais vous deviez avoir une réaction, le personnel médical pourrait immédiatement vous porter secours.

Une relation qui dure

Pour les allergènes inhalés, l'immunothérapie requiert trois à cinq ans d'injections. Souvent, si la sensibilité à l'allergène diminue au cours de l'immunothérapie, les allergies s'améliorent pour plusieurs années, même après l'arrêt du traitement.

Dans certains cas, l'arrêt de l'immunothérapie induit une réapparition des symptômes allergiques. L'allergologue doit donc évaluer chaque cas particulier avant de décider d'interrompre le traitement.

Effets indésirables

Le risque de choc anaphylactique est très faible mais existe à chaque fois que votre allergologue vous injecte des allergènes dans l'organisme. Donc, même si les risques d'une réaction allergique grave sont bien plus minces que d'avoir un accident de voiture en vous rendant chez l'allergologue, je vous recommande vivement de vous entourer d'un maximum de précautions. Après une injection pour l'immunothérapie signalez à votre médecin si vous ressentez l'un des symptômes suivants :

✓ Démangeaison des pieds, des mains, de l'aine ou des aisselles.

✓ Éruption cutanée généralisée comme un érythème ou une urticaire.

✓ Symptômes respiratoires, éternuements, toux, oppression thoracique, œdème ou démangeaison de la gorge, démangeaison des yeux, écoulement nasal vers la gorge, difficultés à déglutir et voix rauque.

✓ Nausée, diarrhée et crampes d'estomac.

✓ Vertiges, évanouissement ou chute de tension.

Dans la mesure où le risque de réaction grave existe, les injections de désensibilisation doivent toujours être réalisées par un médecin (ou par une infirmière, sous surveillance médicale) dans un cabinet pourvu de matériel de réanimation.

La désensibilisation par voie sublinguale

La désensibilisation par voie sublinguale est une méthode récente, de plus en plus utilisée.

Chaque matin, à jeun, le patient dépose quelques gouttes de l'allergène sur un demi-morceau de sucre ou sur de la mie de pain, qu'il fait fondre sous la langue pendant deux minutes en faisant attention de ne pas avaler le produit.

Le médecin allergologue établit un protocole afin d'obtenir une dose maximale protectrice qu'il est nécessaire de renouveler plusieurs fois par semaine pendant 3 à 5 ans.

Les effets secondaires sont moins nombreux et moins dangereux que ceux observés avec la voie injectable. Aucune réaction sévère n'a été signalée. Des démangeaisons sous la langue ou une petite gêne dans la bouche sont parfois observées. Les réactions générales, rhinite, asthme et urticaire, sont exceptionnelles.

Ce traitement s'adresse aux enfants dès l'âge de 4 ou 5 ans, lorsqu'ils sont capables de faire fondre le sucre sous la langue. Cette méthode est également indiquée chez les adultes lorsque la voie injectable est trop contraignante, douloureuse ou mal tolérée. Elle a fait, et fait encore, l'objet de nombreuses études qui montrent une efficacité comparable avec la voie injectable, en particulier dans les rhinites perannuelles et saisonnières, les conjonctivites et l'asthme modéré. Elle est actuellement validée pour les acariens, les graminées, le bouleau, l'olivier et la pariétaire.

Le médecin allergologue choisira la méthode de désensibilisation en fonction de différents critères : allergènes, types et intensité des symptômes, crainte des injections, disponibilité…

À l'avenir

De nouvelles formes d'immunothérapie sont en cours d'essai. Les traitements les plus prometteurs sont les anticorps anti-IgE. L'agent de ce traitement est un anticorps monoclonal recombinant humanisé (rhuMAb) conçu par les chercheurs pour se lier à la partie de l'IgE qui doit se fixer sur le site récepteur du mastocyte, inhibant ainsi leur activation et l'initiation de la réaction allergique. À mon avis, ce médicament a non seulement la capacité d'améliorer le traitement de l'asthme et la rhinite allergique, mais pourrait aussi bloquer de nombreux types de réactions allergiques qui restent jusqu'à maintenant mal contrôlées comme les allergies alimentaires graves.

Chapitre 9

Les complications des allergies

Dans ce chapitre :

➤ Découvrez les complications des allergies non traitées

➤ Identifiez les sinusites et les otites

➤ Dégagez vos conduits auditifs et vos sinus

➤ Évitez les infections

*L*a rhinite allergique est considérée par certains plus comme un désagrément qu'une véritable pathologie. Toutefois, comme je l'expliquais dans le Chapitre 4, le problème de la rhinite allergique n'est pas simple. C'est une maladie qui requiert souvent une attention et une prise en charge particulières, car ses symptômes affectent sérieusement la qualité de vie, mais aussi parce qu'en l'absence de traitement, la rhinite allergique se complique de sinusites (inflammations des sinus) et d'otites moyennes (inflammations de l'oreille moyenne). Vous trouverez, dans les pages qui suivent, les causes et les symptômes de ces deux infections fréquentes, ainsi que les méthodes appropriées de prévention et de traitement.

La sinusite

Si vous avez eu un rhume persistant, vous avez peut-être souffert d'une forme de sinusite. Cette maladie, souvent douloureuse, est due à un œdème de la muqueuse des fosses nasales et des sinus habituellement provoqué par une rhinite allergique. On confond couramment les symptômes de sinusite avec ceux du rhume, de la grippe ou de l'allergie.

La sinusite est l'un des problèmes de santé publique les plus courants. En raison de la gêne et de la douleur générées, la sinusite motive fréquemment les consultations chez le médecin.

Consultez votre médecin dès que vous pensez avoir une sinusite. Les complications comme la bronchite chronique, l'otite moyenne, les polypes nasaux, et l'exacerbation de l'asthme peuvent survenir si votre sinusite n'est pas correctement traitée. La sinusite chronique provoque parfois un œdème des végétations qui doivent alors être enlevées chirurgicalement. D'un autre côté, des études montrent que les asthmatiques qui échappent aux sinusites améliorent nettement leurs symptômes respiratoires.

Causes courantes

La sinusite est très souvent précédée par une rhinite allergique.

La rhinite vasomotrice, forme non allergique provoquée par un brusque changement de température ou une exposition à un irritant (fumée de tabac, polluant…, voir Chapitre 4), contribue également à la sinusite. Les nageurs, plongeurs, passagers aériens, personnel des compagnies aériennes, et autres personnes souvent exposées aux variations de pression et de température sont particulièrement enclines à développer une sinusite s'ils ne traitent pas leur rhinite.

D'autres facteurs peuvent encore favoriser la survenue d'une sinusite :

✓ **Les infections virales des voies respiratoires supérieures.** Les virus comme ceux du rhume sont les principaux responsables de sinusites.

✓ **Les infections bactériennes.** La même famille de germes est à l'origine des otites moyennes et des sinusites bactériennes (*Streptococcus pneumonia, Haemophilus influenza, Moraxella catarrhalis*). À l'inverse des infections virales, ce type de sinusite répond à l'antibiothérapie.

✓ **Les infections fongiques.** Ce type de sinusite apparaît chez les patients qui ont suivi un long traitement antibiotique ou ont pris des corticoïdes oraux pendant longtemps. *Aspergillus* est le champignon le plus fréquemment responsable des infections fongiques chez les personnes atteintes.

✓ **Les rhinites médicamenteuses.** L'abus de décongestionnants nasaux prédispose à la sinusite. (Voir Chapitre 7 pour de plus amples informations.)

✓ **Les obstructions anatomiques.** Les polypes nasaux, les autres excroissances, l'hypertrophie des végétations (en particulier chez les enfants), et la déviation de la cloison nasale augmentent les risques de sinusites.

✓ **Les autres maladies**. Les patients atteints de mucoviscidose qui produisent un mucus anormalement épais, et dont la fonction ciliaire (petits cils qui évacuent le mucus plein de débris des voies respiratoires) est perturbée, souffrent fréquemment de sinusites. Le Sida et les autres maladies immunodéficitaires affaiblissent les défenses de l'organisme, laissant donc la voie libre aux bactéries et aux virus pour provoquer divers types d'infections dont la sinusite. Ces patients au système immunitaire affaibli sont particulièrement vulnérables aux infections des sinus.

Anatomie des sinus

Sinus signifie « espace vide » en latin. Les sinus sont des cavités dans les os qui bordent les fosses nasales (voir la Figure 9-1). Sinusite signifie « inflammation (*ite*) des sinus ».

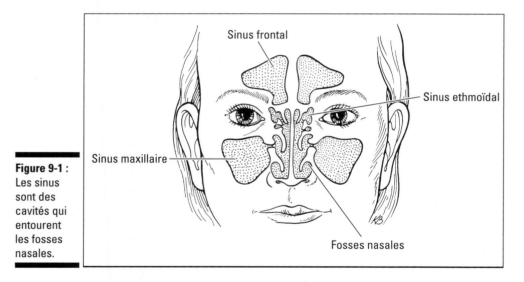

Figure 9-1 : Les sinus sont des cavités qui entourent les fosses nasales.

Sinus frontal

Sinus ethmoïdal

Sinus maxillaire

Fosses nasales

Les sinus, répartis en trois paires, sont nommés en fonction des os qui les hébergent :

✓ **Sinus maxillaires**. Les plus grands des sinus, situés dans les pommettes.

✓ **Sinus frontaux**. Ces sinus sont dans le front, au-dessus des yeux.

✓ **Sinus ethmoïdaux**. Placés juste derrière les yeux et le nez.

L'autre sinus affecté par la sinusite est le *sinus sphénoïdal*, situé derrière le nez, à la base du cerveau.

Les sinusites concernent souvent les sinus maxillaires, frontaux et ethmoïdaux. La complication la plus fréquente concerne l'orbite et entraîne une *cellulite* avec parfois la formation d'*abcès*. Les patients présentant ce type d'infection ont l'air d'avoir pris un coup de poing dans l'œil. Comme le sinus sphénoïdal est près du cerveau, une infection de cette zone, quoique rare, est généralement associée à une infection des autres sinus (*pansinusite*) et peut avoir des conséquences très graves si l'infection gagne le système nerveux central. Une sinusite non traitée évolue parfois en une maladie mortelle, comme la *méningite* (infection des membranes qui enveloppent le cerveau et la moelle épinière) ou les abcès cérébraux.

Les sinus maxillaires sont présents dès la naissance, ainsi que les sinus ethmoïdaux immatures, qui se développent vers 3 à 7 ans. Contrairement à ce que l'on pensait auparavant, les enfants de moins de 5 ans peuvent avoir une sinusite nécessitant un traitement approprié. Si votre enfant a une rhinite allergique, traitez-le soigneusement pour réduire le risque de sinusite.

A quoi servent les sinus ?

Les sinus sont essentiels pour la défense de l'organisme contre les bactéries, virus, irritants et allergènes inhalés. En temps normal, le mucus des sinus piège la plupart de ces envahisseurs. Les cils qui tapissent les sinus (et d'autres parties des voies respiratoires) évacuent le mucus chargé de particules vers les fosses nasales par l'*ostium* (orifice de drainage des sinus) puis vers la gorge. Depuis la gorge, le mucus va vers l'estomac où les substances pathogènes sont neutralisées et éliminées par le système digestif.

Au-delà du maintien de la propreté de vos voies respiratoires, les sinus ont d'autres rôles importants :

✓ Ce sont des poches d'air qui allègent le crâne, qui sinon pèserait trop lourd sur le cou. Dire à quelqu'un qu'il n'a rien dans le crâne n'est donc pas complètement faux du point de vue anatomique...

✓ Les sinus sont des caisses de résonance permettant à la voix de prendre toute son ampleur.

✓ Ils réchauffent et humidifient l'air inhalé.

✓ Les sinus réchauffent aussi la base du cerveau située juste derrière le nez.

✓ Ils absorbent les chocs et protègent donc le cerveau.

Lors d'une rhinite allergique, la muqueuse irritée du nez et des sinus est œdématiée et rétrécit donc l'ostium (orifice de drainage des sinus). En même temps, la réponse allergique du système immunitaire à la rhinite allergique augmente la production de mucus. Cette combinaison d'une abondance de mucus et de l'œdème de la muqueuse des sinus submerge les capacités d'évacuation des cils ; le mucus peut alors s'infecter.

Imaginez un torrent. Si un barrage interrompt le courant, l'eau stagne en amont et se transforme en bouillon de culture pour une multitude d'organismes. Il en est de même de vos sinus, c'est pourquoi il est important de ne pas les laisser devenir marécageux.

Et ça dure depuis longtemps ?

Même s'il n'existe pas de consensus pour les différentes sortes de sinusites, les médecins les classent souvent en fonction de la durée et du type de symptômes. Les termes suivants sont utilisés pour classer les sinusites :

✓ **Sinusite aiguë.** Les symptômes de sinusite aiguë persistent trois à quatre semaines (parfois jusqu'à huit). Les symptômes typiques de sinusite aiguë sont :

- Infection des voies respiratoires supérieures.
- Écoulement nasal épais, opaque, jaunâtre ou verdâtre.
- Écoulement vers l'arrière-gorge opaque, jaunâtre ou verdâtre (en quantités telles qu'il faut souvent déglutir).
- Douleur du visage ou pesanteur autour des pommettes, des yeux et de la base du nez, surtout lorsque vous vous penchez en avant ou bougez rapidement (pendant une activité physique par exemple).
- Congestion nasale, maux de tête, fièvre et toux.
- Dans certains cas : réduction ou perte de l'odorat, douleur des dents du haut ou de la mâchoire supérieure, respiration difficile.
- Chez certains enfants, la nausée et les vomissements sont dus à un étouffement avec le mucus infecté.

✓ **Sinusite chronique.** La sinusite est dite chronique quand elle persiste pendant plus d'un mois. Souvent, la sinusite chronique dure des mois avec la combinaison des mêmes symptômes que la sinusite aiguë, mais parfois sans fièvre. C'est pourquoi les personnes qui souffrent de sinusite chronique pensent avoir des rhumes fréquents ou persistants.

> ✓ **Sinusite récurrente.** Les médecins parlent de sinusite récurrente pour trois épisodes ou plus de sinusite aiguë par an. Les épisodes récurrents ont parfois des origines différentes. En cas de sinusite récurrente, votre médecin vous enverra chez un allergologue pour voir si une allergie est à l'origine de votre maladie. (Voir Chapitre 8 pour plus de détails sur les tests d'allergies.)

Le diagnostic

Vos symptômes et vos antécédents médicaux permettent de diagnostiquer une sinusite. Votre médecin vous posera les questions suivantes :

> ✓ Quand sont apparus les premiers symptômes ?
>
> ✓ Qu'est-ce qui vous fait mal ? Où avez-vous mal ?
>
> ✓ Avez vous des antécédents d'allergies ou de problèmes de sinus dans votre famille ?
>
> ✓ Qu'avez-vous fait contre les symptômes ? Quels médicaments avez-vous pris ? Quels ont été leurs effets ?

Votre médecin examinera votre nez et vos sinus pour confirmer son diagnostic. Il va aussi :

> ✓ Prendre votre température, et vous ausculter pour déterminer si l'infection a gagné vos poumons.
>
> ✓ Tapoter votre front et vos pommettes à la recherche de sensibilités de vos sinus frontaux et maxillaires.
>
> ✓ Rechercher du mucus infecté dans votre nez et l'arrière-gorge. Pour cet examen, le médecin peut utiliser une fibre optique souple pour bien visualiser les zones infectées.

Des examens complémentaires d'imagerie sont parfois nécessaires pour confirmer le diagnostic. La tomographie est très utilisée et remplace souvent les radiographies des sinus, moins précises. Le scanner combine la radiographie et un traitement informatique des images. Les radiographies sont effectuées sous différents angles afin de donner après traitement informatique une image tridimensionnelle de votre corps, montrant avec une grande précision les os, les tissus et les organes.

Les traitements

Pour venir à bout de votre sinusite il faut d'abord maîtriser la rhinite allergique. Souvent, un traitement approprié de la rhinite allergique suffit à améliorer la sinusite. Comme je l'expliquais au Chapitre 6, l'éviction des allergènes est un point crucial du traitement des allergies. Le chapitre 7 vous décrit en détail les médicaments adaptés à votre maladie.

En plus de traiter la rhinite, votre médecin vous prescrira divers traitements pour la sinusite (médicaments, irrigations et chirurgie).

Les antibiotiques

Les antibiotiques sont les médicaments les plus prescrits pour combattre une infection bactérienne des sinus. Lorsque vous prenez des antibiotiques, n'oubliez pas :

✓ La circulation sanguine étant mauvaise dans vos sinus, les bienfaits des antibiotiques peuvent se faire attendre quelque temps. Toutefois, la plupart des sinusites aiguës répondent aux antibiotiques en moins de deux semaines.

✓ Dans le cas de sinusite chronique, ne soyez pas surpris si votre médecin vous prescrit une antibiothérapie plus longue pour éliminer l'infection bactérienne.

✓ Dans certains cas de sinusite chronique ou aiguë, vous vous sentez soulagé après quelques jours d'antibiothérapie. N'arrêtez pas le traitement pour autant. Vous devez suivre le traitement jusqu'au bout pour garantir une éradication totale des bactéries.

Les autres médicaments

En complément des antibiotiques, pour éliminer l'infection bactérienne de vos sinus, votre médecin peut vous prescrire d'autres médicaments (Chapitre 7) pour traiter les symptômes de la rhinite allergique.

Les irrigations

Votre médecin vous conseillera quelquefois de faire des douches nasales pour irriguer vos narines avec une solution saline tiédie. Ces irrigations peuvent se pratiquer au domicile pour soulager la pesanteur et la congestion des fosses nasales. Demandez conseil à votre médecin pour bien utiliser les appareils d'irrigation.

Les inhalations

Votre médecin vous recommandera peut-être un « remède de bonne femme » pour dégager vos sinus et vous soulager. Il s'agit d'inhaler de la vapeur pour liquéfier et ramollir le mucus encroûté tout en humidifiant les voies aériennes enflammées.

Je vous conseille les méthodes suivantes pour inhaler de la vapeur :

1. Faites bouillir de l'eau.

2. Versez l'eau bouillante dans une bassine sur une table basse

3. Asseyez-vous devant la table, penchez la tête sur le récipient et couvrez votre tête d'une serviette pour faire une sorte de tente, dont votre tête est le piquet.

4. Maintenez votre visage quelques centimètres au-dessus de l'eau bouillante et aspirez la vapeur par le nez pendant 10 minutes environ.

Deux inhalations par jour soulagent la sinusite. Continuez néanmoins à traiter la cause sous-jacente de l'infection, ce remède ne doit donc pas constituer le seul traitement de votre sinusite.

La chirurgie des sinus

Si les autres traitements ne vous soulagent pas, il faut peut-être envisager une approche chirurgicale, notamment en présence d'une obstruction physique, comme une cloison nasale déviée ou des polypes nasaux. Cependant, si la rhinite allergique est à l'origine de vos symptômes, la chirurgie seule ne résoudra pas vos problèmes. Continuez à traiter votre rhinite allergique pour éviter des complications. Mais le traitement des allergies ne réparera pas les dégâts déjà provoqués par la sinusite.

Si votre médecin pense qu'une intervention chirurgicale est nécessaire, il vous adressera à un oto-rhino-laryngologiste (ou ORL), spécialiste du nez, de la gorge et des oreilles. La chirurgie ne sera entreprise qu'après un examen complet de votre état et de vos antécédents médicaux.

N'hésitez pas à demander de plus amples informations à votre chirurgien, au sujet de l'intervention : sur sa durée, son déroulement, son lieu et sa date, sur les possibles complications et la date à laquelle vous pourrez reprendre vos activités scolaires ou professionnelles.

La bonne nouvelle concernant la chirurgie des sinus est que les deux méthodes les plus courantes sont peu invasives et peuvent être réalisées sans hospitalisation sous anesthésie locale. Certains chirurgiens utilisent l'anesthésie générale. Les deux méthodes les plus courantes sont :

✓ **La ponction et l'irrigation**. Cette méthode dégage les sinus, rétablissant un bon drainage.

✓ **Chirurgie du sinus par endoscopie**. Plus complexe que la précédente, cette méthode consiste à élargir l'orifice des sinus ethmoïdaux et maxillaires vers les fosses nasales et à éliminer et nettoyer les muqueuses infectées pour améliorer le drainage. La ventilation des sinus ethmoïdaux, frontaux et maxillaires est ainsi rétablie. Les ORL pratiquent cette opération à l'aide d'instruments de haute technologie dirigés par ordinateurs garantissant une extrême précision.

La prévention

Si vous souffrez d'une rhinite allergique, suivez les mesures préventives pour maintenir vos sinus dégagés au cas où vous contracteriez une infection des voies respiratoires supérieures (rhume) ou une manifestation allergique :

✓ Prenez les médicaments prescrits par votre médecin, comme ceux indiqués au Chapitre 7.

✓ Buvez beaucoup d'eau pour maintenir votre mucus fluide et permettre un drainage facile des sinus.

✓ Ne brutalisez pas votre nez : mouchez-vous en douceur, une narine après l'autre.

✓ Évitez les avions. Si vous devez prendre l'avion lorsque vous avez un rhume ou une manifestation allergique, demandez conseil à votre médecin.

✓ Évitez la natation et la plongée. Vous n'avez probablement pas envie de vous rendre à la plage ou à la piscine avec un rhume ou une manifestation allergique, ce n'est pas plus mal, car vos sinus n'apprécieraient pas du tout les changements de pression provoqués par la natation ou la plongée.

L'otite moyenne

UN PEU DE TECHNIQUE

L'otite moyenne, désigne une inflammation de l'oreille moyenne et une affection au cours de laquelle du fluide s'accumule dans l'oreille moyenne. Elle s'oppose à l'*otite externe* qui affecte le conduit auditif externe, et qui survient souvent chez les nageurs. D'après les définitions de sinusite et de rhinite, vous pouvez deviner la signification d'*otite* : une inflammation *(ite)* de l'oreille (*ôtos* en grec). La partie moyenne de l'oreille est la plus touchée par les processus inflammatoires, comme je vous l'expliquerai d'ici peu. L'otite moyenne est souvent due à une rhinite allergique ou une complication de sinusite.

Les otites moyennes, très fréquentes chez les jeunes enfants, peuvent avoir des conséquences néfastes sur la croissance, de même que sur les capacités d'apprentissage, en raison de la baisse d'acuité auditive.

Les otites moyennes les plus courantes sont :

✓ **L'otite moyenne aiguë**. Cette maladie comprend une inflammation et une infection de l'oreille moyenne et de la trompe d'Eustache. Elle survient surtout chez les enfants, puis diminue avec l'âge.

✓ **L'otite moyenne séreuse**. Le fluide émis dans l'oreille moyenne lors de cette affection peut entraîner des déficits auditifs en l'absence de traitement approprié.

Les causes courantes

Une rhinite allergique précède souvent une otite.

Les risques d'otites sont amplifiés dans les cas suivants :

✓ Sinusite. Les facteurs qui favorisent les sinusites sont les mêmes pour les otites (exposition aux allergènes, fumée de tabac, polluants, irritants...).

✓ Hypertrophie des végétations.

✓ Fente palatine non opérée.

✓ Polypes nasaux.

✓ Production excessive de cérumen.

✓ Mauvais fonctionnement de la thyroïde, responsable de congestions nasales fréquentes.

✓ Tumeurs malignes ou bénignes.

✓ Poussée dentaire. La poussée des dents chez les jeunes enfants peut contribuer à la survenue d'otites, mais la relation directe n'est pas encore clairement établie.

Nombre des maladies figurant sur la liste précédente concernent les nourrissons et les jeunes enfants. Demandez toujours au médecin d'examiner les oreilles de votre enfant lorsqu'il est malade.

Écoutez un peu !

La partie visible de l'oreille, cette drôle d'excroissance, n'est que la partie émergée de l'iceberg. La plupart des fonctions de l'oreille se produisent à l'intérieur de votre crâne, dans des cavités, canaux et conduits qui propagent le son et procurent le sens de l'équilibre.

L'oreille se compose des parties suivantes (voir la Figure 9-2) :

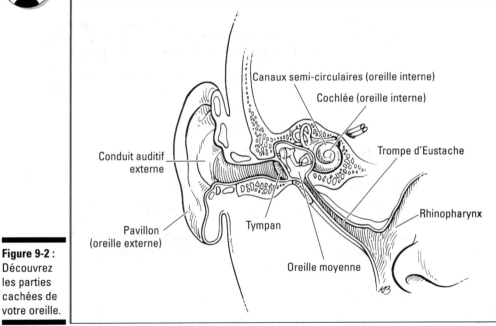

Canaux semi-circulaires (oreille interne)

Cochlée (oreille interne)

Conduit auditif externe

Trompe d'Eustache

Pavillon (oreille externe)

Tympan

Rhinopharynx

Oreille moyenne

Figure 9-2 : Découvrez les parties cachées de votre oreille.

✓ **L'oreille externe.** Aussi appelée pavillon, la fonction principale de ce repli de cartilage élastique recouvert de peau est d'acheminer les sons vers l'oreille moyenne, et de porter les boucles d'oreilles.

✓ **L'oreille moyenne**. Cette cavité remplie d'air contient le tympan et de petits osselets qui transmettent les sons. Grâce à sa connexion au rhinopharynx (par la trompe d'Eustache), la pression de l'air est équilibrée de chaque coté du tympan.

✓ **L'oreille interne**. L'oreille interne renferme les récepteurs sensoriels de l'audition et de l'équilibre. Les récepteurs auditifs sont dans la cochlée, une cavité pleine de fluide, tandis que les récepteurs de l'équilibre sont dans les canaux semi-circulaires (voir la Figure 9-2).

✓ **La trompe d'Eustache**. La trompe d'Eustache est un prolongement de l'oreille moyenne qui rejoint l'arrière du nez. Souvent à l'origine d'infections, elle a trois fonctions importantes :

- La trompe d'Eustache assure la ventilation de l'oreille moyenne.

- La trompe d'Eustache permet d'équilibrer la pression de l'air à l'intérieur et à l'extérieur de l'oreille, et dissipe l'énergie des ondes sonores de l'oreille interne vers la gorge.

- Comme la trompe d'Eustache est fermée la plupart du temps, elle constitue une barrière contre les virus, bactéries, irritants et allergènes qui voudraient pénétrer dans l'oreille moyenne. De la même manière que pour les sinus, les cils évacuent le mucus chargé de débris, depuis l'oreille moyenne vers la gorge, par la trompe d'Eustache, puis dans l'estomac.

- La trompe d'Eustache s'ouvre un court instant pour permettre aux cils de se débarrasser du mucus lorsque vous avalez, baillez, reniflez ou forcez en bloquant la respiration. Toutefois, chez de nombreux enfants de moins de six ans, le développement des trompes d'Eustache n'est pas totalement achevé, ce qui les empêche de correctement ventiler, nettoyer et protéger l'oreille moyenne. Les jeunes enfants ont donc souvent des infections de l'oreille moyenne.

Otite moyenne aiguë

Les principaux symptômes de l'otite moyenne aiguë (une inflammation et une infection de l'oreille moyenne et de la trompe d'Eustache) sont :

✓ Douleurs de l'oreille, parfois très intenses, et fièvre. Parfois ces symptômes s'accompagnent de diarrhée et de vomissements.

✓ Baisse de l'acuité auditive, vertiges et bourdonnements dans l'oreille affectée.

✓ Chez les bébés, forte fièvre, irritabilité et une tendance à tirer sur l'oreille affectée.

✓ Dans certains cas, écoulement de fluide infecté depuis l'oreille moyenne (si le tympan a été perforé).

Une otite moyenne aiguë est généralement due à une maladie allergique, bactérienne ou virale qui affecte le nez, les sinus, l'oreille moyenne et la trompe d'Eustache. Cette dernière peut se fermer sous l'effet de l'œdème et ainsi emprisonner du fluide infecté, qui va alors appuyer contre le tympan et provoquer les douleurs. Si vous ne rectifiez pas la situation, les fluides infectés peuvent atteindre les membranes qui enveloppent votre cerveau, et provoquer une méningite, et même entraîner la mort.

Comme les sinusites et les otites vont souvent de pair, les médicaments utilisés pour les traiter sont les mêmes. Le traitement de l'otite moyenne aiguë comprend des antibiotiques pour stopper l'infection.

Si vous êtes allergique à la pénicilline, n'oubliez pas de le mentionner à votre médecin.

Otite moyenne séreuse

Lors d'une otite séreuse, l'oreille moyenne retient un fluide, stérile ou infecté selon les cas. Les symptômes les plus courants sont :

- ✓ Oreilles bouchées (comme lorsque vous descendez en avion).
- ✓ Baisse de l'acuité auditive.

Les enfants atteints d'otites séreuses ne présentent pas nécessairement de symptômes. Toutefois, si votre enfant n'est pas attentif, n'entend pas bien (il demande toujours d'augmenter le volume de la télévision par exemple), et/ou parle fort, demandez au médecin d'examiner ses oreilles. Une otite séreuse mal traitée peut entraîner des pertes auditives, une mauvaise acquisition du langage, des difficultés scolaires et même des problèmes comportementaux.

Les enfants dont les otites séreuses chroniques durent plus de six à huit semaines doivent consulter un chirurgien ORL. Les traitements de l'otite moyenne séreuse sont :

- ✓ **La paracentèse**. Les chirurgiens ORL prélèvent à l'aiguille le fluide piégé derrière la membrane tympanique. Cette méthode est utile à la fois pour le diagnostic (pour identifier le germe incriminé) et pour soulager la douleur, ainsi que la fièvre souvent associée.

✓ **La pose d'un aérateur transtympanique**. Cette méthode consiste à pratiquer une petite ouverture sur le tympan et à insérer un petit tube de plastique (aussi appelé aérateur transtympanique, ou « yoyo ») dans le tympan pour équilibrer la pression de l'air à l'intérieur de l'oreille et drainer le fluide de l'oreille moyenne et de la trompe d'Eustache. Les chirurgiens ORL réalisent en général cette intervention sous anesthésie générale, mais aussi sous anesthésie locale (chez les grands enfants et les adultes) sans hospitalisation. Dans la plupart des cas, les aérateurs doivent rester en place pendant 6 à 18 mois, ou jusqu'à ce qu'ils tombent d'eux-mêmes. Les enfants les oublient quelques jours après leur mise en place, mais ne peuvent aller nager, à moins que le médecin ne leur ait fait confectionner des bouchons d'oreilles parfaitement adaptés.

✓ **L'ablation des végétations (ou adénoïdectomie)**. Si la trompe d'Eustache de votre enfant de plus de 3 ans se bouche régulièrement, votre médecin vous conseillera peut-être de le faire opérer des végétations.

Le diagnostic

La première étape du diagnostic d'une otite consiste en un examen de l'oreille à l'aide d'un *otoscope* (un instrument métallique que vous avez certainement déjà vu). Lors d'une otite moyenne, le tympan prend un aspect œdémateux, rouge, inflammatoire et quasiment immobile. L'otite séreuse se manifeste par un tympan rétracté, rose ou blanc opaque, immobile.

Les autres éléments du diagnostic sont :

✓ **La tympanométrie**. Cette méthode mesure la réponse du tympan à diverses variations de pression et permet de diagnostiquer une otite séreuse et un mauvais fonctionnement des trompes d'Eustache.

✓ **L'audiométrie**. Cette méthode, qui évalue les conséquences de l'otite séreuse chronique sur l'audition, est particulièrement importante chez les enfants car les baisses d'acuité auditive sont susceptibles d'entraîner un retard dans l'acquisition du langage.

La prévention

Comme pour la sinusite, l'une des mesures les plus importantes pour prévenir les otites si vous avez une rhinite allergique est de traiter efficacement vos allergies. Le traitement des allergies comprend des mesures d'éviction décrites dans le Chapitre 6, ainsi que l'utilisation des médicaments appropriés comme je l'expliquais dans le Chapitre 7. Les mesures de prévention énumérées pour la sinusite sont aussi applicables en cas d'épisode allergique, de rhume ou toute autre infection des voies respiratoires supérieures.

Troisième partie
L'asthme

« Une soudaine sensation de chaleur,
une respiration superficielle et une accélération du rythme
cardiaque sont bien les signes d'une crise d'asthme,
mais le fait que ces symptômes apparaissent uniquement
quand vous parlez au maître nageur m'intrigue. »

Dans cette partie...

*L'*asthme n'est ni un rhume récurrent accompagné de toux, ni un trouble psychologique, ni un désagrément mineur, ni une maladie qui passe. C'est une pathologie inflammatoire chronique des voies aériennes pulmonaires à multiples facettes, responsable de difficultés respiratoires et qui nécessite un bon diagnostic, un traitement précoce et incisif, ainsi qu'une prise en charge efficace à long terme.

Dans cette partie, vous trouverez : une description de la réaction inflammatoire qui caractérise l'asthme, ce que vous devez savoir pour diagnostiquer votre maladie et éviter de la déclencher, les différents médicaments utilisés pour vous soulager à court et à long termes, ainsi que les informations essentielles pour mettre en place une prise en charge efficace de votre asthme.

Vous trouverez également des chapitres dédiés à l'asthme chez les enfants et au cours de la grossesse.

Chapitre 10

Les principes de base de la prise en charge de l'asthme

. . . .

Dans ce chapitre :

➤ Découvrez l'asthme

➤ Diagnostiquez votre maladie

➤ Maîtrisez votre asthme

. . . .

De tout temps, l'asthme a existé aux quatre coins de la planète, touchant des personnes de tous les milieux. L'empereur romain César Auguste n'est qu'un des nombreux personnages historiques souffrant de cette grave maladie respiratoire (voir Chapitre 23). Près de 2 500 ans av. J.-C., les médecins chinois mentionnaient déjà des cas d'asthme. Les chroniqueurs de nombreuses civilisations, parmi lesquels des Grecs anciens, ont rapporté des observations similaires. Asthme est un mot d'origine grecque qui désigne un symptôme classique de cette pathologie : l'essoufflement (ou dyspnée).

Malheureusement, l'ancienneté de l'asthme n'en fait pas moins une maladie du monde moderne. D'après de nombreux spécialistes, l'asthme est une épidémie générale, sa fréquence et sa sévérité ne cessent de croître en de nombreux points du globe. Comme je l'expliquerai dans le Chapitre 11, l'augmentation de la pollution à l'intérieur des maisons joue sans doute un rôle important dans le renforcement de l'incidence de cette maladie.

La France compte plus de 3,5 millions d'asthmatiques. La prévalence cumulée de l'asthme a doublé au cours de ces vingt dernières années, en dépit des nombreux progrès médicaux dans le diagnostic et le traitement de l'obstruction des voies respiratoires, qui est la cause principale de cette maladie.

Voici les caractéristiques de l'asthme aujourd'hui :

✓ L'asthme est la maladie infantile chronique la plus fréquente. Elle touche 6 à 12 % des enfants et est responsable de 25 % des journées d'école manquées, juste après les infections virales des voies respiratoires supérieures comme le rhume. Les crises d'asthme aiguës sont la principale raison des admissions aux urgences pour les enfants.

✓ Le coût global engendré par l'ensemble des asthmatiques français de plus de cinq ans a été évalué à 8 milliards de francs en 1990 (comprenant les hospitalisations, les consultations, les médicaments et la perte de productivité).

✓ L'asthme professionnel est un problème en pleine expansion. Selon les pays, 2 à 15 % des asthmes de l'adulte sont liés à une exposition à des irritants ou des allergènes sur le lieu de travail. On recense plus de 250 produits chimiques responsables d'asthme.

✓ La fréquence et la sévérité de l'asthme continuent de s'accroître pour les plus démunis, surtout ceux vivant en ville.

✓ L'asthme est responsable de 5 millions de journées d'arrêt de travail perdues chaque année en France.

✓ Bien que la mortalité pour les autres maladies graves ne cesse de diminuer, la mortalité liée à l'asthme est encore en pleine progression. Près de 2 000 Français meurent d'asthme chaque année. La plupart de ces décès sont évitables. Un bon diagnostic, un traitement adapté et une maîtrise de la maladie permettent à la grande majorité des asthmatiques de mener une vie saine et active, sans redouter des crises d'asthmes mortelles.

Définition de l'asthme

L'asthme est une maladie pulmonaire inflammatoire chronique responsable de problèmes respiratoires. C'est aussi une maladie complexe, à multiples facettes, que les asthmatiques eux-mêmes, leur entourage et même certains médecins n'identifient pas immédiatement, ou attribuent à un rhume avec toux ou à une bronchite.

Voici quelques éléments importants à garder à l'esprit au sujet de l'asthme :

✓ L'inflammation des bronches est le facteur sous-jacent le plus important de l'asthme. Si vous avez de l'asthme, vos symptômes vont et viennent, mais l'inflammation sous-jacente persiste habituellement. Les symptômes de l'asthme durent de quelques minutes à quelques heures, ou de plusieurs jours à des semaines, en fonction du traitement (voir Chapitre 12), de la sévérité de l'asthme, (voir Chapitre 13) et du type de mécanismes déclenchants (voir Chapitre 11).

✓ Même si la guérison de l'asthme n'est pas possible, les effets de la maladie, généralement réversibles, peuvent être maîtrisés, à l'inverse de l'emphysème, qui provoque la destruction des alvéoles pulmonaires (surface d'échange de l'oxygène au niveau du poumon) et est donc irréversible. Toutefois, un asthme mal traité peut entraîner une perte fonctionnelle des voies respiratoires et, dans certains cas, des altérations pulmonaires irréversibles.

✓ Un traitement adapté, précoce et incisif est indispensable à la prise en charge efficace de votre asthme.

✓ L'asthme apparaît souvent chez l'enfant et touche préférentiellement les garçons avant 11 ans. C'est la première maladie chronique de l'enfant. Dans le cas d'un asthme infantile, l'atopie (la prédisposition génétique du système immunitaire à produire des anticorps contre les allergènes) et/ou des antécédents familiaux d'allergies sont les principaux facteurs prédisposant à la maladie. La dermatite atopique (eczéma) et la rhinite allergique sont parfois des signes d'atopie chez les nourrissons et les jeunes enfants.

✓ Les symptômes de l'asthme chez les bébés comprennent une toux persistante, une respiration sifflante, et des rhumes récurrents ou persistants accompagnés de toux.

✓ L'asthme est sous la dépendance de facteurs héréditaires. Ainsi, deux tiers des asthmatiques ont un membre de leur famille asthmatique. Toutefois, la présence d'asthme dans la famille ne condamne pas forcément à devenir asthmatique. On hérite de la prédisposition à la maladie, mais pas de la maladie elle-même.

✓ Tous les asthmes ne sont pas allergiques, et toutes les allergies ne provoquent pas d'asthme. Dans certains cas d'asthme d'apparition tardive (souvent après 40 ans, forme moins fréquente que l'asthme infantile), l'atopie n'est pas toujours présente. Les facteurs déclenchants des symptômes de l'asthme d'apparition tardive sont plutôt la sinusite, le reflux gastro-œsophagien, les polypes nasaux, l'intolérance à l'aspirine et autres AINS (anti-inflammatoires non stéroïdiens).

Facteurs déclenchants, crises et symptômes

Une grande variété d'allergènes, d'irritants et autres facteurs comme le froid, le rhume, l'exercice ou les médicaments peuvent déclencher les symptômes de l'asthme. C'est alors la *crise d'asthme*. Les symptômes de l'asthme s'échelonnent d'une baisse de résistance à l'exercice à une sensation de souffle coupé, d'une toux persistante à une respiration sifflante, une oppression thoracique ou une détresse respiratoire menaçante. Souvent, une toux gênante constitue le seul symptôme.

Pourquoi ces antibiotiques ne viennent-ils pas à bout de ma bronchite ?

La bronchite est un terme générique pour désigner une inflammation des bronches. Le suffixe ite signifie inflammation, comme dans sinusite (inflammation des sinus), appendicite (inflammation de l'appendice) et rhinite (inflammation du nez). Les principales causes de bronchite sont les infections virales ou bactériennes, le tabac et l'asthme.

La toux peut sembler identique pour différents types d'inflammations des bronches, et, dans la mesure où les infections bactériennes sont courantes, de nombreux patients, qui sont en fait asthmatiques, sont soignés à tort par anti-biotiques. Même si ces médicaments éliminent l'infection bactérienne des bronches, ils n'éliminent pas les symptômes de l'asthme.

Si votre toux persiste, que vos rhumes reviennent, ou si vous éprouvez d'autres symptômes de bronchite, soumettez-vous (comme je l'expliquerai dans " Testez vos poumons " un peu plus loin) aux examens fonctionnels respiratoires pour dépister une obstruction réversible des voies respiratoires, caractéristique de l'asthme. Ces examens fournissent au médecin les informations nécessaires à la prescription d'un traitement adapté et efficace.

La présence de symptômes de l'asthme témoigne d'une mauvaise maîtrise temporaire de votre asthme, et indique qu'une prise en charge plus efficace doit être envisagée (voir « Les étapes essentielles de la prise en charge de l'asthme » plus loin dans le chapitre).

Ce n'est pas dans votre tête

Récemment encore, l'asthme était souvent considéré comme un problème nerveux, dû à l'anxiété ou au stress. Nous savons désormais que cette interprétation est sans fondement.

L'asthme n'est pas dans la tête. Même si l'anxiété et le stress peuvent l'aggraver (comme d'autres pathologies), les facteurs psychologiques ne sont pas uniquement responsables de votre état.

Les multiples visages de l'asthme

L'asthme se manifeste sous bien des formes. Le mécanisme sous-jacent à toutes ces manifestations est une interaction complexe au niveau pulmonaire de cellules inflammatoires (entre autres) avec les tissus des voies respiratoires. Je vous expliquerai ce mécanisme ultérieurement dans « L'asthme et vos bronches ».

L'asthme et les allergies à travers le monde

De nombreuses personnes dans le monde présentent une sensibilité allergique qui augmente leur risque de développer un asthme. Voici un aperçu des enquêtes sur l'asthme et les allergies à travers le monde :

Près de la moitié de la population américaine montre une sensibilité à un allergène ; un tiers des habitations ont un taux d'humidité qui prédispose à la prolifération d'allergènes domestiques (moisissures et acariens). (Voir Chapitre 11 pour protéger efficacement votre domicile contre les allergènes.)

D'après des tests cutanés d'allergies (voir Chapitre 8), plus de la moitié des enfants de Hong Kong, et d'autres villes chinoises, présentent une sensibilité allergique, en particulier aux blattes et aux acariens. De même, près d'un quart des écoliers du Costa Rica sont asthmatiques.

Des études allemandes ont montré qu'au moins un tiers des Allemands ont une sensibilité aux pollens, acariens et autres allergènes inhalés courants, tandis qu'un quart de la population générale du pays souffre de rhinite allergique et d'asthme.

La recherche indienne montre qu'un cinquième des habitants de Bombay ont une hypersécrétion bronchique, un important indicateur d'asthme (voir Chapitre 10) et qu'ils sont aussi nombreux à être sensibles aux acariens.

L'Australie et la Nouvelle-Zélande sont toujours les deux nations en tête pour le nombre de cas d'asthme infantile. En Australie, la fréquence de l'asthme infantile monte jusqu'à 20 % pour certains groupes d'âge. Tandis qu'en Nouvelle-Zélande des études comparables aboutissent à 16 % pour les mêmes groupes.

Si vous avez l'intention de déménager dans le désert pour éviter vos allergies, sachez qu'un nombre considérable d'allergologues sont installés dans des villes en plein désert comme Phœnix en Arizona, et qu'un quart des Koweïtiens sont allergiques aux acariens !

Étant donné le grand nombre de facteurs déclenchants de l'asthme et parce que ces facteurs provoquent des réactions plus intenses chez certains patients que chez d'autres, les médecins classent habituellement l'asthme par facteurs déclenchants. Ce type de classification peut vous aider à comprendre la cause de vos symptômes.

Bien qu'un facteur particulier puisse prédominer dans de nombreux cas d'asthme, on observe souvent une sensibilité à de multiples facteurs. Par exemple, la plupart des asthmatiques ont un asthme d'effort (dont je parlerai d'ici peu) en plus de l'asthme qui se manifeste en réponse à des facteurs déclenchants ou favorisants. Les différentes classifications utilisées sont présentées ci-après.

L'asthme allergique

Les facteurs déclenchants de cette forme commune d'asthme sont en général les allergènes inhalés comme les acariens, les poils d'animaux, les spores de moisissures et les pollens. Si vous avez un asthme allergique, vous êtes sans doute sensible à une combinaison de plusieurs de ces allergènes et souffrez certainement de rhinite allergique (rhume des foins) et/ou de conjonctivite allergique, que je décrivais dans le Chapitre 4.

Je vous conseille d'entreprendre (dans le cadre de votre prise en charge de l'asthme et en accord avec votre médecin) une élimination des allergènes de votre domicile et de respecter les mesures d'éviction pour limiter vos expositions aux allergènes. (Le Chapitre 11 explique comment éviter les nombreux facteurs déclenchants et favorisants de l'asthme.)

Selon votre degré de sensibilité et votre niveau d'exposition aux allergènes inhalés, votre médecin vous recommandera de pratiquer des tests d'allergies pour découvrir les agents responsables de votre asthme allergique et savoir si une immunothérapie est envisageable.

L'immunothérapie tend à réduire le niveau de sensibilité aux allergènes qui vous affectent, et permet ainsi de réduire les symptômes de vos allergies et de votre asthme. (Pour en savoir plus sur l'immunothérapie, lisez le Chapitre 8.)

L'asthme non allergique

Les irritants comme la fumée de tabac, les produits d'entretien, les savons, les parfums, les colles, les aérosols, les fumées de feux de bois, les fumées de poêles (à gaz ou à pétrole), les gaz d'échappements et les polluants atmosphériques déclenchent l'asthme.

ATTENTION !

La triade de Fernand-Widal

La triade de Fernand-Widal, associant asthme sévère, polypes nasaux récidivants et intolérance à l'aspirine, se rencontre souvent chez des personnes souffrant de sinusites récurrentes. L'aspirine, et d'autres AINS déclenchent chez ces personnes des réactions à l'origine de crises d'asthme sévères, voire mortelles. Si vous présentez ce type de sensibilité, je vous conseille de conserver dans votre portefeuille une carte le mentionnant pour, en cas d'urgence, informer le personnel médical de ne pas vous administrer les médicaments en question si vous êtes inconscient ou dans l'impossibilité de communiquer.

Les infections des voies respiratoires supérieures (rhume ou grippe), les sinusites, les polypes nasaux, le reflux gastro-œsophagien et l'intolérance à l'aspirine (voir « Asthme à l'aspirine » ultérieurement) aggravent l'inflammation bronchique et déclenchent les symptômes de l'asthme chez certaines personnes.

L'asthme professionnel

Les études actuelles montrent que l'asthme professionnel, provoqué par une multitude d'allergènes et d'irritants, concerne, selon les pays, 2 à 15 % des asthmes de l'adulte. Les facteurs favorisants de l'asthme professionnel sont souvent l'exposition aux fumées, produits chimiques, gaz, résines, métaux, poussières, insecticides, vapeurs et autres substances présentes sur le lieu de travail pouvant initier ou aggraver une inflammation des voies respiratoires.

L'asthme d'effort (ou asthme postexercice)

Les symptômes de l'asthme d'effort se manifestent à des degrés différents chez la plupart des asthmatiques. Les exercices qui demandent de respirer un air froid et sec (jogging en hiver) déclenchent plus souvent des symptômes que les activités pratiquées dans une atmosphère chaude et humide (natation en piscine chauffée).

TRUC

Un traitement adapté (voir Chapitre 12) permet de prévenir l'asthme d'effort et vous autorise ainsi à pratiquer de nombreuses activités physiques, malgré votre maladie.

Asthme à l'aspirine et aux additifs alimentaires

Certains asthmatiques ayant des polypes nasaux peuvent subir une crise d'asthme sévère après une prise d'aspirine ou d'AINS. De même, les symptômes de certains asthmatiques s'aggravent sous l'effet des sulfites (conservateurs trouvés dans la bière, le vin et de nombreux aliments industriels) ou la tartrazine (colorant jaune) utilisée dans de nombreux médicaments, aliments et produits vitaminés.

Certains asthmatiques ont une sensibilité à l'aspirine et aux substances mentionnées ci-dessus. Si vous avez des polypes nasaux et des antécédents de sinusite en plus de votre asthme, je vous conseille d'utiliser du paracétamol au lieu de l'aspirine ou autres AINS, pour soulager vos douleurs.

Si vous êtes sensible aux additifs alimentaires, vérifiez attentivement les étiquettes des médicaments liquides comme les sirops pour la toux, pour voir s'ils contiennent de la tartrazine. En cas de doute, demandez à votre pharmacien. Si vous êtes sensible aux sulfites, évitez les aliments industriels, la bière et le vin. Ayez toujours sur vous une trousse d'urgence (seringue auto-injectable et/ou bronchodilatateur inhalé à action brève) en cas de crise après l'ingestion accidentelle d'aliments ou de boissons contenant des sulfites.

L'asthme et vos bronches

Vos voies aériennes sont absolument vitales à votre santé. Le réseau bronchique permet à vos poumons de faire passer l'oxygène vers la circulation sanguine et d'éliminer le dioxyde de carbone, processus que l'on appelle la respiration. On considère souvent la respiration comme allant de soi (il n'est en effet pas nécessaire d'y penser) jusqu'au moment où quelque chose altère le processus et obstrue les bronches.

La réaction inflammatoire

Dans l'asthme, l'obstruction bronchique est souvent due à une inflammation sous-jacente responsable d'un ou plusieurs des mécanismes suivants (que j'expliquerai bientôt dans « Comment se produit l'obstruction bronchique ? »).

- ✓ L'hypersécrétion bronchique.
- ✓ La bronchoconstriction.
- ✓ L'inflammation bronchique.

Ces mécanismes bronchiques font partie d'un processus plus général appelé réaction inflammatoire, réaction complexe qui peut favoriser un cercle vicieux d'aggravation de l'inflammation, d'hypersécrétion, de constriction et de congestion, au cours de laquelle les bronches deviennent de plus en plus sensibles et inflammatoires en réponse aux allergènes, irritants et facteurs favorisants.

Coup de soleil sur les bronches

Vous devez comprendre que l'inflammation bronchique sous-jacente est souvent si discrète que vous ne la remarquez pas. Les symptômes de l'asthme sont comme la partie visible de l'iceberg. Si vous êtes asthmatique, l'inflammation persiste dans vos bronches, que vous ressentiez ou non des symptômes.

Imaginez que vous ayez un coup de soleil et que, tout en restant au soleil, vous ne preniez que des antalgiques pour soulager la gêne, au lieu de vous mettre à l'ombre et de prendre le problème à la base. L'inflammation bronchique de l'asthme est semblable à un coup de soleil sur les bronches. Si vous avez de l'asthme, l'intérieur de vos bronches est souvent rouge et inflammatoire, et, comme pour un coup de soleil, la couche superficielle de tissu peut peler.

La respiration : le fonctionnement des poumons

Pour mieux comprendre comment l'asthme affecte vos bronches, voici ce qu'il se passe lors d'une respiration normale :

1. L'air inhalé traverse le nez ou la bouche vers la trachée.

2. La trachée se divise en deux *bronches* (droite et gauche) qui répartissent l'air entre les deux poumons.

3. Les bronches se divisent (comme les branches d'un arbre) en un réseau de bronches plus petites. La surface externe des bronches est constituée de couches de muscles lisses qui se relâchent et se contractent lors de l'inspiration et de l'expiration. Le relâchement est appelé *bronchodilatation*, et *bronchoconstriction* la contraction qui permet de vider les poumons lors de l'expiration.

4. Les bronches aboutissent dans les alvéoles pulmonaires, petits sacs qui ressemblent à des grappes de raisin. Les alvéoles permettent les échanges gazeux respiratoires. L'oxygène de l'air inhalé passe dans la circulation sanguine tandis que le dioxyde de carbone du sang est évacué lors de l'expiration.

Ce que vous ne pouvez voir peut vous blesser

Si vos poumons étaient des organes externes, comme les branchies, ou si votre organisme était transparent et que vous puissiez voir ce qu'il se passe à l'intérieur, votre asthme serait traité plus tôt et de manière plus incisive car vous verriez facilement les dégâts occasionnés par la maladie.

Comme je l'expliquerai ultérieurement dans « Testez vos poumons », soumettez-vous aux examens respiratoires fonctionnels appropriés si vous avez des épisodes de respiration sifflante, de toux, des rhumes persistants ou d'autres symptômes pouvant suggérer une maladie respiratoire sous-jacente.

Comment se produit l'obstruction bronchique ?

Voici un aperçu des mécanismes de l'asthme. J'ai séparé ces processus pour vous les expliquer, mais n'oubliez pas qu'ils se produisent dans vos poumons de façon continue et simultanée. Tout en lisant ces descriptions, jetez un œil à la Figure 10-1, qui compare une bronche normale et une bronche d'asthmatique.

✓ **La bronchoconstriction.** Lorsqu'un facteur déclenchant ou favorisant irrite vos bronches, il induit la libération de médiateurs chimiques, comme l'histamine et les leucotriènes, par les mastocytes de l'épithélium bronchique (les cellules qui tapissent vos voies respiratoires). Puis les muscles entourant les bronches se contractent, provoquant la *bronchoconstriction*. Ce mécanisme entraîne une réduction du diamètre des voies aériennes à l'origine des difficultés respiratoires. La bronchoconstriction peut survenir chez des personnes non asthmatiques lors d'une exposition à des substances nocives pour l'appareil respiratoire, comme les fumées d'un bâtiment en flamme.

✓ **L'hyperréactivité bronchique.** L'inflammation des bronches au cours de l'asthme peut entraîner une *hyperréactivité bronchique*. C'est-à-dire que les muscles qui entourent les bronches sont très sensibles et réagissent de manière excessive. Ils se contractent, provoquant une bronchoconstriction ou un bronchospasme, lors d'une exposition à des allergènes (substances par ailleurs inoffensives, qui n'entraînent aucune réaction chez les personnes non asthmatiques). Voir « Les multiples visages de l'asthme » ci-dessus.

✓ **L'encombrement bronchique.** Les sécrétions et le mucus émis au cours du mécanisme inflammatoire s'accumulent dans les bronches, submergent les capacités d'évacuation des cils (qui évacuent le mucus chargé de débris des voies respiratoires) et entraînent un *encombrement bronchique*. Cette accumulation de mucus et de sécrétions donne envie de cracher les mucosités pour soulager l'encombrement.

✓ Œdème bronchique. La libération à long terme de fluides inflammatoires dans les bronches contractées, hyperréactives et encombrées peut aboutir à un œdème bronchique. Les bronches deviennent plus rigides et perturbent le débit respiratoire. Dans les cas graves d'encombrement et d'œdème bronchique, l'accumulation du mucus conduit à la formation d'un bouchon muqueux, qui limite fortement le passage de l'air.

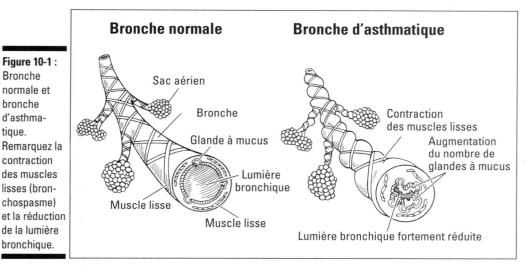

Figure 10-1 : Bronche normale et bronche d'asthmatique. Remarquez la contraction des muscles lisses (bronchospasme) et la réduction de la lumière bronchique.

Bronche normale — Bronche d'asthmatique — Sac aérien — Bronche — Glande à mucus — Lumière bronchique — Muscle lisse — Muscle lisse — Contraction des muscles lisses — Augmentation du nombre de glandes à mucus — Lumière bronchique fortement réduite

Le cercle vicieux des mécanismes de l'asthme se met en place progressivement, au cours des heures et des jours qui suivent une exposition à un facteur déclenchant ou favorisant. Une fois le cercle vicieux lancé, les conséquences peuvent être graves et durables.

Le diagnostic de l'asthme

Une prise en charge efficace de l'asthme commence par un bon diagnostic. Afin de savoir si l'asthme est responsable de vos symptômes, votre médecin s'enquerra de vos antécédents médicaux, vous examinera et vous soumettra à une série de tests, fonctionnels et autres, comme je vous l'expliquerai dans les paragraphes suivants.

L'établissement d'un diagnostic n'est pas simple dans le cas de l'asthme car les symptômes, difficiles à identifier, varient beaucoup d'un patient à l'autre. De surcroît, vos propres symptômes se modifient au cours du temps.

Les éléments clés nécessaires à votre médecin pour poser son diagnostic sont :

✓ Vous avez subi des épisodes d'obstruction bronchique.

✓ Votre obstruction bronchique est en partie réversible (et peut être améliorée par un traitement).

✓ Vos symptômes sont bien ceux d'un asthme et pas d'autres maladies que je décrirai ultérieurement dans « Les autres diagnostics possibles ».

Vos antécédents médicaux

Un interrogatoire complet (quasi policier) de vos antécédents médicaux est indispensable pour comprendre l'origine de vos symptômes respiratoires. C'est pourquoi votre médecin vous posera une multitude de questions concernant divers aspects de votre état et de votre vie. Vous l'aiderez considérablement en notant régulièrement les détails de vos symptômes sur un carnet de bord. Essayez de fournir au praticien le plus d'informations possibles concernant les sujets suivants :

✓ Le type de symptômes : toux, respiration sifflante, souffle court, oppression thoracique, toux grasse (qui ramène du mucus).

✓ La périodicité de vos symptômes :

• Perannuels (tout au long de l'année), saisonniers ou perannuels avec exacerbations saisonnières

• Permanents, épisodiques ou permanents avec exacerbations épisodiques

✓ La survenue de vos symptômes : À quel rythme vos symptômes apparaissent-ils ? Rapidement ou lentement ? Ce rythme varie-t-il ?

✓ La durée et la fréquence de vos symptômes. Le type et l'intensité des symptômes varient-ils en fonction du moment de la journée ou de la nuit ? Notez si vos symptômes sont plus sévères le matin au réveil.

✓ L'impact de l'activité physique sur vos symptômes.

✓ Vos expositions à d'éventuels facteurs déclenchants. En plus des allergènes, irritants et facteurs favorisants que je mentionnais précédemment dans « Les multiples visages de l'asthme », le médecin doit aussi connaître les facteurs endocriniens, comme une maladie des glandes surrénales ou de la thyroïde, et, chez les femmes, une grossesse ou des modifications du cycle menstruel.

✓ Le développement de votre maladie, les traitements antérieurs, les médicaments utilisés et leurs effets. Votre médecin doit savoir si vous prenez actuellement ou si vous avez pris des corticoïdes oraux et, si c'est le cas, à quelle dose et à quel rythme.

✓ Vos antécédents familiaux, surtout si vos parents, enfants, frères et sœurs souffrent d'asthme, de rhinite (allergique ou non), d'allergies, de sinusite ou de polypes nasaux.

✓ Votre environnement :

- Les caractéristiques de votre domicile, son ancienneté et sa situation, le type de chauffage et de climatisation, l'état du sous-sol, si vous avez un poêle à bois, un humidificateur, de la moquette, des moisissures, le type de literie, de meubles, de tapis…

- Si quelqu'un fume chez vous ou dans les autres lieux que vous fréquentez.

- Des antécédents d'abus d'alcool ou d'usage de stupéfiants

✓ L'impact de votre maladie sur vous et votre famille comme :

- Des symptômes mettant en jeu votre pronostic vital, des traitements d'urgence ou des hospitalisations.

- Le nombre de jour que vous (ou votre enfant asthmatique) avez manqué à l'école ou au travail, l'impact économique de la maladie et ses effets sur vos loisirs.

- Si votre enfant est asthmatique, votre médecin vous demandera les effets de la maladie sur sa croissance, son développement, son comportement et sa participation aux activités physiques.

✓ Votre connaissance et votre perception de l'asthme et de son traitement de fond, ainsi que votre aptitude à y faire face.

✓ Le soutien que vous recevez de votre famille, et leur capacité à reconnaître et vous aider en cas d'aggravation brutale des symptômes.

L'examen médical

L'examen médical ne s'intéressera pas uniquement à vos bronches, mais aussi aux symptômes d'autres maladies atopiques. Votre médecin recherchera :

✓ Une distension thoracique (thorax bombé et déformé), des épaules rentrées.

✓ Une toux, une respiration sifflante, un souffle court et autres symptômes respiratoires.

✓ Un écoulement nasal, un œdème et la présence de polypes nasaux.

✓ Des signes de sinusite (un écoulement épais ou clair).

✓ Une maladie de peau (dermatite atopique, voir Chapitre 16).

Testez vos poumons

Dans notre société, l'examen de routine comprend une prise de la température, de la tension artérielle, une glycémie (dosage du sucre dans le sang) et un dosage du cholestérol. Nous n'avons guère l'habitude de nous soumettre à des explorations fonctionnelles respiratoires, ce qui explique peut-être pourquoi tant d'asthmes ne sont pas diagnostiqués à un stade précoce, mais seulement au décours d'un épisode grave.

Les explorations fonctionnelles respiratoires constituent le moyen le plus fiable pour évaluer l'atteinte fonctionnelle des poumons. La partie suivante explique les principaux examens pratiqués dans le diagnostic de l'asthme.

La spirométrie

Pour savoir si vous avez une obstruction bronchique et si votre état est réversible (peut s'améliorer avec un traitement adéquat), les médecins utilisent un spiromètre qui mesure le volume d'air expiré avant l'inhalation d'un bronchodilatateur bêta-2-mimétique, et 15 minutes après. La Figure 10-2 vous présente un patient utilisant un spiromètre.

La spirométrie fournit différentes mesures :

✓ **La capacité vitale forcée (CVF).** La capacité vitale forcée correspond au volume maximal d'air expiré (en litres) après avoir pris une inspiration forcée.

✓ **Le volume expiratoire maximal par seconde (VEMS).** Ce volume d'air (en litres) correspond au volume expiré pendant la première seconde qui suit une inspiration forcée. Une réduction du VEMS est le signe le plus fréquent d'une obstruction bronchique et se rencontre souvent chez les patients asthmatiques. Ce test est la méthode de mesure la plus importante pour diagnostiquer et suivre l'asthme. Le VEMS traduit une obstruction des bronches. Un VEMS de base (avant l'utilisation d'un bronchodilatateur) inférieur à la normale, mais qui augmente de plus de 20 % 15 minutes après la prise d'un bronchodilatateur, permet de diagnostiquer un asthme.

Figure 10-2 :
Mesure des
volumes et
débits respi-
ratoires à
l'aide d'un
spiromètre.

BERGER PAR LE MENU

Les dents de la mer

Imaginez un de ces films d'horreur où un nageur évolue paisiblement dans l'océan, lorsque tout à coup un aileron vient fendre la surface des flots (accompagné d'une montée en puissance de la musique angoissante) et soudain, c'est le drame, le requin happe sa proie sans défense. Ce prédateur n'a pas surgi du néant, il guettait dans les profondeurs, peut-être depuis fort longtemps, avant de fondre sur sa victime. Mais le nageur en surface ne l'avait pas remarqué, ou trop tard...

Vos épisodes d'asthme sont comparables à cette attaque du requin (sans les traces de dents). Si vous utilisez seulement des bronchodilatateurs bêta-2-mimétiques inhalés à action brève pour traiter vos symptômes lorsqu'ils s'intensifient, c'est un peu comme si vous nagiez dans une mer infestée de requin, en espérant que quelqu'un vienne vous secourir si l'animal venait à se rapprocher.

Je conseille toujours à mes patients (et donc à vous grâce à ce livre), de prendre en charge leur asthme à long terme de manière préventive et d'éviter la gestion des crises au coup par coup. La partie intitulée « Les étapes essentielles de la prise en charge de l'asthme » vous apportera plus de détails d'ici peu. Maîtrisez votre asthme, mais ne le laissez pas vous maîtriser !

✓ **Le débit expiratoire maximal (DEM).** Une réduction des débits expiratoires maximaux à 25 et 75 % de la capacité respiratoire (DEM 25-75) indique une obstruction des petites bronches.

Votre praticien compare les valeurs obtenues par la spirométrie aux valeurs de références (normes) selon l'âge, la taille et le sexe. L'écart de votre VEMS par rapport à la normale est l'un des principaux critères de sévérité de l'asthme (voir Chapitre 13 pour des informations sur les quatre niveaux de sévérité de l'asthme).

Les médecins considèrent la spirométrie comme un outil fiable pour diagnostiquer l'asthme chez les enfants de plus de quatre ans. Pour les enfants moins âgés, le test est plus difficile à réaliser.

Les débitmètres de pointe

De même que les diabétiques surveillent leur glycémie (taux de sucre dans le sang), ou que les hypertendus prennent leur tension régulièrement, vous pouvez à la maison garder un œil sur vos débits respiratoires grâce au débitmètre de pointe. Les débitmètres, disponibles dans des tailles et des formes diverses, sont des appareils portables, pratiques et faciles à utiliser pour surveiller le débit expiratoire de pointe (DEP). Le DEP correspond au débit maximum d'air (en litre par minute) que vous pouvez expirer, et traduit votre fonction respiratoire.

Cette mesure n'est pas aussi précise que la spirométrie, mais peut facilement être réalisée à la maison. La mesure des DEP est un élément capital d'une prise en charge de l'asthme à long terme, comme je l'expliquerai bientôt dans « Surveillance et évaluation périodique ».

Les tests de provocation bronchique

Si la spirométrie indique une fonction respiratoire normale ou quasi normale, mais que l'asthme semble la cause la plus probable de vos symptômes, un test de provocation bronchique sera peut-être nécessaire pour aider votre médecin à poser son diagnostic.

Pour cet examen, vous allez inhaler une faible dose de métacholine ou d'histamine, ou faire de l'exercice sous surveillance médicale. L'objectif du test de provocation bronchique est de constater si ces facteurs déclenchants provoquent une obstruction bronchique. Des mesures des capacités fonctionnelles respiratoires sont pratiquées avant et après l'examen.

Les autres diagnostics possibles

Même si l'asthme est responsable de la plupart des épisodes de toux récurrente, de respiration sifflante et de souffle court, d'autres maladies peuvent présenter les mêmes symptômes. Chez les nourrissons et les enfants, les problèmes sous-jacents peuvent inclure :

✓ Une maladie des voies respiratoires supérieures, comme une rhinite allergique ou une sinusite.

✓ Un problème de déglutition ou les effets du reflux gastro-œsophagien.

✓ Une maladie cardiaque congénitale, provoquant souvent une insuffisance cardiaque congestive.

✓ Une obstruction bronchique due à :

   • Un corps étranger dans la trachée ou les bronches primaires (un morceau de cacahuète par exemple).

   • Un problème de larynx (la partie cartilagineuse des voies respiratoires qui contient les cordes vocales) ou une affection des cordes vocales.

   • Une tumeur bénigne ou maligne, des ganglions lymphatiques volumineux.

✓ Une obstruction des petites bronches due à :

   • Une mucoviscidose.

   • Un développement anormal des bronches et des poumons.

   • Une infection virale des bronchioles.

✓ Chez les adultes, les problèmes sous-jacents incluent :

✓ Une bronchite chronique et/ou un emphysème, regroupés sous le terme de bronchopneumopathie chronique obstructive (BPCO).

✓ Une embolie pulmonaire (un caillot, une bulle d'air, un amas bactérien ou autre qui obstrue un vaisseau sanguin).

✓ Une cardiopathie.

✓ Un problème de cordes vocales ou du larynx.

✓ Une tumeur bénigne ou maligne des voies respiratoires.

✓ Une toux secondaire à la prise d'un inhibiteur de l'enzyme de conversion prescrit pour traiter une hypertension par exemple.

La classification de la sévérité de l'asthme

Si vos antécédents médicaux, vos symptômes et les résultats de vos examens complémentaires conduisent votre médecin à porter le diagnostic d'asthme, il devra également en apprécier la sévérité. L'asthme (qu'il soit allergique ou non) se classe en quatre paliers.

Les spécialistes de différents domaines de la médecine ont mis au point cette classification, qui sert de base à la prise en charge « par paliers » de l'asthme (expliquée au Chapitre 13).

Consultez un spécialiste

Consultez un spécialiste (pneumologue ou allergologue) lorsque :

✓ Votre diagnostic est difficile à établir.

✓ Votre diagnostic requiert des examens particuliers tels que les tests d'allergies (voir Chapitre 8), les tests de provocation bronchique, (voir « Testez vos poumons ») ou une fibroscopie (examen de l'intérieur des bronches grâce à une mince fibre optique flexible).

✓ Votre médecin vous conseille d'entreprendre une immunothérapie (ou désensibilisation).

✓ D'autres pathologies, comme la sinusite, les polypes nasaux, la rhinite grave, le reflux gastro-œsophagien, la bronchite chronique et/ou l'emphysème, des problèmes de cordes vocales ou une aspergillose (infection fongique des poumons), viennent compliquer votre maladie ou son diagnostic.

Les étapes essentielles de la prise en charge de l'asthme

Vous devez, avec votre médecin, mettre en place un traitement de fond ainsi qu'un plan d'urgence pour traiter efficacement votre asthme, ce qui vous permettra, si vous êtes motivé (et votre famille aussi) de faire face à la maladie et de mener une vie normale.

Les bases de la prise en charge

La maîtrise de votre asthme requiert votre entière participation. Essayez de comprendre la complexité de la maladie, de connaître les traitements, la surveillance, les allergies, les facteurs déclenchants et favorisants.

Une bonne maîtrise de l'asthme comprend :

✓ Une évaluation objective et une surveillance de votre capacité fonctionnelle respiratoire. Non seulement ces examens aident au diagnostic, mais ils sont essentiels pour suivre l'évolution de votre état et la réponse de votre organisme aux différents traitements.

✓ Un traitement pharmacologique de fond correspond à une prise régulière de médicaments pour prévenir les symptômes en traitant l'inflammation, la congestion, la constriction et l'hyperréactivité sous-jacentes des voies respiratoires.

✓ Un traitement pharmacologique à court terme, par des prises de médicaments d'urgence à action rapide lors des crises.

✓ Une éviction et une réduction des expositions aux facteurs déclenchants et favorisants de votre asthme.

✓ L'utilisation de médicaments pour prévenir les symptômes en cas d'exposition à des allergènes, irritants et autres facteurs déclenchants de l'asthme.

✓ Une éducation continue sur l'asthme, pour vous comme pour votre famille, à partir des informations qui vous sont délivrées par votre médecin, le personnel médical, un groupe de soutien, une association d'asthmatiques, mais aussi les livres, vidéos, Internet…

Les objectifs de votre traitement

Votre prise en charge de l'asthme doit viser le résultat. Je vous conseille de définir avec votre médecin un objectif global pratique et fonctionnel visant une amélioration optimale de votre fonction respiratoire vous permettant de conserver une activité physique quasiment normale.

Quels résultats pouvez-vous attendre ?

✓ Prévenir les symptômes chroniques gênants comme la toux, le souffle court, la respiration sifflante (surtout le matin au réveil) et les crises qui perturbent votre sommeil.

✓ Prévenir l'aggravation des symptômes.

✓ Réduire les soins d'urgence et les hospitalisations.

✓ Prendre le traitement médicamenteux le plus approprié dépourvu, ou presque, d'effets indésirables.

D'après les précédents objectifs, si vous avez l'impression que votre médecin ne vous apporte pas un traitement adapté à votre cas, je vous conseille de consulter un spécialiste de l'asthme, un allergologue ou un pneumologue. N'attendez pas que vos symptômes s'aggravent.

Lorsque les patients ont reçu un traitement approprié pour leur asthme et qu'ils ont compris que leurs objectifs thérapeutiques étaient réalisables, j'ai constaté qu'ils menaient une vie normale et n'auraient jamais toléré être invalidés par les crises comme ils l'étaient auparavant.

Vous souhaiterez peut-être consulter un spécialiste de l'asthme dans les cas suivants :

✓ Vous avez fait l'expérience d'une crise d'asthme très sévère ayant mis votre vie en danger.

✓ Vous ne parvenez pas à atteindre les objectifs de votre traitement.

✓ Vous souhaitez en savoir plus sur les complications éventuelles du traitement, les mesures d'éviction des facteurs déclenchants et favorisants, et le suivi de votre prise en charge.

✓ Votre asthme sévère nécessite un traitement de fond préventif, et de fréquentes inhalations de bronchodilatateurs bêta-2-mimétiques à action brève.

✓ Votre état nécessite l'utilisation continue de corticoïdes oraux, de fortes doses de corticoïdes inhalés, ou plus de deux cures de corticoïdes oraux par an.

✓ Votre enfant de moins de trois ans a un asthme persistant modéré ou sévère (voir Chapitre 13) et a besoin de médicaments préventifs en permanence et de fréquentes prises de bronchodilatateurs bêta-2-mimétiques à action brève.

✓ Vous vous occupez d'un asthmatique qui a des problèmes psychologiques ou familiaux interférant avec la prise de son traitement. Les symptômes risquent de s'aggraver et de menacer la santé du patient. Il faut peut-être lui conseiller de consulter un psychologue ou un psychiatre.

Surveillance et évaluation périodique

La surveillance continue de votre maladie est un élément clé d'une bonne prise en charge à long terme. Cette partie résume les mesures d'évaluation recommandées, que j'expliquerai plus en détail dans le Chapitre 13.

Les mesures d'évaluation de l'asthme doivent couvrir les domaines suivants :

- ✓ **Les symptômes de l'asthme.** Votre médecin doit vous apprendre à reconnaître les signes d'une aggravation de vos symptômes. Il doit aussi évaluer l'évolution de votre maladie à chaque visite. Précisez bien à votre médecin tous les épisodes de crises sévères, car ils indiquent peut-être que certains aspects de votre prise en charge sont inadéquats. Votre médecin réévaluera alors votre maladie et modifiera votre traitement en conséquence.

- ✓ **La fonction respiratoire.** Votre médecin utilisera un spiromètre pour surveiller votre fonction respiratoire une fois par an au minimum, selon la sévérité de votre asthme, et votre réponse au traitement. L'utilisation d'un débitmètre de pointe pour surveiller vous-même votre asthme est un élément essentiel de votre prise en charge comme je l'expliquerai d'ici peu.

- ✓ **La qualité de vie.** Observez dans quelle mesure l'asthme affecte votre forme physique, votre activité professionnelle (ou scolaire) et votre état psychologique, pour déterminer si vous atteignez vos objectifs de traitement.

- ✓ **Le traitement médicamenteux.** Votre médecin doit évaluer l'efficacité du traitement prescrit, et prendre en compte ses effets indésirables.

- ✓ **La communication.** Une communication réussie entre vous, votre famille et votre praticien est un point capital pour votre prise en charge de l'asthme.

Surveillance du débit de pointe : essayez chez vous !

Si vous avez un asthme persistant, apprenez à surveiller votre débit expiratoire de pointe (DEP) à l'aide d'un débitmètre. Le suivi du DEP permet d'évaluer objectivement la capacité fonctionnelle respiratoire, et de détecter des modifications du débit respiratoire qui témoigneraient d'une aggravation. Le Chapitre 13 vous en dira plus sur le DEP.

Carnet de bord

En plus d'enregistrer vos DEP, un relevé quotidien de vos symptômes apporte à votre médecin une source inestimable d'informations pour évaluer votre maladie. Le carnet de bord de votre asthme peut se présenter sous forme d'un tableau avec lignes et colonnes, sur lequel vous noterez vos symptômes, les valeurs de DEP, les médicaments consommés, les expositions à d'éventuels facteurs déclenchants, des signes annonciateurs d'une crise, des questions que vous souhaitez poser à votre médecin, une consultation imprévue, des soins d'urgence ou une hospitalisation. Consultez le Chapitre 13 pour plus de détails sur le suivi de vos symptômes.

En cas d'urgence

Votre médecin doit non seulement vous apprendre à surveiller vos symptômes pour reconnaître les premiers signes d'une aggravation, mais aussi :

✓ Vous remettre un plan d'action à suivre si votre état s'aggrave. Les enfants asthmatiques doivent pouvoir l'utiliser à l'école, à la garderie ou en colonie de vacances. Ce plan d'action, établi en collaboration avec les médecins scolaires dans le cadre du projet d'accueil individualisé, doit expliquer clairement comment ajuster les médicaments en fonction des symptômes, des niveaux de DEP et préciser quand appeler le médecin.

✓ Faites rapidement appel aux urgences si votre crise est sévère, si les médicaments ne vous soulagent pas tout de suite ou si votre état continue de s'aggraver.

✓ Gardez toujours sous la main les médicaments appropriés, le débitmètre de pointe, les inhalateurs, les nébuliseurs, pour traiter des épisodes graves à domicile si vous avez un asthme persistant modéré à sévère ou si vous avez des antécédents de crises sévères.

✓ N'essayez pas de faire face à une crise sévère avec des « remèdes de bonne femme » comme boire une grande quantité d'eau, respirer de la vapeur ou de l'air humide (d'une douche chaude), prendre des bronchodilatateurs, des antihistaminiques, des médicaments pour le rhume ou la grippe, ou des antalgiques délivrés sans ordonnance. Même si ces produits peuvent vous soulager momentanément, ils ne sont pas adaptés pour faire face à l'urgence d'une crise d'asthme aiguë. (Voir Chapitre 12 pour des informations sur les médicaments de l'asthme.)

L'asthme à l'école

Si votre enfant est asthmatique, informez ses professeurs, le personnel de l'établissement et l'infirmière (ou le médecin) scolaire. Je vous conseille de prendre les mesures suivantes pour garantir à votre enfant des journées saines, sûres et épanouissantes :

✓ Rencontrez le personnel de l'école pour l'informer des médicaments que votre enfant doit prendre, ainsi que les éventuelles dispenses pour les activités physiques demandées par le médecin. (La plupart des enfants dont l'asthme est bien maîtrisé participent aux activités sportives de l'école.)

✓ Remplissez les formulaires d'autorisation de traitement, et convenez avec le personnel de l'école de la conduite à tenir en cas d'urgence. Laissez votre numéro de téléphone et celui du médecin traitant pour que l'on puisse vous joindre en cas d'urgence.

✓ Informez le personnel de l'école des allergènes et irritants qui déclenchent les symptômes, et demandez leur élimination, si possible.

✓ Pour plus d'informations sur l'asthme de l'enfant, rendez-vous au Chapitre 14.

Chapitre 11

Les facteurs déclenchants de l'asthme

*L'*océan couvre les deux tiers du globe, mais, si vous avez de l'asthme, il vous semble que certains jours la totalité de la planète n'est faite que de facteurs déclenchants. Où que vous soyez, et à chaque instant de votre vie quotidienne, d'innombrables facteurs peuvent déclencher vos symptômes.

L'éviction ou la réduction des expositions à ces facteurs déclenchants et favorisants, essentielle à une bonne prise en charge de votre asthme, vous permet de réduire la survenue des symptômes respiratoires et éventuellement de diminuer le recours aux médicaments, surtout ceux de l'urgence comme les bronchodilatateurs. (Voir Chapitre 12 pour des détails sur les traitements de l'asthme.)

Bien que chaque asthmatique soit plus sensible à certains facteurs déclenchants, la maîtrise de l'asthme impose de faire face à une multitude de facteurs, notamment en cas d'asthme allergique (le plus fréquent). L'asthme allergique est souvent associé à la rhinite allergique et /ou la conjonctivite allergique (voir Chapitre 10 pour des détails sur l'asthme allergique).

Si l'idée d'affronter un monde infesté de facteurs déclenchants vous décourage, ne désespérez pas ! Je vais, au cours de ce chapitre, vous donner des informations et des astuces, basées sur mon expérience et sur les dernières découvertes en la matière, pour vous aider, en collaboration avec votre médecin, à mettre en place des mesures pratiques efficaces pour éviter ou réduire vos expositions aux facteurs déclenchants.

Qu'est-ce qui déclenche votre asthme ?

L'une des étapes les plus importantes pour maîtriser votre asthme est d'identifier ses facteurs déclenchants et favorisants. Ces facteurs, présentés sur la Figure 11-1, comprennent :

✓ Des pneumallergènes : animaux, acariens, blattes, spores de moisissures, pollens (voir Chapitre 5).

✓ Les irritants et allergènes rencontrés sur le lieu de travail, responsables de l'asthme professionnel (voir « Réduire les risques professionnels » plus loin) ou qui aggravent une maladie déjà présente.

✓ Les irritants inhalés : fumée de tabac, produits d'entretien, pollution atmosphérique.

✓ Les facteurs déclenchants non allergiques comme l'exercice et les facteurs physiques (variation de température ou d'hygrométrie).

✓ Les autres maladies : rhinite, sinusite, reflux gastro-œsophagien, infections virales, intolérance à l'aspirine, aux bêtabloquants et autres médicaments, sensibilité aux additifs alimentaires, notamment aux sulfites.

✓ Les manifestations des émotions : rires, pleurs ou cris. Même si les émotions ne sont pas directement responsables, leurs manifestations provoquent une toux ou une respiration sifflante chez les personnes aux bronches hyperréactives (voir Chapitre 10), mais aussi chez les personnes non asthmatiques qui souffrent d'autres maladies respiratoires. Quelqu'un atteint d'un mauvais rhume vous dira peut-être : « Ne me fais pas rire, sinon je vais tousser. »

À la recherche des facteurs déclenchants

Pour identifier les facteurs déclenchants de vos symptômes, et connaître votre niveau de sensibilité à ces facteurs, votre médecin vous soumettra à un interrogatoire précis :

Reportez vos symptômes et les éventuelles expositions à des facteurs déclenchants dans un carnet de bord qui aidera votre médecin à mener son enquête (voir Chapitre 10). Tous les détails de vos symptômes respiratoires sont utiles à votre praticien, comme je vous l'expliquais dans le Chapitre 10.

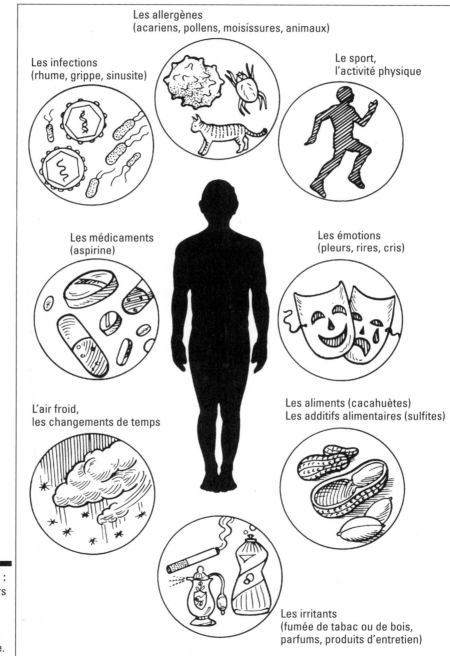

Les allergènes
(acariens, pollens, moisissures, animaux)

Les infections
(rhume, grippe, sinusite)

Le sport,
l'activité physique

Les médicaments
(aspirine)

Les émotions
(pleurs, rires, cris)

L'air froid,
les changements de temps

Les aliments (cacahuètes)
Les additifs alimentaires (sulfites)

Les irritants
(fumée de tabac ou de bois,
parfums, produits d'entretien)

Figure 11-1 :
Les facteurs
déclen-
chants et
favorisants
de l'asthme.

À la recherche des allergènes

De nombreux asthmatiques aux symptômes perannuels subissent une aggravation saisonnière. Le nombre d'allergènes responsables de symptômes perannuels est si élevé que vous aiderez votre médecin en lui détaillant le rythme saisonnier de vos symptômes.

Par exemple, si votre asthme s'aggrave toujours de début mai à la mi-juillet, les graminées sont peut-être en cause. Les tests d'allergies (voir Chapitre 8) sont alors utilisés pour confirmer le diagnostic et choisir le traitement approprié.

Si les symptômes perannuels de votre asthme apparaissent surtout à l'intérieur de la maison, les tests d'allergies vont permettre à votre médecin d'identifier les allergènes incriminés, peut-être les acariens.

L'asthme nocturne se présente sous forme de toux, de respiration sifflante et/ou de souffle court qui perturbe le sommeil et nécessite l'utilisation de bronchodilatateurs à action brève (voir Chapitre 12). Souvent grave, cet asthme est déclenché par des allergènes présents dans la chambre, un écoulement vers l'arrière du nez à cause d'une rhinite allergique (voir Chapitre 4) ou une sinusite chronique (voir Chapitre 9). Les autres facteurs déclenchants de l'asthme nocturne sont :

✓ Le reflux gastro-œsophagien

✓ Une libération insuffisante d'hormones surrénaliennes (comme le cortisol).

✓ Une réaction retardée (voir Chapitre 2) aux allergènes auxquels vous avez été exposé dans la journée.

Le *rythme circadien* (rythme jour/nuit), votre horloge interne, peut aussi influencer votre asthme en vous rendant plus sensible aux symptômes au petit matin (vers 3 à 5 heures). Des études ont montré que l'hyperréactivité des bronches d'asthmatiques est plus prononcée à ces heures. Si vous travaillez de nuit et dormez le jour, vous pouvez connaître les mêmes symptômes pendant votre sommeil.

Maîtriser les pneumallergènes

Les allergènes inhalés, ou pneumallergènes, sont certainement les facteurs déclenchants de l'asthme les plus courants car ils sont également associés à la rhinite allergique et autres maladies similaires (voir Chapitre 4). La réduction de l'exposition aux allergènes est la première mesure à prendre en cas d'asthme allergique.

L'éviction efficace des pneumallergènes commence au domicile, avec une attention toute particulière pour la chambre car on y passe en moyenne un tiers de sa vie. Même si vous êtes exposé à des facteurs déclenchants au cours de la journée, la réduction des expositions aux pneumallergènes de la maison prévient déjà nettement la survenue des symptômes (voir Chapitre 6 pour éliminer les allergènes de votre maison).

Évitez les allergènes animaux

Les poils d'animaux domestiques, qui contiennent des traces d'urine, d'excréments et de salive, allergènes puissants, sont néfastes pour nombre d'asthmatiques. Les chiens et les chats sont les sources les plus fréquentes de ces allergènes, mais les autres animaux à sang chaud comme les chevaux, les lapins, les rongeurs et les oiseaux en produisent aussi, quelle que soit la longueur du pelage (ou du plumage). Les squames animales (et humaines) servent d'aliments aux acariens comme je l'expliquais dans le Chapitre 5.

Je conseille aux personnes allergiques ou asthmatiques de ne pas introduire d'animal dans leur foyer. Si vous en avez déjà un, vous réduirez vos symptômes et le recours aux médicaments si vous réussissez à limiter les contacts. Même si vous trouvez une famille d'accueil pour votre affectueux compagnon, sachez que ses allergènes vont continuer à vous tourmenter pendant longtemps encore, jusqu'à six mois parfois après son départ. Si vous n'arrivez pas à vous en séparer, suivez les mesures que je vous décrivais au Chapitre 6, et, au moins, interdisez-lui votre chambre.

Luttez contre les acariens

Les acariens prolifèrent partout où l'homme s'installe. Ils trouvent particulièrement confortables nos matelas, tapis, moquettes, meubles tapissés, couvre-lits, rideaux, vêtements et jouets en peluche. Le régime alimentaire de ces minuscules cousins des araignées se compose essentiellement des squames que nous perdons en permanence. Les pelotes fécales des acariens sont parmi les allergènes les plus puissants de la poussière.

L'éradication totale de ces habitants de la poussière est impossible — une femelle pond 20 à 50 œufs toutes les trois semaines — mais vous pouvez prendre quelques mesures efficaces pour réduire l'exposition aux allergènes qu'ils produisent. Vous trouverez au Chapitre 5 plus de détails sur ces charmantes créatures et au Chapitre 6 les mesures à prendre pour les éliminer.

Luttez contre les blattes

Si vous aviez besoin d'une raison pour éliminer les blattes, la voici : les allergènes de leurs déjections, présents dans la poussière des maisons, peuvent déclencher vos symptômes. Des études montrent que les enfants des villes, qui sont malheureusement fortement exposés aux allergènes de blattes, surtout dans leur chambre, peuvent développer un asthme sévère.

Les allergènes de blattes sont particulièrement abondants dans les appartements urbains. De nombreux asthmatiques dont les tests cutanés étaient positifs aux allergènes de blattes ont nettement amélioré leur état grâce à l'immunothérapie (désensibilisation). (Voir Chapitre 8 pour plus d'informations sur les tests cutanés et l'immunothérapie.)

La lutte contre les blattes (et leurs allergènes) doit comprendre les mesures suivantes :

✓ Extermination de l'infestation. Pendant la fumigation, restez à l'extérieur (ou au café du coin). Aérez ensuite pendant plusieurs heures. (Ces conseils s'appliquent à tous, asthmatiques ou non.)

✓ Nettoyez entièrement le domicile après l'éradication.

✓ Placez des pièges à blattes.

✓ Bouchez toutes les fissures ou conduits par lesquels elles pourraient revenir.

✓ Maintenez toujours votre cuisine très propre, ne laissez pas de la vaisselle sale dans l'évier, videz la poubelle fréquemment, et évitez de laisser de la nourriture en évidence.

Luttez contre les moisissures

Les spores de moisissures libérées dans les endroits humides, le sous-sol, la salle de bain, les climatiseurs, les poubelles et sous les tapis peuvent déclencher des symptômes d'allergie et d'asthme lorsque vous les inhalez. Les moisissures prospèrent aussi autour de chez vous dans les tas de feuilles mortes, le compost, les déchets de tonte, les engrais, le foin et les granges. Les spores de moisissures sont en plus grand nombre dans l'air que les pollens, et leur libération n'est pas limitée à une saison particulière (comme je l'expliquais dans le Chapitre 5). Selon votre lieu de résidence, votre exposition aux spores de moisissures peut se faire toute l'année en fonction de l'hygrométrie. Le chapitre 6 vous explique comment réduire votre exposition aux moisissures.

Évitez les pollens

Du printemps à l'automne, les arbres, les graminées et autres plantes herbacées libèrent des pollens responsables de rhinites allergiques et/ou de conjonctivites allergiques. Ces réactions peuvent aussi affecter votre asthme en aggravant l'inflammation bronchique.

On associe souvent les pollens avec la vie au grand air. Mais comme les pollens sont transportés par l'air, ils pénètrent facilement à l'intérieur de nos maisons où ils peuvent déclencher les symptômes de l'asthme.

Vous trouverez au Chapitre 6 les mesures à prendre pour éviter une exposition excessive aux pollens, surtout pendant les périodes de forte pollinisation, et au Chapitre 5 des détails sur les pollens.

Assainissez l'air

Notre environnement intérieur (au domicile, au travail, à l'école, dans la voiture et autres moyens de transport) renferme souvent bien plus de facteurs déclenchants que l'extérieur car les espaces fermés concentrent les allergènes et les irritants. Nous passons environ 90 % de notre temps à l'intérieur, dont 60 % dans notre foyer. La pollution de l'air de nos maisons est donc à prendre en compte car elle peut provoquer ou aggraver les allergies et l'asthme.

Irritants ménagers

Les irritants domestiques les plus puissants pour l'asthme sont :

- ✓ La fumée de tabac (voir plus loin).
- ✓ Les vapeurs et parfums des produits d'entretien, des savons fortement parfumés, des colles et aérosols.
- ✓ La fumée de poêles à bois ou de cheminées.
- ✓ La fumée de poêles à gaz ou à pétrole mal ventilés.

Les pollens et les spores de moisissures qui pénètrent à l'intérieur (surtout les jours de vent quand les portes et les fenêtres sont ouvertes) sont d'autres sources de polluants domestiques. Ces allergènes s'infiltrent aussi à l'intérieur, accrochés aux vêtements et aux cheveux. Si vous avez de l'asthme allergique, vous vous réveillez peut-être congestionné et la respiration

sifflante car des allergènes ont réussi à pénétrer dans votre foyer.
(Les pollens et les spores de moisissures portés par vos cheveux se sont probablement répandus sur l'oreiller et vous les avez respirés toute la nuit.)

Zone non fumeur

La fumée de cigarette est l'irritant le plus courant à l'intérieur des maisons. Le tabagisme passif est associé à une augmentation des effets suivants : respiration sifflante persistante liée à l'asthme, admissions à l'hôpital pour infections respiratoires, survenue plus précoce d'allergies respiratoires, réduction de la capacité fonctionnelle respiratoire, et même augmentation de la fréquence des otites séreuses (voir Chapitre 9).

La fumée de cigarette précipite souvent les symptômes de l'asthme chez l'enfant. De nombreuses études montrent que le tabagisme des parents, surtout de la mère, est un facteur de risque majeur d'asthme chez les nourrissons, qui sont exposés aux fumées pendant les premiers mois de leur vie. Arrêtez de fumer et demandez à votre entourage de ne pas fumer, notamment si vous avez des enfants.

Filtres et purificateurs d'air

La qualité de l'air que vous respirez à l'intérieur dépend en grande partie de votre installation de chauffage, de la ventilation, de la climatisation et de l'air qui y circule.

Si vous êtes exposé aux pneumallergènes et aux irritants (poils d'animaux, spores de moisissures, pollens, fumée de tabac) vous pouvez utiliser un filtre pour votre système de chauffage, de ventilation et de climatisation afin de réduire le nombre d'allergènes en circulation. Ces filtres n'éliminent pas les allergènes déjà installés dans la literie, les tapis et les meubles (les acariens principalement). Les allergènes d'acariens, plus grands que les autres allergènes transportés par l'air, tombent après quelques minutes passées dans la poussière et les courants d'air.

L'un des systèmes de filtration de l'air recommandés par les médecins pour réduire la concentration en allergènes et irritants sont les filtres HEPA. Ils sont conçus pour retenir 99,97 % de toutes les particules de plus de 0,3 microns (un trois-centième du diamètre d'un cheveu). Si l'installation fonctionne effectivement à ce niveau, seulement trois particules sur 10 000 pénètrent à l'intérieur. Les aspirateurs et les purificateurs d'air équipés de filtres HEPA jouent un grand rôle dans l'éviction des allergènes du domicile.

Les purificateurs d'air munis des filtres HEPA peuvent être utilisés pour assainir une pièce.

L'utilisation régulière de l'aspirateur est essentielle pour réduire l'exposition aux allergènes et aux irritants. Toutefois, les aspirateurs standards ne retiennent que les plus grosses particules et laissent échapper beaucoup d'allergènes. C'est pourquoi vos symptômes se réveillent après avoir fait le ménage ; vous avez respiré l'air chargé d'allergènes que vous avez brassé.

Pour éviter de remettre les allergènes en suspension lorsque vous passez l'aspirateur, demandez à votre médecin s'il vous conseille d'équiper votre aspirateur d'un filtre HEPA.

Réduire les risques professionnels

L'exposition à de nombreux produits chimiques et à la poussière sur le lieu de travail est à l'origine de diverses formes d'asthme professionnel. Souvent, les premiers symptômes d'un asthme latent se déclenchent sur le lieu de travail. L'asthme professionnel est responsable de 8 à 10 % des asthmes.

Identifiez les facteurs déclenchants et favorisants

Les médecins et autres professionnels de la santé associent l'asthme professionnel à l'exposition aux facteurs déclenchants suivants :

- ✓ **Les irritants industriels**. Ces irritants comprennent : produits chimiques, fumées, gaz, aérosols, peintures et autres substances rencontrées dans l'industrie. La fumée de tabac sur le lieu de travail est aussi responsable de nombreux symptômes. Les autres irritants sont les parfums, les odeurs de cuisine, et parfois même les parfums capiteux ou l'eau de Cologne de vos collègues de travail.

- ✓ **Les facteurs physiques**. Les variations de températures, et d'humidité, les extrêmes de température ou un air particulièrement sec ou humide.

- ✓ **Les allergènes professionnels**. De nombreux métiers imposent une exposition ou un contact avec des substances (matières végétales, produits alimentaires…) contenant des allergènes responsables de réactions allergiques. Par exemple, l'asthme des boulangers se produit chez des personnes exposées en permanence aux allergènes contenus dans la farine. (La consommation du pain fait de cette farine n'entraîne pas de réaction.) Le latex est aussi un allergène professionnel fréquent comme je l'expliquerai dans l'encadré ci-après.

Identifiez et maîtrisez les risques

Votre médecin doit distinguer un asthme dû à l'exposition à certaines substances du lieu de travail, de l'école ou autres lieux fréquentés, d'une maladie préexistante, aggravée par les allergènes et irritants professionnels.

Cette distinction est capitale pour mettre en place une méthode efficace et appropriée pour éviter ou réduire les expositions aux allergènes sur le lieu de travail.

Le diagnostic d'asthme professionnel est important pour une prise en charge à long terme de votre maladie. Plus tôt vous réduirez vos expositions aux facteurs déclenchants, mieux vous maîtriserez votre asthme.

Pour diagnostiquer un asthme professionnel, votre médecin devra examiner les éléments suivants :

✓ Les fluctuations de vos symptômes. Les symptômes qui disparaissent lorsque vous quittez votre travail suggèrent fortement que votre problème est lié à cet emploi.

✓ Si vos collègues présentent les mêmes symptômes.

✓ Si votre première crise d'asthme au travail s'est produite après une exposition particulièrement importante, un déversement accidentel d'un produit chimique par exemple.

Suivant la sévérité de votre asthme, votre médecin vous prescrira des médicaments pour maîtriser vos symptômes au travail. Toutefois, dans la plupart des cas, pour que ce traitement soit vraiment efficace, vous devrez trouver le moyen de réduire votre exposition aux facteurs déclenchants.

Le latex et vos poumons

Le latex joue un rôle de plus en plus important dans les établissements de soin en raison des mesures plus strictes de prévention contre les infections. Il est utilisé pour les gants et le matériel médical (cathéters, sondes, raccords et robinets de perfusion).

Les gants chirurgicaux contiennent souvent de la poudre d'amidon qui facilite la dispersion des allergènes du latex. Le personnel médical est sensibilisé par inhalation des fines particules allergéniques en suspension dans l'air. Le latex est donc l'une des causes d'asthme et d'allergies professionnelles les plus courantes dans le secteur de la santé. En outre, les patients traités dans ces établissements sont eux-mêmes exposés et peuvent être sensibilisés au latex.

Ces expositions sont responsables de symptômes graves de rhinite allergique, d'asthme, d'urticaire, d'œdème de Quincke et, dans les cas extrêmes, de choc anaphylactique (une réaction parfois fatale qui affecte plusieurs organes simultanément).

Les allergènes du latex, présents dans de nombreux produits (dont les préservatifs), sont responsables de réactions d'hypersensibilités immédiates IgE-dépendantes (voir Chapitre 2). Les étiquettes de tout le matériel médical doivent maintenant indiquer s'il contient du latex.

Si vous êtes à risque d'allergie au latex, assurez-vous que les médecins qui vous examinent le savent pour que vous soyez soigné dans un environnement sans latex (pas de gants ni de matériel en latex : adhésifs, cathéters, matériel d'anesthésie). De même, si votre profession vous impose un contact avec le latex, essayez de réduire votre exposition à cet allergène en utilisant par exemple des gants en latex sans poudre d'amidon ou des gants sans latex. Ces produits réduisent vos risques de réaction allergique.

Je vous conseille de mettre dans votre portefeuille une carte pour alerter le personnel médical de n'utiliser aucun produit en latex en cas d'urgence au cas où vous seriez inconscient ou dans l'incapacité de communiquer. Si vous avez déjà subi une réaction allergique grave au latex, demandez à votre médecin si une trousse d'urgence avec une dose auto-injectable d'adrénaline se justifie.

Évitez les allergènes alimentaires et médicamenteux

Certains asthmatiques sont sensibles à des aliments ou médicaments contenant des substances qui peuvent déclencher des crises sévères, voire mortelles. Dans les paragraphes suivants, je vais vous décrire les sensibilités les plus fréquentes qui peuvent affecter votre asthme, et les moyens de les éviter.

Intolérance à l'aspirine

Certains asthmatiques ont une intolérance à l'aspirine, aux produits contenant de l'aspirine et aux anti-inflammatoires non stéroïdiens (AINS). Si vous avez des antécédents de polypes nasaux ou de sinusite en plus de votre asthme, je vous conseille vivement d'éviter l'aspirine et de n'utiliser que des produits à base de paracétamol pour soulager vos douleurs.

La maladie de Fernand-Widal est une forme grave d'intolérance à l'aspirine qui se manifeste chez les asthmatiques présentant des polypes nasaux récidivants et de la sinusite. Si vous présentez cette maladie, vous risquez une crise d'asthme très sévère, voire mortelle, si vous consommez de l'aspirine, des produits à base d'aspirine ou des AINS.

Je recommande aux personnes présentant ce type de sensibilité de conserver dans leur portefeuille une carte qui, en cas d'urgence, préviendra le personnel médical de ne vous administrer aucun médicament auquel vous êtes sensibilisé au cas où vous seriez inconscient ou dans l'incapacité de vous exprimer.

Les bêtabloquants

Les médecins prescrivent souvent des bêtabloquants pour traiter les migraines, l'hypertension, le glaucome, l'angine de poitrine ou l'hyperthyroïdie. Si l'une de ces maladies accompagne votre asthme, sachez que les bêtabloquants peuvent aggraver vos symptômes en bloquant les sites récepteurs bêta-2-mimétiques de vos bronches qui permettent la bronchodilatation ; votre asthme est donc moins sensible aux bronchodilatateurs bêta-2-mimétiques.

La prise de bêtabloquants peut déclencher une crise d'asthme chez les individus prédisposés qui n'ont présenté jusqu'alors aucun symptôme respiratoire.

Comme les bêtabloquants peuvent déclencher des crises d'asthme, prévenez les médecins que vous consultez que vous êtes asthmatique. Si les bêtabloquants vous sont déconseillés, votre médecin les remplacera par d'autres médicaments pour traiter votre hypertension ou votre migraine.

Sensibilité aux sulfites et autres additifs

Les sulfites sont très utilisés comme antioxydants pour conserver les boissons telles que la bière, le vin et les aliments comme les fruits secs, les crevettes et les pommes de terre. L'utilisation de ces antioxydants est également répandue dans les salades composées et le guacamole. Ces additifs alimentaires induisent des crises d'asthme sévères, parfois accompagnées d'un bronchospasme, avec risque de mort subite chez certains asthmatiques sévères lorsqu'ils respirent les vapeurs de sulfites émanant d'aliments traités.

Si vous êtes sensible aux sulfites, évitez la bière, le vin et les aliments industriels. Gardez sur vous un traitement d'urgence comme de l'adrénaline ou/et un broncho-dilatateur inhalé à action brève si, par inadvertance, vous ingérez une boisson ou un aliment contenant des sulfites. Consommez plutôt des produits frais que des aliments industriels, que vous ayez de l'asthme ou non d'ailleurs.

La tartrazine, colorant jaune utilisé dans de nombreux médicaments, aliments et produits vitaminés, peut être responsable de réactions chez les asthmatiques. Si vous êtes sensible à cet additif, contrôlez les étiquettes des produits consommés (des sirops pour la toux par exemple). En cas de doute, demandez conseil à votre pharmacien.

Les allergies alimentaires

Les asthmatiques développent souvent une hypersensibilité alimentaire. Pourtant, bien que certains aliments puissent provoquer une anaphylaxie, ils ne semblent pas accroître l'inflammation sous-jacente des voies respiratoires.

Si votre nourrisson ou votre jeune enfant présente une allergie alimentaire, c'est peut-être le signe d'une prédisposition aux allergies. Dans ce cas, faites évaluer votre enfant par le médecin pour trouver d'éventuels signes d'asthme ou d'autres maladies atopiques, comme la rhinite allergique ou la dermatite atopique.

Si vous avez subi un choc anaphylactique, demandez à votre médecin s'il est prudent de garder sur vous une trousse d'urgence contenant une dose auto-injectable d'adrénaline. Je vous recommande aussi de conserver dans votre portefeuille une carte mentionnant vos problèmes médicaux au cas où vous seriez incapable de parler pendant une réaction.

Si vous voulez en savoir plus sur les allergies alimentaires, comblez votre appétit avec le Chapitre 19.

L'asthme et les autres maladies

En plus des facteurs déclenchants dont je parlais précédemment, certaines activités, maladies et syndromes peuvent déclencher des crises d'asthme. La maîtrise de ces facteurs favorisants est aussi indispensable à une bonne maîtrise de l'asthme que l'éviction des allergènes et des irritants.

L'asthme d'effort

L'asthme d'effort, aussi appelé *asthme postexercice*, se manifeste pour des efforts d'intensités différentes chez la majorité des asthmatiques. L'effort est dans certains cas le seul facteur responsable de symptômes comme la toux, la respiration sifflante et le souffle court. Les patients attribuent parfois leurs symptômes à une « baisse de forme ». L'asthme d'effort se manifeste typiquement quelques minutes après le début d'un exercice violent, lorsque les bronches se contractent. Les symptômes, qui atteignent leur maximum entre cinq et dix minutes après l'arrêt de l'exercice, disparaissent spontanément dans la demi-heure qui suit (sans l'utilisation d'un bronchodilatateur inhalé à action brève).

Les exercices pratiqués dans un air froid et sec, comme le jogging en hiver, sont plus fréquemment responsables de l'asthme d'effort que les activités entreprises dans une atmosphère chaude et humide, comme la natation en piscine chauffée.

Même si l'asthme d'effort est en général corrélé aux activités d'extérieur, les vélos d'appartement (et autres appareils de gymnastique) ou même la montée d'escaliers en courant peuvent déclencher une crise. Si votre sensibilité à l'asthme d'effort augmente, prévenez votre médecin pour qu'il vous évalue et vous traite en conséquence.

L'asthme chez les sportifs

Si votre maladie n'est ni correctement diagnostiquée, ni traitée, l'asthme d'effort peut vous empêcher de participer à vos activités favorites. Mêmes si les symptômes ne durent généralement que quelques minutes, les crises demeurent une expérience effrayante et sont susceptibles de limiter vos activités. Heureusement, les médicaments évitent la survenue de telles crises, si bien que votre asthme ne doit pas constituer une entrave au plaisir que vous procurent vos activités.

Vous aiderez votre médecin à mettre en place une prise en charge efficace de votre asthme d'effort en notant régulièrement les activités entreprises, les symptômes ressentis et les mesures prises pour les faire disparaître. L'effet préventif de certains médicaments est plus prononcé s'ils sont pris à un instant précis avant vos activités physiques ; le moment de la prise compte donc autant que le type de médicament consommé. Votre médecin vous conseillera pour déterminer le délai nécessaire. Le Chapitre 12 présente ces médicaments en détail.

Certains athlètes asthmatiques utilisent chaque jour des corticoïdes inhalés pour maîtriser leur inflammation bronchique. Les athlètes de compétition y ajoutent quotidiennement un bronchodilatateur bêta-2-mimétique inhalé à action retardée deux fois par jour et/ou un bronchodilatateur bêta-2-mimétique à action brève juste avant l'effort ou la rencontre sportive. Ces médicaments les aident à prévenir les crises d'asthme au cours de l'entraînement.

Contrairement à ce que l'on entend parfois, les fédérations sportives n'interdisent pas les corticoïdes locaux inhalés que les athlètes utilisent pour maîtriser leur asthme. (Les stéroïdes interdits par les fédérations sont ceux utilisés par les athlètes pour accroître leur masse musculaire).

Échauffement et récupération pour prévenir l'asthme d'effort

Les médecins préconisent la réalisation d'exercices d'échauffement et de récupération (même si vous n'êtes pas asthmatique) lorsque vous pratiquez des activités sportives. Consultez votre médecin pour déterminer les exercices les plus adaptés à votre cas, que vous intégrerez à la prise en charge globale de votre asthme.

Tant que vous respectez votre traitement de fond, l'asthme ne doit pas vous priver des plaisirs, ni des médailles, d'une grande variété d'activités sportives. Suivez l'exemple de Tom Dolan ou de Mark Spitz, champions olympiques de natation asthmatiques. Seule la plongée sous-marine avec bouteille est formellement contre-indiquée chez les asthmatiques.

Rhinite et sinusite

Un mauvais traitement des rhinites (allergiques ou non) peut entraîner une sinusite. Cette infection des sinus aggrave parfois l'asthme, en particulier si elle ne répond pas à des antibiothérapies répétées. Une chirurgie des sinus est peut-être alors à envisager pour retrouver une maîtrise de l'asthme. Les études montrent que les asthmatiques qui maîtrisent bien leur rhinite et/ou leur sinusite améliorent nettement leur asthme.

Les voies respiratoires forment un continuum. Le traitement du nez et des sinus peut donc limiter l'inflammation caractéristique de l'asthme. En fait, face à une maladie respiratoire comme l'asthme, les médecins s'accordent pour dire qu'il est essentiel de traiter la totalité des pathologies, et pas seulement l'atteinte pulmonaire. Pour plus d'informations sur les complications de la sinusite et la rhinite, mettez le nez dans le Chapitre 9.

Le reflux gastro-œsophagien

Le reflux gastro-œsophagien est un problème digestif qui survient lorsque la valve qui connecte l'œsophage à l'estomac est déficiente. Les acides gastriques et la nourriture non digérée remontent par conséquent dans l'œsophage (voire parfois dans les voies respiratoires par inhalation). La Figure 11-2 vous présente un schéma des différents organes concernés par le reflux gastro-œsophagien.

Les patients souffrant de cette pathologie ont souvent des renvois pendant et après le repas, se plaignent d'acidité dans la bouche et ressentent une brûlure dans la gorge ou la poitrine, symptômes aussi appelés brûlures d'estomac ou indigestion.

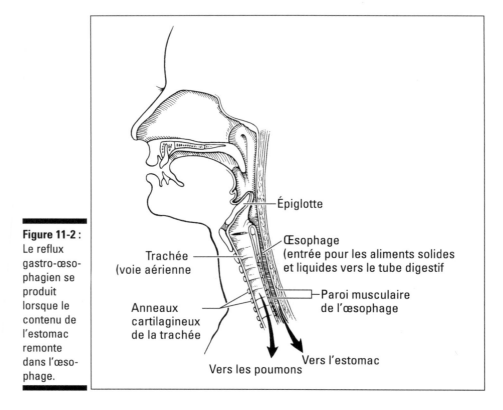

Figure 11-2 :
Le reflux gastro-œso-phagien se produit lorsque le contenu de l'estomac remonte dans l'œso-phage.

Épiglotte

Trachée (voie aérienne

Œsophage (entrée pour les aliments solides et liquides vers le tube digestif

Paroi musculaire de l'œsophage

Anneaux cartilagineux de la trachée

Vers l'estomac

Vers les poumons

Le reflux gastro-œsophagien déclenche des symptômes chez de nombreux asthmatiques, notamment chez l'adulte au cours de l'asthme tardif dont les symptômes (toux, respiration sifflante, souffle court) ne sont généralement pas associés à des facteurs déclenchants allergiques. Si vous êtes asthmatique, le passage du contenu gastrique acide vers les voies respiratoires aggrave l'inflammation sous-jacente. Le reflux gastro-œsophagien, avec ou sans inhalation de contenu stomacal, contribue à l'augmentation du bronchospasme en raison d'une irritation de l'œsophage.

Si vous avez souvent des brûlures d'estomac et un asthme mal maîtrisé, surtout si vous subissez des crises nocturnes qui perturbent votre sommeil, votre médecin doit évoquer l'éventualité d'un reflux gastro-œsophagien aggravant l'asthme.

Pour soulager le reflux gastro-œsophagien, les médecins vous conseillent :

✓ Évitez de manger ou de boire dans les trois heures avant de vous coucher.

✓ Évitez les repas lourds et les graisses. Essayez de fractionner vos repas en plusieurs petits dans la journée, plutôt que deux repas copieux.

✓ Éliminez ou réduisez la consommation de chocolat, de boissons alcoolisées, de café, de thé, de Coca-Cola et de boissons gazeuses en général.

✓ Arrêtez ou diminuez votre consommation de tabac.

✓ Placez des cales de 15 à 20 centimètres sous la tête de votre lit, votre contenu stomacal remontera moins pendant la nuit. Vous pouvez aussi ajouter des oreillers.

✓ Utilisez les médicaments indiqués pour le reflux gastro-œsophagien. Votre médecin peut vous prescrire des médicaments pour réduire la sécrétion acide de l'estomac.

Les infections virales

Les infections respiratoires virales comme le rhume ou la grippe aggravent l'inflammation bronchique et déclenchent les symptômes de l'asthme. Les enfants asthmatiques de moins de 10 ans sont particulièrement sensibles aux infections à rhinovirus (infections des voies respiratoires supérieures, comme le rhume).

Les infections à rhinovirus (le rhume ou la grippe) induisent une hyperréactivité bronchique et favorisent l'inflammation allergique, conduisant de ce fait à une aggravation des symptômes de l'asthme. Chez les nourrissons et les jeunes enfants, les infections virales sont la principale cause de crises d'asthme sévères car leurs voies aériennes plus étroites sont plus propices à l'obstruction.

Prévenez votre médecin si vous avez un rhume ou une grippe. Même si une bonne soupe au vermicelle vous semble particulièrement réconfortante lorsque votre nez coule, un traitement plus incisif est peut-être nécessaire pour éviter que le virus n'affecte votre asthme.

Que faire contre la grippe ?

Le vaccin contre la grippe est préparé en fonction des souches qui ont sévi l'année précédente, mais les prédictions ne sont pas toujours très précises et le vaccin ne vous protège pas contre la totalité des souches responsables de grippes.

Lors d'une infection virale, prenez les mesures suivantes :

✓ Si vous avez un asthme persistant, demandez à votre médecin de vous vacciner contre la grippe pour réduire les risques d'infections respiratoires qui aggraveraient votre asthme.

✓ Les nouveaux médicaments antiviraux comme le zanamivir inhalé peuvent éliminer le virus de la grippe et vous remettre sur pied rapidement si vous les prenez dès que les premiers symptômes apparaissent. Ces symptômes sont : une fièvre élevée, des douleurs musculaires, de la fatigue et une aggravation des symptômes respiratoires. L'utilisation des antiviraux est particulièrement conseillée chez les asthmatiques car ils réduisent les complications respiratoires qui accompagnent les infections virales.

Si vous avez un nourrisson ou un jeune enfant, souvent atteint d'infections virales responsables d'épisodes de toux et de respiration sifflante, et que vous avez une histoire familiale d'atopie (la sensibilité génétique du système immunitaire à produire des anticorps contre des allergènes inoffensifs responsables d'allergies), évoquez avec votre médecin la possibilité d'un asthme.

Chapitre 12

Les médicaments antiasthmatiques

Dans ce chapitre :

➤ Comprenez les objectifs du traitement pharmacologique de l'asthme

➤ Respectez votre traitement antiasthmatique

➤ Faites la différence entre les médicaments préventifs et ceux d'urgence

➤ Utilisez et entretenez les inhalateurs, chambres d'inhalation et nébuliseurs

*L*es traitements pharmacologiques (à base de médicaments) tiennent une place importante dans la prise en charge globale de l'asthme (voir le Chapitre 10). La bonne observance des prescriptions du médecin est essentielle au traitement, tout comme les autres aspects de la prise en charge : la surveillance (souvent avec un débitmètre de pointe comme je l'expliquerai au Chapitre 13), le recueil des symptômes sur un carnet de bord (Chapitre 10), l'éviction des allergènes (Chapitre 11), et l'information sur la maladie (Chapitre 13).

Les médecins habitués à traiter l'asthme et les allergies savent bien que les patients rechignent à prendre des médicaments régulièrement. Pourtant, l'asthme est bien plus qu'une simple toux, une respiration sifflante ou des symptômes qui vont et viennent. Si vous avez un asthme persistant, comme la majorité des asthmatiques, vos bronches présentent toujours un certain degré d'inflammation et d'hyperréactivité, même quand vous vous sentez bien. La maîtrise de cette inflammation est essentielle pour éviter les crises sévères.

L'asthme est une maladie chronique qui requiert un traitement de fond. À l'instar des hypertendus ou des diabétiques, vous devez traiter votre asthme en prenant régulièrement des médicaments de façon préventive. Pour la plupart des asthmatiques, un traitement insuffisant est plus souvent à l'origine de problèmes qu'un excès. Comme je l'expliquais au Chapitre 10, la grande majorité des patients qui suivent leur traitement à la lettre évitent la plupart des crises imposant le recours aux services d'urgence et aux hospitalisations.

BERGER PAR LE MENU

Informez-vous sur votre traitement

Un patient informé est déjà en meilleure santé. N'hésitez pas à poser des questions à votre médecin concernant les médicaments qu'il vous prescrit pour votre asthme (ou toute autre pathologie). Essayez d'avoir les informations suivantes avant de quitter le cabinet de votre médecin et d'utiliser le médicament en question :

✓ Le nom du médicament, la dose prescrite, la fréquence des prises et la durée du traitement. Ces indications figurent sur votre ordonnance et vous permettent d'informer d'autres médecins le cas échéant. Le nom du produit doit être lisible car les noms de nombreux médicaments se ressemblent.

✓ Comment agit le médicament, ses éventuels effets indésirables, et les mesures à prendre si ces effets se manifestent.

✓ Que faire si vous oubliez une prise ou si vous en prenez une de trop.

✓ Les interactions possibles avec d'autres médicaments, y compris ceux disponibles sans ordonnance (antalgiques, vitamines ou suppléments nutritionnels).

✓ Les effets que le médicament peut avoir sur votre vie : profession, école, sports ou autres activités, sommeil, régime alimentaire…

✓ Si le médicament est destiné à votre enfant, n'oubliez pas que les dosages pour enfants sont différents de ceux pour les adultes.

✓ Si vous êtes enceinte ou que vous allaitez, informez-en votre médecin.

✓ Assurez-vous que votre médecin connaît les réactions que vous avez eues à certains médicaments (médicaments disponibles avec ou sans ordonnance). (Voir le Chapitre 20 pour plus d'informations sur ces réactions.)

N'utilisez que les médicaments qui sont destinés à traiter vos symptômes. Lisez attentivement la notice qui accompagne le médicament et suivez les consignes mentionnées ou ce que vous a dit votre médecin.

Parfois, les médecins prescrivent des médicaments en dehors de l'indication habituelle pour obtenir un résultat maximal. La santé des patients est une priorité, et les traitements doivent parfois être individualisés. Par exemple : l'utilisation de fortes doses de corticoïdes locaux inhalés en cas d'asthme sévère (voir plus loin la liste des corticoïdes locaux), comme je l'expliquerai au Chapitre 18.

Vous pouvez demander des informations sur les médicaments que vous prenez aux laboratoires pharmaceutiques qui les commercialisent ou à l'Agence française de sécurité sanitaire des produits de santé (AFSSAPS).

L'objectif de votre médecin est de trouver le médicament le plus adapté pour maîtriser vos symptômes et obtenir la meilleure fonction respiratoire possible, sans effet indésirable. Prenez régulièrement les médicaments qui vous sont prescrits car ils sont essentiels pour maîtriser votre maladie et améliorer votre qualité de vie. Sans ces médicaments, votre asthme serait certainement bien plus difficile à contrôler.

Un traitement pharmacologique efficace de l'asthme vous permettra d'atteindre les objectifs suivants :

✓ Prévenir et maîtriser les symptômes.

✓ Réduire la fréquence et la sévérité des crises d'asthme.

✓ Éliminer l'obstruction bronchique et améliorer la fonction respiratoire.

Dans ce chapitre vous découvrirez les différents types de médicaments prescrits pour le traitement de l'asthme, ainsi que leurs modes d'action. Je vous expliquerai également comment les prendre et les différents types de présentations.

Les médicaments de l'asthme

Les médicaments antiasthmatiques sont de deux types :

✓ **Les médicaments de fond.** Les médecins les prescrivent pour un traitement à long terme de l'asthme (le plus souvent avec des doses quotidiennes) afin de maîtriser l'inflammation sous-jacente.

✓ **Les médicaments d'action rapide.** Dans certains cas, ces médicaments, aussi appelés médicaments d'urgence, sont nécessaires pour apporter un soulagement rapide à une constriction ou une obstruction bronchique soudaine pouvant aggraver les symptômes.

Votre médecin peut vous prescrire ces deux types de produits dans le cadre d'une prise en charge globale de l'asthme (voir le Chapitre 13). L'association spécifique de médicaments dépend de la sévérité de votre asthme et d'autres facteurs tels que :

✓ **Votre âge.** Comme je l'expliquerai ultérieurement, les doses et les produits pour nourrissons, enfants et pour les personnes âgées sont généralement différents de ceux prescrits pour les adultes.

✓ **Vos antécédents médicaux et votre état de santé**. Votre médecin pourra par exemple ajuster le dosage et/ou les médicaments si vous êtes enceinte ou si vous allaitez.

✓ **Toutes les maladies dont vous souffrez, et les médicaments que vous prenez pour les traiter.**

✓ **Vos intolérances à certains médicaments ou à des substances présentes dans la composition des médicaments.**

Les médicaments de fond

Utilisés de manière régulière, les médicaments de fond réduisent l'inflammation des voies respiratoires et préviennent sa réapparition.

Les médicaments pour un traitement de fond sont :

✓ Les anti-inflammatoires comme les corticoïdes locaux inhalés (les plus utilisés actuellement).

✓ Les bronchodilatateurs à action retardée.

✓ Les bronchodilatateurs à libération prolongée tels que la théophylline par voie orale ou les cromones inhalées. Ces médicaments sont beaucoup moins prescrits de nos jours.

✓ Les antileucotriènes par voie orale.

Les paragraphes suivants expliquent les mécanismes d'action de chacun de ces médicaments et leurs indications.

Les corticoïdes

Les corticoïdes sont les médicaments les plus efficaces du traitement de fond de l'asthme. Grâce à leurs effets anti-inflammatoires, ces médicaments peuvent :

✓ Réduire l'œdème bronchique.

✓ Réduire la production de mucus.

✓ Réduire l'hyperréactivité des bronches.

Tonifiez vos poumons, pas vos muscles

L'image des stéroïdes est ternie par certains athlètes qui prennent des stéroïdes anabolisants (apparentés à la testostérone) pour augmenter leur masse musculaire. Heureusement, tous les stéroïdes ne présentent pas les mêmes dangers. Les corticoïdes inhalés et oraux sont des stéroïdes d'un type totalement différent des anabolisants, qui sont en fait des hormones mâles. Les stéroïdes comprennent différents types d'hormones aux structures chimiques proches : la testostérone produite par les testicules, les œstrogènes produits par les ovaires, et les corticoïdes (apparentés à la cortisone) sécrétés par le cortex (zone externe) des glandes surrénales.

Les corticoïdes locaux inhalés

Les médecins considèrent généralement les corticoïdes locaux inhalés comme le traitement de fond de l'asthme persistant modéré à sévère, en raison des propriétés anti-inflammatoires de ces produits. En outre, la forme inhalée est très pratique pour délivrer le principe actif directement dans les bronches avec des effets indésirables minimes. L'utilisation appropriée et continue (suivant la prescription médicale) de corticoïdes en sprays diminue le recours aux corticoïdes par voie orale responsables de nombreux effets indésirables à long terme.

Les corticoïdes locaux inhalés ne commencent à réduire l'inflammation bronchique qu'après une semaine d'utilisation régulière, pour atteindre un maximum d'efficacité en un mois. Même si ces médicaments permettent de prévenir les crises, en cas de symptômes sévères (une exposition à de puissants allergènes, par exemple) vous devrez utiliser un autre médicament pour vous soulager rapidement (généralement un bronchodilatateur).

Les corticoïdes locaux inhalés sont prescrits sous forme d'aérosols doseurs ou d'inhalateurs de poudre sèche.

Même si l'efficacité et l'innocuité des corticoïdes inhalés ont été démontrées chez les enfants, quelques interrogations peuvent encore parfois persister quant à leur influence sur la croissance des enfants qui les utilisent régulièrement. Si votre enfant est traité par un corticoïde inhalé, faites part à votre médecin de vos inquiétudes afin qu'il surveille sa croissance. De très nombreuses études prouvent qu'aux doses habituellement prescrites, il n'existe aucune diminution de la courbe de croissance d'un enfant.

Afin d'éviter l'apparition d'une infection fongique (candidose) ou d'un enrouement (dû à l'infection fongique de la gorge) à la suite de l'utilisation des corticoïdes locaux, rincez-vous abondamment la bouche après l'inhalation. La chambre d'inhalation (voir « Comment prendre les médicaments : inhalateurs et nébuliseurs ») améliore l'absorption du médicament par les bronches et réduit le risque de candidose et d'enrouement.

Les corticoïdes oraux

Dans les asthmes sévères, l'utilisation précoce de corticoïdes oraux prévient les crises et évite les hospitalisations. Ils sont également indispensables aux patients qui ne répondent pas rapidement aux bronchodilatateurs. Les corticoïdes oraux sont indiqués pour maîtriser rapidement l'asthme au début d'un traitement de fond (voir le Chapitre 13).

L'utilisation excessive des corticoïdes oraux est parfois responsable d'effets indésirables systémiques : rétention d'eau, déséquilibre de la glycémie, prise de poids, ulcère gastrique, troubles de l'humeur, hypertension, déminéralisation osseuse et vulnérabilité aux infections. C'est pourquoi les corticoïdes oraux sont souvent les derniers médicaments prescrits par le médecin et les premiers retirés lorsque les symptômes sont contrôlés. Si votre asthme est sévère, votre médecin vous prescrira peut-être la prise d'un corticoïde oral un jour sur deux pour maîtriser vos symptômes tout en minimisant les effets indésirables.

Les cromones

Comme je l'expliquais en détail dans le Chapitre 1, les mastocytes, présents en grand nombre dans les poumons et le nez, jouent un rôle majeur dans les mécanismes inflammatoires. La stimulation des mastocytes (par un allergène) entraîne la libération de plusieurs substances de l'inflammation, dont l'histamine et les leucotriènes, responsables d'une bronchoconstriction et d'une augmentation de la production de mucus.

Les cromones utilisées encore parfois dans le traitement de fond de l'asthme inhibent la libération des médiateurs du mastocyte et préviennent donc l'inflammation. (Voir le Chapitre 10 pour plus d'informations sur l'inflammation bronchique.) L'efficacité de ces produits n'est garantie que s'ils pénètrent suffisamment loin dans les poumons.

L'utilisation au long cours des cromones réduit l'intensité des symptômes de l'asthme, mais ne constitue pas pour autant un traitement des crises. En cas de crise, prenez un bronchodilatateur à action rapide, suivant ce qui vous a été conseillé pour la prise en charge de votre asthme. Toutefois, pendant la crise, votre médecin vous encouragera sans doute à poursuivre la prise de cromones pour maintenir leur effet préventif en complément des autres médicaments.

Les bronchodilatateurs bêta-2-mimétiques à action prolongée

Les bronchodilatateurs bêta-2-mimétiques à action prolongée sont prescrits en traitement de fond de l'asthme, généralement en complément des anti-inflammatoires (corticoïdes locaux inhalés ou/et cromones). Non seulement les bêta-2-mimétiques décontractent les muscles lisses des bronches, mais ils renforcent aussi l'effet anti-inflammatoire des autres médicaments utilisés lorsqu'ils sont pris au long cours.

Les bronchodilatateurs à action prolongée sont souvent prescrits pour maîtriser l'asthme nocturne car ils dilatent les bronches pendant près de 12 heures après la prise.

Les bronchodilatateurs bêta-2-mimétiques à action prolongée sont disponibles sous forme d'aérosols doseurs, d'inhalateurs de poudre sèche, ou de comprimés.

Les bronchodilatateurs bêta-2-mimétiques à action prolongée ne remplacent pas les médicaments anti-inflammatoires ; ils doivent être utilisés en complément d'un traitement anti-inflammatoire. La prise du corticoïde local pourra être réduite s'il est utilisé en association avec un bronchodilatateur à action prolongée. Cette attitude thérapeutique ne contrarie pas la maîtrise de l'asthme et peut même l'améliorer. Les études montrent que l'adjonction d'un bronchodilatateur à action prolongée augmente l'efficacité des corticoïdes locaux.

Les produits associant un corticoïde local et un bêta-2-mimétique à action prolongée sont désormais disponibles en France, depuis janvier 2001. Les effets bénéfiques de cette association sont identiques si les deux médicaments sont pris en même temps, d'où l'intérêt des formes galéniques associant les deux et réduisant le nombre de prises.

L'utilisation des bronchodilatateurs à action prolongée réduit aussi le recours aux bronchodilatateurs à action brève.

En cas de crise d'asthme, prenez les médicaments à action rapide prescrits par votre praticien. Si vous avez une maladie cardiaque, prévenez votre médecin avant d'utiliser un bronchodilatateur bêta-2-mimétique à action prolongée, car il peut provoquer une accélération de la fréquence cardiaque.

La théophylline

La théophylline, apparentée à la caféine, est moins utilisée qu'autrefois en raison de l'apparition de traitements plus efficaces (corticoïdes inhalés ou bronchodilatateurs bêta-2-mimétiques à action prolongée) et présentant moins d'effets indésirables.

Bien que sans danger, la théophylline peut entraîner quelques effets indésirables (nausées, vomissements, crampes d'estomac, diarrhées et tremblements) parfois responsables de mauvais résultats scolaires chez les enfants. Si vous prenez de la théophylline (comprimés ou gélules) et éprouvez ces effets indésirables, prévenez votre médecin sans tarder.

Divers facteurs, tels que les infections virales, l'alcool, les problèmes cardiaques ou la prise d'autres médicaments, peuvent inhiber l'élimination de la théophylline par le foie. Et ainsi entraîner une augmentation de la concentration du médicament dans l'organisme qui provoque les effets indésirables mentionnés précédemment, ou des effets plus graves comme une irritabilité, une insomnie ou des problèmes comportementaux (symptômes similaires à ceux ressentis après un abus de café). Rarement, les concentrations sanguines excessives de théophylline ont des effets toxiques sur le système nerveux central, à l'origine d'un coma, de convulsions ou même d'un décès.

À l'inverse, le tabagisme, une thyroïde trop active, un régime alimentaire riche en protéines et certains médicaments, comme le phénobarbital, la rifampicine et la phénytoïne, augmentent la métabolisation de la théophylline par le foie nécessitant une augmentation des doses.

N'oubliez pas d'informer votre médecin de tous les médicaments que vous prenez, s'il envisage de vous prescrire de la théophylline. Une analyse sanguine permet de savoir si le taux de théophylline dans votre organisme est optimal.

Si vous avez une crise d'asthme, n'utilisez pas la théophylline comme médicament d'urgence, mais un bronchodilatateur à action brève.

Les antileucotriènes

La libération de leucotriènes provoquée par un facteur favorisant entraîne une bronchoconstriction, augmente la sécrétion de mucus, attire et active les cellules inflammatoires dans les bronches. Les antileucotriènes inhibent ou stabilisent l'activité des leucotriènes, réduisant ainsi l'obstruction bronchique, la production de mucus et la bronchoconstriction. (Si les leucotriènes vous passionnent, vous en saurez plus au Chapitre 2.)

L'utilisation régulière d'antileucotriènes peut réduire la quantité de corticoïdes locaux inhalés, ou autres médicaments inhalés, nécessaires pour maîtriser l'asthme.

Ils sont prescrits dans la prévention de l'asthme d'effort et dans le traitement de fond de l'asthme incomplètement contrôlé par les corticoïdes inhalés.

Ils offrent l'avantage d'être utilisés sous forme de comprimés. Leur prescription n'exclut pas l'utilisation de corticoïdes inhalés dans le traitement de fond de la maladie asthmatique.

Les antileucotriènes sont disponibles sous forme de comprimés, plus faciles à prendre régulièrement pour certains patients.

Certains antileucotriènes peuvent inhiber l'activité hépatique. Informez donc votre médecin de tous les médicaments que vous consommez. Par exemple, votre foie peut avoir des difficultés à transformer certains antibiotiques et médicaments contre les crises cardiaques si vous prenez en même temps des antileucotriènes.

Les antileucotriènes ne sont pas des médicaments de l'urgence. En cas de crise d'asthme, utilisez un bronchodilatateur à action brève, mais continuez à prendre les antileucotriènes, car ils renforcent l'efficacité des médicaments à action brève.

Les médicaments à action rapide

La première fonction des médicaments à action rapide est d'inverser rapidement l'obstruction bronchique et de soulager la bronchoconstriction pendant la crise d'asthme. L'utilisation d'un bronchodilatateur à action brève est également indiquée pour prévenir l'asthme d'effort (voir le Chapitre 11).

Les médicaments à action rapide sont :

✓ Les bronchodilatateurs bêta-2-mimétiques à action brève.

✓ Les anticholinergiques (voir « Les anticholinergiques »), qui sont plus efficaces quand ils sont associés à des bronchodilatateurs bêta-2-mimétiques à action brève.

✓ Les corticoïdes oraux prescrits pour les crises d'asthme (voir « Les corticoïdes oraux » plus loin dans ce chapitre).

Les bronchodilatateurs bêta-2-mimétiques à action brève

Les bronchodilatateurs bêta-2-mimétiques à action brève décontractent rapidement les muscles lisses des bronches, et permettent leur dilatation en quelques minutes après l'inhalation. Les formes inhalées de ces médicaments fournissent un soulagement efficace et rapide du bronchospasme et sont souvent considérées comme le traitement de choix de la crise d'asthme.

Les bêta-2-mimétiques d'action brève sont habituellement bien tolérés (par rapport aux formes orales ou injectables). Les principaux effets indésirables de ces médicaments sont des tremblements, une augmentation de la fréquence cardiaque et des palpitations. Ces effets indésirables, dus à la stimulation directe du cœur et des muscles du squelette, vont souvent de pair avec l'action des bronchodilatateurs, surtout à des doses élevées ou répétées.

Les chambres d'inhalation et les nébuliseurs sont particulièrement efficaces pour diffuser les bronchodilatateurs à action brève dans vos poumons. (Voir « Comment prendre les médicaments : inhalateurs et nébuliseurs ».)

Si votre bronchodilatateur à action brève ne vous soulage pas rapidement, les éléments suivants sont peut-être à l'origine du problème :

✓ **Vous n'utilisez pas le produit correctement.** Demandez à votre médecin de vous montrer la bonne technique pour utiliser votre inhalateur et révisez la technique à chaque visite.

✓ **La cartouche est vide.** Pour voir si vous devez changer de cartouche, enlevez-la du support et placez-la dans l'eau (dans un évier par exemple). Si la cartouche flotte, elle est certainement vide.

✓ **L'embout buccal (par lequel vous inhalez) est sale ou bouché.** Nettoyez bien votre inhalateur. (Voir « Comment prendre les médicaments : inhalateurs et nébuliseurs ».)

Pour éviter l'asthme d'effort, votre médecin vous recommandera d'inhaler une dose de bronchodilatateur bêta-2-mimétique 15 à 30 minutes avant le début de l'activité physique.

Si vous prenez plus de huit bouffées par jour, ou bien plus d'une cartouche par mois (200 bouffées environ), c'est que votre asthme n'est pas bien maîtrisé. Consultez votre médecin pour ajuster votre prise en charge. Un traitement de fond par des anti-inflammatoires (corticoïdes inhalés) est à envisager. L'abus de bronchodilatateurs bêta-2-mimétiques à action brève (plus d'une bouffée toutes les deux heures) est un signe de gravité de votre asthme, contactez immédiatement votre praticien.

En vingt ans d'exercice, je n'ai jamais vu une utilisation excessive de bronchodilatateurs bêta-2-mimétiques corriger une aggravation des symptômes. En fait, l'abus de ces produits ne fait qu'aggraver la situation, car ils ne s'attaquent pas directement à la source du problème : l'inflammation bronchique. (Voir l'encadré « Soulagement rapide ou prise en charge à long terme ? ».)

L'utilisation simultanée de bronchodilatateurs à action brève et de bêtabloquants (souvent prescrits contre les migraines, l'hypertension, le glaucome, l'angine de poitrine ou l'hyperthyroïdie) annule les bienfaits des deux médicaments. Si vous avez besoin de ces deux produits, votre médecin vous conseillera de remplacer les bêtabloquants ou de prendre du bromure d'ipratropium pour soulager rapidement vos symptômes (voir « Les anticholinergiques »). Pour éviter ces interactions médicamenteuses, prévenez votre médecin de tous les médicaments que vous consommez.

Soulagement rapide ou prise en charge à long terme ?

La maîtrise de l'asthme passe par un traitement de l'inflammation des voies respiratoires. L'utilisation de bronchodilatateurs bêta-2-mimétiques à action brève ne doit pas se substituer à un traitement de fond.

L'objectif de votre prise en charge est de maîtriser l'asthme pour n'avoir recours aux bronchodilatateurs que très rarement, notamment pour réduire la survenue de symptômes en cas d'exposition à des allergènes inévitables ou avant de faire un exercice.

Ne vous fiez pas aux bronchodilatateurs à action brève, car le soulagement rapide qu'ils vous procurent vous donne la fausse impression que l'asthme n'est qu'une série de symptômes alors qu'il s'agit d'une inflammation sous-jacente continue. Si vous avez une forte fièvre et que vous ne prenez qu'un antalgique pour vous soulager, vous vous sentirez mieux. Mais si la cause sous-jacente de votre maladie est une inflammation grave, une appendicite par exemple, le traitement des symptômes peut entraîner des complications (une péritonite dans ce cas) car vous n'avez pas pris conscience de la gravité de la situation, et avez donc retardé le traitement.

De la même manière, si vous éliminez votre respiration sifflante uniquement d'une pulvérisation de bronchodilatateur à action brève, vous vous sentirez mieux pour un temps. Mais si vous utilisez votre débitmètre (voir Chapitre 13) pour contrôler votre débit expiratoire de pointe, ou si vous effectuez une spirométrie (voir Chapitre 10) vous réaliserez que votre débit est nettement diminué et que votre capacité fonctionnelle respiratoire se situe sous la normale. Les asthmatiques ont souvent tendance à sous-estimer l'importance de leur obstruction bronchique. C'est pourquoi l'utilisation du débitmètre de pointe est particulièrement utile pour prendre conscience de l'atteinte réelle des bronches.

Les anticholinergiques

Les anticholinergiques bloquent l'*acétylcholine* (neurotransmetteur qui stimule la production de mucus) et permettent donc de réduire la quantité de mucus présente dans les bronches. Les anticholinergiques décontractent aussi les muscles lisses qui entourent les bronches grosses et moyennes. L'inhalation d'anticholinergiques associés à des bronchodilatateurs bêta-2-mimétiques à action brève est également efficace pour dilater les bronches.

Les anticholinergiques seuls ne préviennent pas l'asthme d'effort, et n'ont que peu d'effets sur les symptômes de l'asthme déclenchés par des allergènes.

Les anticholinergiques sont particulièrement efficaces chez les asthmatiques dont l'obstruction bronchique est en partie réversible ou qui produisent de grandes quantités de mucus. Ces médicaments sont utilisés chez les personnes atteintes de bronchite chronique et d'emphysème (obstruction chronique des voies aériennes).

Les corticoïdes oraux

En plus de leur activité en traitement de fond, les corticoïdes oraux jouent un rôle dans le soulagement rapide des symptômes. Au cours d'une crise d'asthme modérée à sévère, l'utilisation d'un corticoïde oral permet de prévenir rapidement l'aggravation des symptômes. Dans ce cas, les corticoïdes oraux renforcent l'activité des autres médicaments à action rapide, permettant ainsi d'obtenir une réduction de l'inflammation bronchique et un rétablissement plus prompt, mais aussi de réduire le taux de rechute.

La prise de corticoïdes oraux dure généralement de trois à dix jours selon la sévérité des symptômes et la réponse au traitement. Si vous devez les utiliser plus de deux semaines, votre médecin réduira progressivement la dose pour vous éviter les effets indésirables, au lieu d'interrompre brutalement le traitement. Cette réduction progressive des doses permet à l'organisme de se remettre à produire ses corticoïdes naturels (dans le cortex — la partie externe — des glandes surrénales). Je vous recommande vivement de ne pas interrompre brutalement votre traitement sans avis médical.

Comment prendre les médicaments : inhalateurs et nébuliseurs

Il est indispensable d'apprendre à se servir des aérosols qui vous délivrent vos médicaments. Si les substances actives ne parviennent pas au bon endroit, l'efficacité s'en ressent. L'utilisation correcte d'un spray est aussi importante que le produit qu'il contient, son but est de parvenir aux zones pulmonaires où il sera le plus efficace.

Les principaux avantages de l'administration des médicaments directement dans les poumons grâce aux inhalations sont les suivants :

✓ L'inhalation permet de procurer directement aux poumons une plus forte concentration de produit.

✓ Les effets indésirables systémiques sont plus réduits que par voie orale.

✓ Le soulagement est plus rapide avec les médicaments inhalés que par voie orale.

Utilisation d'un aérosol doseur (ou spray)

L'aérosol doseur, aussi appelé spray, consiste en une cartouche pressurisée contenant le médicament, qui s'adapte à un support en plastique relié à un embout buccal. Il propulse le médicament à plus de 90 km/h (bien plus vite que ma première voiture !) qui prend un tournant pour atteindre vos poumons. La majorité du produit n'atteint donc jamais vos poumons car il tapisse la bouche, la base de la langue, et l'arrière de la gorge. Dans le meilleur des cas, vos poumons reçoivent 10 à 20 % du médicament inhalé. Les aérosols doseurs facilitent la respiration de millions d'asthmatiques dans le monde, mais leur bonne utilisation est capitale. Souvent l'asthme est mal maîtrisé chez les personnes qui n'arrivent pas à utiliser les aérosols correctement.

UN PEU DE TECHNIQUE

Protégeons la couche d'ozone

Vous êtes sans doute au courant du remplacement des CFC (chlorofluorocarbones) qui détruisent la couche d'ozone par d'autres gaz propulseurs moins nocifs dans les réfrigérateurs et les aérosols (laques, déodorants, parfums…). Ce problème intéresse tout particulièrement les asthmatiques car de nombreux aérosols utilisent des CFC. Une exception temporaire (qui prendra fin vers 2005) autorise encore les laboratoires pharmaceutiques à se servir de ces gaz.

L'industrie pharmaceutique recherche des gaz moins nocifs pour l'environnement pour leurs aérosols. L'hydrofluoroalkane (HFA) est un nouveau gaz propulseur sans dérivés chlorés déjà utilisé dans certains pays. Les aérosols à HFA propulsent le médicament encore plus efficacement que ceux à CFC mis sur le marché dans les années cinquante.

Les aérosols sans CFC délivrent le produit en panache, à une vitesse moins élevée que les aérosols standards à CFC, ce qui explique peut-être leur meilleure efficacité. Imaginez (mais surtout n'essayez pas !) de prendre un virage serré à 90 km/h. À moins de ralentir, vous avez de fortes chances de vous retrouver dans le fossé.

Ce scénario est semblable à ce qui se produit avec le médicament inhalé d'un aérosol à CFC. Au mieux 10 à 20 % du produit atteint vos poumons après les diverses courbes des voies respiratoires (et si l'inhalation est faite correctement). En raison de leur vitesse de propulsion moins élevée, les nouveaux aérosols sans CFC permettent à plus de produit d'atteindre les bronches périphériques plus petites.

Instructions pour les aérosols

Lors de la prescription de médicaments inhalés, votre médecin doit vous apprendre à les utiliser. Vous pourrez vérifier que vous les utilisez correctement au cours des visites ultérieures. Les instructions suivantes s'appliquent à la plupart des aérosols doseurs :

1. Enlevez le capuchon et maintenez l'aérosol vertical.

2. Agitez-le.

3. Basculez légèrement votre tête vers l'arrière et expirez lentement.

4. Suivant les indications de votre médecin, ouvrez la bouche à quelques centimètres de l'aérosol, ou placez-le dans votre bouche.

5. Appuyez sur la cartouche pour libérer le médicament tout en inspirant ou dans les premières secondes après avoir commencé à inspirer. Continuez d'inhaler en appuyant sur la cartouche.

Inspirez lentement par la bouche (pas par le nez) pendant trois à cinq secondes. N'appuyez qu'une fois sur la cartouche lors de l'inhalation (une respiration pour chaque bouffée). Inspirez lentement et régulièrement.

6. **Retenez votre respiration pendant 10 secondes pour permettre au médicament de pénétrer profondément dans vos poumons.**

7. **Recommencez en fonction du nombre de bouffées prescrites.**

Attendez une minute entre les bouffées pour une meilleure efficacité.

La bonne dose

Deux éléments importants peuvent influencer la dose de médicament administrée par votre aérosol doseur :

Perte d'amorce. Les personnes qui utilisent des aérosols en ont souvent plusieurs, à la maison ou au travail, pour les avoir toujours sous la main. Si vous en conservez trop en même temps, vous les utiliserez peu et subirez une perte d'amorce. Ce phénomène se produit quand le gaz propulseur s'échappe de la cartouche après plusieurs jours ou semaines sans être utilisé. Si vous n'avez pas utilisé un aérosol récemment, gâchez une bouffée dans le vide avant d'inhaler votre première prise pour vous assurer qu'il fonctionne.

Fin de cartouche. Dans un souci d'économie, certaines personnes utilisent leur inhalateur jusqu'à la dernière particule. Mais des études montrent que cette pratique contribue peut-être à l'augmentation des décès par asthme et à une mauvaise qualité de vie chez certains asthmatiques. La dose délivrée n'étant pas fiable lorsque l'aérosol est presque vide, je vous déconseille de dépasser le nombre de doses indiquées sur l'aérosol, même si vous pensez qu'il reste du produit.

Les chambres d'inhalation

Les médecins recommandent l'utilisation des chambres d'inhalation pour les jeunes enfants et les personnes qui n'arrivent pas à utiliser un aérosol correctement. La chambre d'inhalation, appareil creux qui augmente l'espace entre l'orifice de l'aérosol et votre bouche, piège les particules de médicaments libérées par l'aérosol, et permet d'inhaler progressivement la dose en une à six inhalations, selon le type d'appareil utilisé.

Les chambres d'inhalation sont particulièrement conseillées pour la prise de corticoïdes locaux car elles minimisent le risque de candidose buccale (infection fongique) et améliorent l'absorption du produit par les poumons.

Les chambres d'inhalation sont disponibles sous diverses tailles et formes. Plusieurs de ces appareils possèdent à la fois un embout pour adultes (Figure 12-1) et un masque pour les nourrissons ou les jeunes enfants (Figure 12-2).

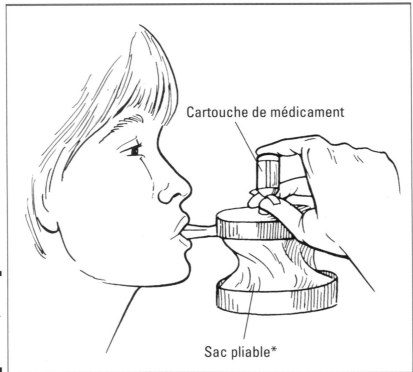

Cartouche de médicament

Sac pliable*

Figure 12-1 : Adulte utilisant un aérosol avec une chambre d'inhalation.

*Les chambres d'inhalation utilisées en France sont plutôt en plastique rigide

Les inhalateurs de poudre sèche

Comme leur nom l'indique, les inhalateurs de poudre sèche libèrent un médicament sous forme de poudre sèche. Ces appareils, disponibles sous différentes formes, sont utilisés pour les bronchodilatateurs et les anti-inflammatoires.

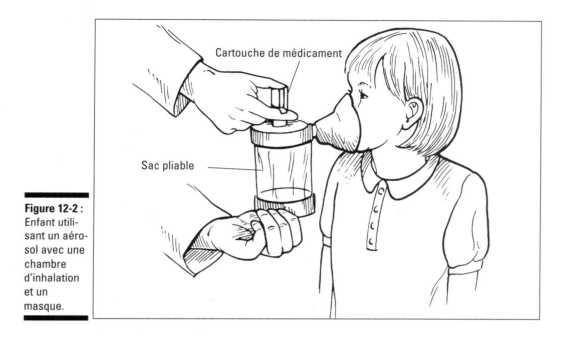

Cartouche de médicament

Sac pliable

Figure 12-2 :
Enfant utilisant un aérosol avec une chambre d'inhalation et un masque.

Les inhalateurs de poudre sèche sont très faciles à utiliser et très efficaces, si vous les utilisez convenablement. Les particules de substance active de la poudre sont si fines qu'elles pénètrent profondément dans les poumons. À l'inverse des aérosols, vous ne sentirez généralement pas le goût du médicament avec les inhalateurs de poudre sèche, mais si vous l'avez bien utilisé vous en ressentirez les bienfaits.

Instructions pour l'utilisation des inhalateurs de poudre sèche

Bien que l'utilisation de chambres d'inhalation ne soit pas nécessaire avec les inhalateurs de poudre sèche, certaines consignes sont à respecter. Étant donné que les inhalateurs fonctionnent de manière différente selon les marques, vérifiez que vous savez utiliser celui qui vous est prescrit. Comme pour les aérosols, votre médecin doit vous montrer comment vous servir de votre inhalateur et revoir votre technique lors des consultations ultérieures. Voici les instructions à suivre pour garantir une bonne utilisation de la plupart des inhalateurs de poudre sèche :

1. **Respectez les instructions de la notice pour amorcer votre inhalateur et charger une dose du médicament.**

2. **Expirez lentement et complètement (pendant trois à cinq secondes).**

3. **Placez votre bouche sur l'embout et inspirez très profondément.**

4. **Retenez votre respiration pendant 10 secondes puis expirez doucement.**

5. **Répétez la procédure en fonction du nombre de doses prescrites par votre médecin**

La bonne dose

En plus des étapes précédentes, n'oubliez pas les points suivants pour assurer un bon fonctionnement de l'inhalateur de poudre sèche :

✓ L'inhalateur est déclenché par votre inspiration. Cela signifie que vous contrôlez le débit de libération du produit. Il faut néanmoins inspirer suffisamment fort pour assurer une bonne répartition du produit au plus profond des poumons. Pour une bonne efficacité, refermez bien la bouche autour de l'embout buccal et inhalez régulièrement et très profondément.

✓ Surveillez que la poudre reste toujours sèche pour éviter qu'elle ne s'agglutine, ce qui pourrait affecter la fiabilité de la dose délivrée. Replacez toujours le capuchon après usage et ne passez jamais l'inhalateur sous l'eau, mais nettoyez-le avec un chiffon sec.

✓ À l'inverse des aérosols, n'agitez pas l'inhalateur de poudre sèche avant usage, vous risquez de modifier la dose de médicament délivrée. Sur certains inhalateurs vous pouvez même perdre de la poudre si vous l'agitez.

Les avantages des inhalateurs de poudre sèche sont :

✓ Les enfants à partir de 4 ans peuvent les utiliser.

✓ Les personnes et surtout les enfants qui n'arrivent pas à se servir des aérosols, ou qui ont des difficultés à coordonner les différents mouvements, utiliseront facilement les inhalateurs de poudre sèche.

✓ Certains inhalateurs de poudre sèche possèdent un compteur d'utilisation qui permet de savoir facilement quand il sera vide.

✓ Le froid ne diminue pas l'efficacité des inhalateurs de poudre sèche.

✓ Dépourvus de CFC, ils n'ont pas d'effet délétère sur la couche d'ozone.

Les nébuliseurs

Un nébuliseur est un compresseur qui délivre le médicament sous forme d'un brouillard de fines particules faciles à inhaler. Il garantit souvent une disparition rapide des symptômes. Les nébulisations sont particulièrement indiquées chez les enfants trop jeunes ou trop malades pour utiliser d'autres appareils. En plus des nébuliseurs traditionnels, certains appareils sur batterie ou qui se branchent sur l'allume-cigare de la voiture sont disponibles pour une utilisation en cours de déplacement.

Les médicaments bêta-2-mimétiques

Les médecins prescrivent les nébulisations aux adultes atteints d'asthme sévère lorsque le traitement par aérosol doseur de bêta-2-mimétiques n'a pas entraîné l'efficacité espérée. Les utilisateurs de nébuliseurs trouvent que l'appareil leur permet un soulagement plus efficace que les aérosols. Les nébuliseurs de bêta-2-mimétiques sont essentiellement utilisés en France en milieu hospitalier et ne peuvent être prescrits que par des médecins hospitaliers. Les médecins ne peuvent les prescrire en ville qu'en renouvelant la prescription hospitalière. Les patients doivent alors aller chercher les médicaments à la pharmacie centrale de l'hôpital. L'appareil est ensuite livré à domicile

Les médicaments corticoïdes

Ces médicaments peuvent être prescrits par les médecins de ville.

Quelques conseils pour utiliser un nébuliseur

✓ Placez votre bouche sur l'embout et respirez normalement.

✓ Faites attention à bien respirer par la bouche et non par le nez.

✓ Vous (ou votre enfant) pouvez utiliser un masque qui couvre le nez et la bouche.

✓ Lorsque vous utilisez un nébuliseur pour votre enfant, prenez garde à ne pas envoyer le brouillard sur son visage, maintenez le masque bien appliqué (voir le Chapitre 14).

✓ Utilisez la totalité du médicament dans votre nébuliseur, ce qui prend en général 7 à 15 minutes suivant le type d'appareil.

Nettoyez vos appareils d'inhalation

Rincez quotidiennement et lavez une fois par semaine l'aérosol, la chambre d'inhalation et le nébuliseur à l'aide d'un détergent doux pour les garder propres et éliminer les dépôts de médicaments. (N'oubliez pas les aérosols qui sont restés longtemps dans un tiroir ou un sac à main.) Replacez toujours le capuchon de l'inhalateur après usage. Si le capuchon s'enlève accidentellement, nettoyez l'inhalateur avant de l'utiliser. N'utilisez pas de produits chimiques agressifs pour le nettoyage, et suivez les instructions d'entretien du fabricant.

Problèmes particuliers pour l'utilisation des médicaments de l'asthme

Pour la prescription des médicaments antiasthmatiques chez les personnes âgées, les jeunes enfants, les personnes opérées ou les femmes enceintes, les médecins modifient les dosages et les produits utilisés.

Pour plus de détails sur les dosages des médicaments de l'asthme chez les jeunes enfants, consultez le Chapitre 14. Les médicaments de l'asthme et des allergies pour les femmes enceintes sont décrits dans le Chapitre 15.

Les médicaments de l'asthme chez les personnes âgées

Comme l'asthme coexiste souvent avec une bronchite chronique chez les personnes âgées, le médecin prescrit un traitement par corticoïdes oraux pendant deux à trois semaines pour déterminer la réversibilité de l'obstruction bronchique d'après les mesures spirométriques (voir le Chapitre 10), avant d'entreprendre un traitement de fond de l'asthme.

Les personnes âgées sont plus exposées aux effets indésirables des médicaments de l'asthme pour plusieurs raisons. Voici quelques exemples des effets indésirables les plus courants chez les personnes âgées asthmatiques :

✓ Avec l'âge, l'effet des bronchodilatateurs peut se modifier. C'est pourquoi les personnes âgées asthmatiques sont souvent plus sensibles aux effets indésirables des bêta-2-mimétiques (tremblements, augmentation de la fréquence cardiaque). Si vous avez une cardiopathie, votre médecin vous prescrira un inhalateur mélangeant un bêta-2-mimétique (bronchodilatateur à action brève) et un anticholinergique, pour réduire la dose nécessaire de bêta-2-mimétiques.

✓ Prévenez votre praticien d'un éventuel problème de prostate, actuel ou passé, avant de prendre un anticholinergique, car ce produit pourrait aggraver un problème préexistant.

✓ Les personnes âgées utilisant fréquemment des bêtabloquants et/ou de l'aspirine sont plus exposées à une aggravation de l'asthme à cause des interactions médicamenteuses. Pour plus d'informations sur les intolérances aux médicaments et les effets indésirables qui peuvent affecter votre asthme, lisez le Chapitre 11.

✓ Certaines personnes âgées présentant une insuffisance hépatique doivent réduire les doses de théophylline. Cela permet de prévenir les effets secondaires dus à une accumulation de ce médicament dans la circulation sanguine. Par ailleurs, certaines interactions médicamenteuses peuvent poser problème chez les personnes âgées. Prévenez toujours votre médecin que vous avez un problème hépatique, surtout si vous prenez de la théophylline.

Chirurgie et médicaments de l'asthme

Les anesthésiques utilisés pendant l'intervention chirurgicale sont des dépresseurs respiratoires. Prévenez votre chirurgien que vous êtes asthmatique et donnez-lui la liste des médicaments que vous prenez. (Votre chirurgien doit évaluer à la fois votre fonction respiratoire et les médicaments que vous utilisez avant l'opération.)

Il vous prescrira peut-être des corticoïdes oraux pour améliorer votre fonction respiratoire juste avant l'opération. Si vous avez pris des corticoïdes oraux au cours des six mois qui précèdent l'intervention chirurgicale, votre médecin peut vous prescrire de l'hydrocortisone par voie intraveineuse au cours de l'opération avec une rapide diminution de la dose dans les 24 heures qui suivent.

BERGER PAR LE MENU

Les traitements du futur

Mon expérience d'essais cliniques pour de nouveaux médicaments, au cours de ces vingt dernières années, me laisse espérer que des produits plus efficaces et innovants seront bientôt disponibles. L'industrie pharmaceutique propose de nouvelles approches pour traiter l'asthme, parmi lesquelles :

✓ Améliorer les médicaments existants et les appareils qui les délivrent.

✓ Trouver de nouveaux traitements pour empêcher l'apparition de l'inflammation bronchique.

✓ Traiter les patients avec des médicaments anti-interleukines. Les chercheurs ont identifié plusieurs interleukines (protéines qui perturbent le fonctionnement du système immunitaire) qui pourraient intervenir dans l'inflammation. Ils cherchent à inhiber cette activité des interleukines pour prévenir l'inflammation.

✓ Utiliser les anti-IgE pour réduire le taux d'IgE de l'organisme. (Les IgE sont impliquées dans la réaction à l'origine de la libération de l'histamine et des leucotriènes par les mastocytes qui induisent les symptômes allergiques.)

✓ Trouver le moyen de modifier génétiquement les mécanismes à l'origine des maladies.

J'espère que ces nouveaux produits s'attaqueront à l'inflammation sous-jacente des bronches qui caractérise l'asthme, encore plus efficacement que les traitements actuels. La sévérité et la fréquence des symptômes pourront donc être diminués d'autant. Cela permettra d'avoir des patients aux capacités fonctionnelles respiratoires normales et contrôlant leur pathologie en ayant moins recours aux médicaments. Quand il en sera ainsi, ce chapitre sera moins volumineux pour les futures éditions !

Chapitre 13

La prise en charge de l'asthme à long terme

● ●

Dans ce chapitre :

➤ Surveillez votre asthme à long terme

➤ Ajustez les traitements

➤ Trouvez une prise en charge adéquate

➤ Entourez-vous d'une équipe

● ●

L'élément clé pour rester maître de son asthme, et éviter qu'il ne vous maîtrise, est de vous traiter préventivement et sans interruption. Il est essentiel d'adopter une approche à long terme plutôt que de se contenter d'une gestion des crises.

L'asthme ne disparaît pas toujours, loin de là. Des études sur plus de quinze ans ont montré que l'asthme est une maladie chronique qui ne disparaît pas forcément lorsque vous vous sentez mieux. Sa sévérité et ses symptômes varient au cours du temps, mais l'asthme, c'est parfois aussi comme la couleur de vos yeux ou vos empreintes digitales, lorsque vous l'avez, c'est pour toujours. Bien qu'invisible, l'asthme est en vous.

Il n'est pas rare que des personnes qui pensaient avoir vaincu leur asthme enfants ou adolescents éprouvent des symptômes plus tard, en réponse à certains facteurs déclenchants (voir le Chapitre 11).

Un traitement à long terme de l'asthme est un investissement inestimable pour votre santé et votre qualité de vie, surtout s'il est persistant. Le point essentiel de cette approche consiste à s'attaquer à l'origine des symptômes, c'est-à-dire l'inflammation bronchique sous-jacente.

Au cours de mon exercice, j'ai pu constater qu'une fois que les patients avaient joui d'une meilleure qualité de vie grâce au traitement à long terme, ils ne souhaitaient pas revenir à une prise en charge au coup par coup des crises.

Comment se déroule la prise en charge à long terme ?

La prise en charge à long terme d'un asthme persistant comprend les éléments suivants :

✓ Un examen de votre fonction respiratoire initiale pour diagnostiquer votre état, et une surveillance pour évaluer l'efficacité du traitement (voir le Chapitre 10).

✓ L'éviction et la maîtrise des facteurs déclenchants ou favorisants (voir le Chapitre 11).

✓ La mise en place d'un traitement pharmacologique efficace et dépourvu d'effets indésirables. Le traitement comprend des médicaments préventifs à long terme et l'utilisation de médicaments de l'urgence à action rapide pour parer toute exacerbation soudaine (voir le Chapitre 12).

✓ La mise en place d'un traitement avec une approche par paliers (voir plus loin).

✓ La consultation d'un spécialiste de l'asthme (allergologue ou pneumologue) si nécessaire (voir le Chapitre 10).

✓ L'adaptation de la prise en charge aux circonstances particulières et une coopération active comprenant une éducation des asthmatiques et de leur entourage (voir « La prise en charge personnelle »).

La sévérité de l'asthme et l'approche par paliers

Les spécialistes de divers domaines médicaux ont classé la sévérité de l'asthme (allergique ou non) en quatre niveaux qui fournissent les bases d'une prise en charge par paliers.

Les niveaux de sévérité d'un asthme peuvent changer au cours de la vie. Le principal objectif de cette approche par paliers est de maintenir l'asthme au palier le plus bas possible. Un traitement efficace est donc indispensable, sans quoi l'asthme peut devenir sévère et altérer votre qualité de vie.

Les quatre paliers de sévérité de l'asthme sont :

✓ **Léger intermittent.** Les symptômes apparaissent moins de deux fois par semaine pendant la journée et moins de deux fois par mois pendant la nuit. La fonction respiratoire (voir le Chapitre 10) est d'au moins 80 % de la normale (établie selon l'âge, le sexe et la taille). Le débit expiratoire de pointe (DEP) ne varie pas de plus de 20 % pendant les crises et du matin au soir. Entre les crises, vous êtes asymptomatique (vous ne présentez aucun symptôme) et votre DEP est normal. Si vous avez un asthme à ce niveau, les exacerbations sont généralement courtes (de quelques heures à quelques jours) avec des variations d'intensité.

✓ **Léger persistant.** Les symptômes se manifestent plus de deux fois par semaine pendant la journée, mais moins d'une fois par jour, et plus de deux fois par mois pendant la nuit. La fonction respiratoire est de plus de 80 % de la normale. Le DEP varie de 20 à 30 %. Si votre asthme est de ce niveau, les crises peuvent entraver vos activités.

✓ **Persistant modéré.** Les symptômes se produisent chaque jour et plus d'une nuit par semaine, nécessitant l'utilisation quotidienne d'un bronchodilatateur à action brève. La fonction respiratoire est à 60 à 80 % de la normale. Le DEP varie de plus de 30 %. Les symptômes s'aggravent au moins deux fois par semaine, avec des attaques qui durent plusieurs jours et qui affectent les activités.

✓ **Persistant sévère.** Les symptômes sont permanents pendant la journée et fréquents la nuit. L'activité physique est limitée. La fonction respiratoire est de moins de 60 % de la normale. Le DEP varie de plus de 30 % et des crises fréquentes se produisent.

Lors du diagnostic, votre médecin déterminera le niveau de sévérité de votre asthme. Vos symptômes et votre fonction respiratoire ne correspondent peut-être pas exactement à ces niveaux. Votre médecin mettra donc en place une prise en charge personnalisée. La majorité des asthmatiques ont un asthme persistant (léger, modéré ou sévère) qui requiert un traitement à long terme.

Si vos symptômes semblent correspondre à un asthme persistant, je vous recommande de faire évaluer votre fonction respiratoire par spirométrie, si vous ne l'avez déjà fait (voir « Testez vos poumons » plus loin et dans le Chapitre 10). La spirométrie se pratique généralement chez un spécialiste (allergologue ou pneumologue).

L'approche par paliers

Les niveaux de sévérité de l'asthme sont des paliers, comme le montre la Figure 13-1. Le concept de base d'une prise en charge par paliers est de prescrire initialement des médicaments à court et à long terme, suivant le niveau de sévérité un palier au-dessus du niveau de sévérité constaté (voir le Tableau 13-1). Cette approche procure généralement une maîtrise rapide des symptômes. Une fois la maladie maîtrisée depuis un mois (dans la plupart des cas), le médecin réduit le traitement d'un palier.

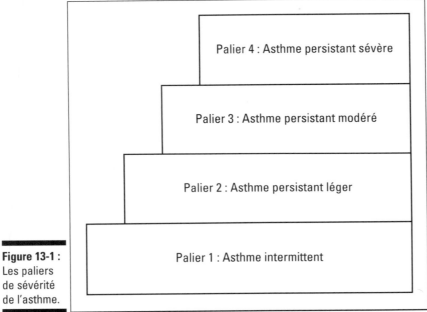

Figure 13-1 :
Les paliers
de sévérité
de l'asthme.

Palier 4 : Asthme persistant sévère

Palier 3 : Asthme persistant modéré

Palier 2 : Asthme persistant léger

Palier 1 : Asthme intermittent

Cette approche par paliers signifie que vous montez d'un palier pour accéder à la maîtrise de l'asthme et que vous descendez d'un palier pour pérenniser son contrôle. Une surveillance régulière de votre DEP et des visites de suivi chez votre médecin sont indispensables pour vous assurer que vous restez au même niveau, comme je l'expliquerai plus loin.

Les informations consignées dans le Tableau 13-1 ne sont que des conseils généraux. Votre médecin doit toujours évaluer votre cas précis et vous prescrire un traitement personnalisé.

Tableau 13-1 : Approche par paliers pour la prise en charge de l'asthme chez les adultes et les enfants de plus de 5 ans.

Paliers	Traitement préventif à long terme	Traitement à court terme
Palier 1 : **intermittent**	**Pas de traitement quotidien**	**Bronchodilatateur à action brève :** bêta-2-mimétique inhalé. L'intensité du traitement varie selon la sévérité des symptômes. Si vous utilisez un bêta-2-mimétique plus de deux fois par semaine, consultez votre médecin pour commencer un traitement à long terme.
Palier 2 : **persistant léger**	**Un médicament quotidien :** Un anti-inflammatoire, un corticoïde local inhalé (à faible dose) ou une cromone. Votre médecin vous prescrira peut-être un antileucotriène ou de la théophyllineà libération prolongée.	**Bronchodilatateur à action brève :** bêta-2-mimétique inhalé. L'intensité du traitement varie selon la sévérité des symptômes. Si vous utilisez un bêta-2-mimétique plus de deux fois par semaine, consultez votre médecin pour augmenter votre traitement à long terme.
Palier 3* : **persistant modéré**	**Traitement quotidien :** Un anti-inflammatoire, un corticoïde local inhalé (à dose moyenne) ou un corticoïde inhalé (dose faible ou moyenne) et un bronchodilatateur à action prolongée, surtout pour la nuit (soit un bêta-2-mimétique à action prolongée inhalé ou en comprimé, soit de la théophylline à libération prolongée).	**Bronchodilatateur à action brève :** bêta-2-mimétique inhalé. L'intensité du traitement varie selon la sévérité des symptômes. Si vous utilisez un bêta-2-mimétique plus de deux fois par semaine, consultez votre médecin pour augmenter votre traitement à long terme.
Palier 4* : **persistant sévère**	**Traitement quotidien :** un anti-inflammatoire, un corticoïde inhalé (à forte dose) et un bronchodilatateur à action prolongée (un bêta-2-mimétique à action prolongée inhalé).	**Bronchodilatateur à action brève :** bêta-2-mimétique inhalé. L'intensité du traitement varie selon la sévérité des symptômes. Si vous utilisez un bêta-2-mimétique plus de deux fois par semaine, consultez votre médecin pour augmenter votre traitement à long terme.

* Si votre asthme est au palier 3 ou 4, consultez un spécialiste (allergologue ou pneumologue) pour une meilleure maîtrise de votre maladie.

Descente de palier

Si vous suivez un traitement à long terme (quel que soit le niveau) votre traitement doit être réévalué tous les un à six mois. Une réduction progressive du traitement est possible une fois vos symptômes bien maîtrisés. C'est-à-dire lorsque vous vous sentez bien, que votre fonction respiratoire est améliorée et que vous ne présentez pas de symptômes.

L'objectif de cette approche par paliers est d'utiliser immédiatement un traitement d'attaque pour maîtriser rapidement les symptômes et ensuite réduire votre traitement au niveau le plus bas nécessaire pour conserver le contrôle.

Montée de palier

Si vous avez trop souvent recours à vos médicaments à court terme, c'est que vos symptômes ne sont pas maîtrisés. Votre médecin doit donc augmenter votre traitement d'un palier. Pour savoir s'il va augmenter le traitement, votre médecin évalue les aspects suivants de votre traitement actuel :

✓ Votre technique d'inhalation (voir « Évaluation de la technique d'inhalation » plus loin dans ce chapitre).

✓ Votre observance du traitement prescrit. N'oubliez pas que vos médicaments sont vitaux. Si vous avez un problème avec un produit (à cause de ses effets secondaires) ou si vous ne comprenez pas les instructions de votre médecin, prévenez-le pour qu'il vous garantisse un traitement sûr et efficace.

✓ Votre exposition aux facteurs déclenchants (allergènes et irritants) et favorisants (infections virales ou autres maladies) doit être réduite au minimum, quel que soit votre niveau de traitement (voir le Chapitre 11 pour la lutte contre les facteurs déclenchants).

Assurez-vous que vous connaissez les symptômes qui doivent vous inciter à contacter votre médecin.

Traitement des crises sévères par l'approche par paliers

Votre médecin vous prescrira sans doute un traitement par corticoïdes oraux en cas d'urgence si vous présentez soudain une crise d'asthme sévère et que votre état se dégrade rapidement, quel que soit le niveau de sévérité de votre asthme. (Vous trouverez dans le Chapitre 12 plus d'informations sur les corticoïdes oraux.)

Même si votre asthme est classé comme intermittent, des crises sévères peuvent survenir. Ces crises (parfois mortelles) sont généralement dues à des infections virales des voies respiratoires supérieures (rhume ou grippe), même si vous avez eu de longues périodes avec une fonction respiratoire normale ou quasi normale et peu de symptômes de l'asthme.

Testez votre souffle

Les mesures objectives de la fonction respiratoire sont essentielles pour surveiller la sévérité de l'asthme. La surveillance régulière du niveau d'huile de votre voiture (sans attendre que le voyant rouge s'allume) vous semble normale. Vous devez de même contrôler régulièrement avec votre médecin le fonctionnement de vos bronches pour vérifier que vous êtes au bon niveau de traitement. En plus du carnet de bord de vos symptômes quotidiens (voir plus loin) vous aurez une mesure objective de votre fonction respiratoire grâce à la spirométrie et au débitmètre de pointe.

La spirométrie

Un spiromètre est un appareil que les pneumologues et les allergologues utilisent pour mesurer le débit d'air dans les bronches avant l'inhalation d'un bronchodilatateur à action brève, et 15 minutes après. Le spiromètre permet au spécialiste de diagnostiquer l'asthme et d'en suivre l'évolution.

La spirométrie est la méthode la plus fiable pour objectiver la présence d'une obstruction bronchique et sa réversibilité chez les adultes et les enfants de plus de 4 à 5 ans. Vous trouverez des informations sur les autres méthodes d'exploration fonctionnelle respiratoire et pour le diagnostic de l'asthme chez les enfants de moins de 4 ans dans le Chapitre 10.

Surveillance du débit expiratoire de pointe

De même que les diabétiques surveillent leur glycémie (taux de sucre dans le sang), ou que les hypertendus prennent leur tension régulièrement, vous pouvez à la maison garder un œil sur votre fonction respiratoire grâce au débitmètre de pointe. Les mesures fournies par ce petit appareil (voir Figure 13-2) sont essentielles pour surveiller l'asthme et l'efficacité du traitement. La surveillance des débits de pointe expiratoires permet aussi de détecter les premiers signes d'une crise d'asthme.

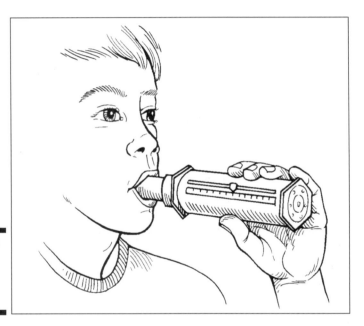

Figure 13-2 : Un patient utilisant un débitmètre de pointe.

Les enfants de plus de 4 ou 5 ans savent généralement utiliser ce petit appareil pour mesurer leur DEP. Si vos enfants mettent toujours en doute votre avis (comme le font les miens presque systématiquement !) l'utilisation d'un débitmètre aidera les plus jeunes à comprendre pourquoi leur maladie requiert une limitation des activités. Si votre enfant comprend que c'est le débitmètre (et pas seulement vous ou le médecin) qui lui déconseille de jouer au foot aujourd'hui parce que ses symptômes s'aggravent et que le DEP diminue, vous réussirez sans doute mieux à maîtriser son asthme.

Le débitmètre de pointe expliqué aux enfants

Je conseille aux parents d'expliquer à leurs enfants que, lorsque le DEP est bas, c'est comme si les poumons étaient blessés. Vous pouvez renforcer cette analogie en lui disant que l'inflammation bronchique sous-jacente n'est pas visible, à l'inverse d'une entorse de la cheville, mais qu'il faut quand même un traitement approprié, de la même manière qu'une entorse doit se remettre avant qu'il reprenne des activités normales.

En outre, lorsque le DEP de votre enfant se situe entre 80 et 100 % de son record, vous pouvez l'encourager à faire du sport qui est indispensable à sa santé, y compris sa capacité fonctionnelle respiratoire. Vérifiez que vous savez (ainsi que votre enfant) exactement que faire en cas de crise provoquée par l'exercice (comme je l'expliquerai au Chapitre 14).

Utilisation du débitmètre à domicile

Voici quelques conseils pour utiliser la plupart des débitmètres. Lisez toujours attentivement la notice délivrée avec l'appareil, et demandez à votre médecin des conseils sur la manière la plus efficace d'utiliser votre débitmètre pour évaluer votre état.

D'une manière générale utilisez le débitmètre en suivant ces étapes :

1. **Placez le curseur situé à la base du débitmètre sur 0.**

2. **Mettez-vous debout et prenez une profonde inspiration pour bien remplir vos poumons.**

3. **Placez l'embout buccal du débitmètre dans votre bouche et refermez vos lèvres autour.**

4. **Soufflez aussi fort et aussi rapidement que possible, comme si vous souffliez les bougies de votre gâteau d'anniversaire.**

5. **Le chiffre indiqué par le curseur correspond à votre DEP.**

6. **Remettez le curseur sur 0 et répétez les opérations deux fois encore.**

7. **Retenez la valeur la plus élevée pour les trois essais.**

Trouvez votre meilleur DEP

Votre meilleur DEP reflète ce que vous pouvez espérer réaliser après deux ou trois semaines d'un traitement d'attaque ayant maîtrisé vos symptômes. Le meilleur DEP est en général le résultat d'un traitement correspondant à la montée d'un palier.

Pour trouver votre meilleur DEP, faites une mesure le matin avant de prendre vos médicaments. Comparez votre meilleur DEP avec le chiffre prédit par votre médecin (d'après des études nationales, suivant votre âge, votre sexe et votre taille). Ce chiffre peut vous aider à comparer votre meilleur DEP avec la norme. Si votre asthme est bien maîtrisé, votre DEP doit se situer entre 80 et 100 % de votre meilleur DEP.

En cas de gêne respiratoire, surveillez votre débit expiratoire de pointe. Si votre DEP tombe à moins de 80 %, un traitement précoce et incisif ainsi qu'une éviction stricte des allergènes sont nécessaires pour éviter une crise sévère et un recours aux urgences.

Évaluez votre état

Le carnet de bord quotidien de vos symptômes est très utile. Mettez au point un système de notation (en collaboration avec votre médecin) à utiliser dans votre carnet de bord pour évaluer vos symptômes sur une échelle de 0 à 3, allant d'aucun symptôme à symptômes sévères.

Gardez une trace (écrite) de vos symptômes

Le carnet de bord de vos symptômes doit comporter non seulement vos DEP, mais aussi :

✓ Vos symptômes et leur sévérité.

✓ Les épisodes de toux.

✓ Les épisodes de respiration sifflante.

✓ L'inflammation nasale.

✓ Les troubles du sommeil dus à la toux et/ou à la respiration sifflante.

✓ Les symptômes qui affectent vos capacités et limitent vos activités normales.

✓ Les jours d'école ou de travail manqués.

✓ La fréquence d'utilisation des bronchodilatateurs bêta-2-mimétiques à action brève.

Dépistez les symptômes sévères

Notez aussi dans votre carnet de bord les symptômes sévères qui vous obligent à aller chez le médecin, aux urgences ou à être hospitalisé. Mentionnez également la date et le traitement que vous avez reçu.

Notez les symptômes suivants :

✓ L'essoufflement au repos.

✓ Le besoin de rester debout pour pouvoir respirer.

✓ Les difficultés à parler.

✓ L'agitation ou la confusion.

✓ Une augmentation de la fréquence respiratoire à plus de 30/min.

✓ Sifflement fort à l'inspiration et/ou à l'expiration.

✓ Augmentation de la fréquence cardiaque à plus de 120 battements par minute.

Notez vos expositions aux facteurs déclenchants et/ou favorisants qui ont provoqué une exacerbation, parmi lesquels :

✓ Les irritants comme les vapeurs de produits chimiques, les fumées de cigarettes ou de feu de bois.

✓ Les allergènes comme les pollens, la poussière de maison, les moisissures et les poils d'animaux.

✓ La pollution atmosphérique.

✓ L'exercice (le Chapitre 11 explique plus en détail l'asthme d'effort).

✓ Les brusques changements de temps, notamment le froid et les vents glacés.

✓ Les réactions aux bêtabloquants, à l'aspirine et autres AINS, aux additifs alimentaires (sulfites surtout) (voir le Chapitre 11).

✓ Les autres maladies comme une infection virale des voies respiratoires (rhume et grippe), un reflux gastro-œsophagien, et une sinusite (voir le Chapitre 11).

Surveillez votre consommation médicamenteuse

Marquez toujours les effets secondaires des médicaments que vous avez pris. Certains médicaments antiasthmatiques présentent différents types d'effets secondaires, mais, dans la plupart des cas, il y en a peu, voire pas du tout, chez les personnes dont l'asthme est bien maîtrisé par un traitement de fond qui leur est adapté. Les médicaments antiasthmatiques sont développés dans le Chapitre 12.

Évaluez votre technique d'inhalation

Votre médecin doit vous montrer comment utiliser correctement votre inhalateur et observer comment vous vous en servez à chaque visite. Dans le meilleur des cas, seulement 10 à 20 % du produit délivré par les inhalateurs parvient aux poumons où il est efficace. (Voir le Chapitre 12.)

Une bonne utilisation des inhalateurs est indispensable à votre traitement car peu de produit parvient à vos poumons à chaque inhalation. Une mauvaise utilisation de l'inhalateur est parfois responsable de difficultés à maîtriser l'asthme. (Le Chapitre 12 vous explique comment l'utiliser.)

La prise en charge personnelle

Il faut être au moins deux pour traiter l'asthme : votre médecin et vous ! Le personnel de soins (infirmières, pharmaciens, kinésithérapeutes) sont aussi vos partenaires pour vous permettre de mieux comprendre votre maladie et vous aider à la maîtriser.

Si vous avez de l'asthme, c'est un peu toute la famille qui est concernée. L'asthme n'est pas une maladie contagieuse, mais toute la famille est impliquée dans les différents problèmes que soulève cette pathologie. Les études montrent que le soutien familial est un facteur déterminant pour la réussite de la prise en charge. Le rôle majeur de votre entourage (collègues de travail, colocataires…) est de vous aider à réduire votre exposition aux allergènes et aux facteurs favorisants (qui sont détaillés Chapitre 11).

Si votre enfant est asthmatique, faites équipe avec son médecin et les autres professionnels de santé qui le suivent pour prendre en charge sa maladie. (Vous trouverez dans le Chapitre 14 plus de détails sur la prise en charge de l'asthme chez les enfants.)

La mise en place des objectifs de traitement

 Je vous encourage vivement à définir les objectifs de votre traitement en partenariat avec votre médecin. Assurez-vous d'avoir bien compris tous les aspects de votre prise en charge de l'asthme et posez toutes les questions qui vous préoccupent sur les traitements.

 Il est essentiel que votre prise en charge soit parfaitement adaptée à vos besoins personnels ainsi qu'à votre entourage. Il faut pour cela prendre en compte toutes vos pratiques et croyances personnelles qui peuvent avoir une influence sur votre perception de l'asthme et de son traitement. Je vous encourage à en parler librement avec votre médecin, afin qu'ensemble vous puissiez mettre en place une prise en charge adaptée. A mon avis, la prise en charge adaptée à votre personnalité et à votre famille vous motivera et vous permettra donc d'être en meilleure santé.

L'évaluation à long terme

Pour réussir à maîtriser votre asthme, il est nécessaire d'évaluer régulièrement votre prise en charge pour s'assurer que vos objectifs sont atteints.

 N'oubliez pas que l'asthme est une maladie fluctuante, complexe et à multiples facettes. De même que bien des aspects de votre vie peuvent changer avec le temps, votre asthme se manifeste de différentes manières au cours de votre vie. Mais gardez à l'esprit que, toute votre vie, cette gestion de votre asthme devra être poursuivie.

L'éducation de l'asthmatique

 L'éducation concernant l'asthme et son traitement doit débuter sitôt le diagnostic posé. Votre médecin doit s'assurer que vous comprenez bien tous les aspects de votre maladie. Votre éducation sur l'asthme concerne les points suivants :

- ✓ Les principes de base de l'asthme.
- ✓ Les niveaux de sévérité de l'asthme, les symptômes et les traitements appropriés.

✓ Tous les éléments d'une prise en charge personnelle, parmi lesquels : les principes de base de la maladie, l'utilisation des inhalateurs et nébuliseurs, l'auto-surveillance, les moyens efficaces d'éviter les allergènes et les facteurs favorisants ainsi que les méthodes pour les éliminer du domicile.

✓ La rédaction d'un plan de traitement personnalisé de l'asthme au quotidien et des urgences (voir le Chapitre 10).

✓ L'importance du soutien familial et de votre entourage pour traiter votre asthme. Il est important que votre médecin vous aide à identifier un partenaire parmi les membres de votre famille ou vos amis. Cette personne doit comprendre ce qui déclenche votre asthme et bien connaître votre prise en charge afin de pouvoir vous porter assistance en cas d'urgence. Elle peut vous accompagner lors d'une visite chez le médecin.

✓ Des conseils sur les priorités lors de la mise en place de votre prise en charge. Si vous devez faire des modifications dans votre environnement pour éliminer les allergènes de votre domicile (vous séparer d'un animal, enlever les tapis, installer un appareil de purification de l'air, et autres mesures que j'expliquais dans le Chapitre 11) vous souhaitez peut-être des conseils sur quelles mesures prendre en premier.

Améliorez votre qualité de vie

Le traitement antiasthmatique ne doit pas vous faire négliger les autres aspects de votre santé. Une bonne santé générale est indispensable à la prise en charge à long terme de l'asthme. Plus vous serez en forme, mieux vous répondrez au traitement et mènerez une vie normale.

Voici quelques conseils que tous les asthmatiques devraient suivre :

✓ **Bien manger**. Un régime alimentaire sain et bien équilibré est très important chez les asthmatiques. Fruits frais, viande, poisson, céréales et légumes doivent tenir une grande place dans votre alimentation.

✓ **Bien dormir**. Si vos symptômes vous réveillent la nuit, parlez-en à votre médecin. Les symptômes nocturnes relèvent d'un traitement et indiquent peut-être que vous êtes sensible à un facteur favorisant, comme un reflux gastro-œsophagien, ou à des allergènes (acariens) de votre chambre (voir le Chapitre 11).

✓ **Restez en forme**. Une bonne condition physique permet souvent de mieux maîtriser l'asthme. Vous ne devez pas rester inactif parce que vous êtes asthmatique. Votre médecin peut vous prescrire un traitement pour maîtriser l'asthme d'effort afin que vous puissiez jouir pleinement de nombreux sports et activités physiques malgré votre asthme. (Vous trouverez des informations sur les traitements de l'asthme d'effort dans le Chapitre 12.)

✓ **Réduisez le stress**. Une bonne maîtrise de l'asthme vous permettra de vous sentir moins inquiet pour votre maladie et donc moins stressé en général.

Visez le meilleur

Grâce aux soins efficaces prodigués par votre médecin ainsi que votre participation active, votre prise en charge doit vous permettre de mener une vie agréable. Toutefois, si vous n'êtes pas entièrement satisfait car vous ne pouvez vous adonner pleinement à vos activités favorites, parlez-en ouvertement à votre médecin, afin qu'il ajuste la prise en charge et en améliore l'efficacité.

Si, comme cela se produit parfois, votre médecin ne traite que vos symptômes et ne s'intéresse pas à la mise en place d'une prise en charge globale, consultez un spécialiste. Vous pouvez aspirer à une maîtrise efficace de votre asthme et votre médecin doit vous donner les moyens d'y parvenir.

Chapitre 14

L'asthme et les allergies de l'enfant

Dans ce chapitre :

➤ Comprenez l'asthme de votre enfant

➤ Diagnostiquez la maladie de votre enfant

➤ Prenez en charge l'asthme de votre enfant jusqu'à son adolescence

➤ Prévenez la survenue des problèmes à l'école

Les parents savent bien qu'il n'y a rien de plus précieux que leurs enfants. Ils souhaitent donc qu'ils soient traités le mieux possible. Si le diagnostic d'asthme a été retenu chez votre enfant, rassurez-vous en vous disant qu'un traitement approprié et une bonne compréhension de la maladie vous permettront de l'aider à maîtriser efficacement sa maladie.

Malheureusement, certains parents (et même certains médecins) ne connaissent pas assez bien l'asthme pour l'identifier. Trop souvent, le diagnostic de bronchite chronique ou de rhumes récurrents est évoqué à tort. Dans ce cas, les enfants ne bénéficient pas d'une prise en charge adaptée de l'inflammation sous-jacente de leurs bronches, et leurs symptômes risquent de s'aggraver, pouvant provoquer une crise d'asthme sévère relevant de soins d'urgence.

En réalité, l'asthme, maladie inflammatoire chronique la plus courante, affecte entre 7 et 9 % des enfants de 6 à 7 ans et entre 10 et 15 % des adolescents. Des études montrent que la moitié seulement des enfants atteints sont correctement traités pour cette maladie.

La prévalence de l'asthme a doublé ces vingt dernières années. Voici quelques statistiques sur l'asthme infantile :

✓ Les crises d'asthme aiguës sont l'un des raisons principales de consultation aux urgences chez les enfants.

✓ Ces trente dernières années, le nombre d'hospitalisations d'enfants asthmatiques a fortement augmenté.

✓ Selon certaines études, l'asthme est responsable de 25 % des absences scolaires, et vient juste après les infections virales des voies respiratoires supérieures comme le rhume.

✓ À l'âge de 12 ans, la composante allergique d'un asthme est retrouvée dans 85 % des cas.

Un traitement d'attaque, accompagné de mesures préventives à long terme, fait la différence entre un jeune malade et un jeune en bonne santé dont l'asthme bien maîtrisé présente peu de symptômes.

Comprenez l'asthme de votre enfant

L'asthme est une maladie inflammatoire chronique des bronches qui rend la respiration difficile, particulièrement lors de l'expiration. Une bonne maîtrise de la maladie est indispensable pour éviter les risques graves que court votre enfant asthmatique en cas de crises, mais elle est également vitale à sa croissance. En effet, tout ce qui vient entraver la respiration peut se répercuter sur le développement physique et mental de l'enfant.

L'asthme commence souvent pendant l'enfance et touche plus les garçons que les filles avant l'âge de 11 ans. La plupart des enfants asthmatiques présentent leurs premiers symptômes avant leur troisième anniversaire.

Recherchez les symptômes suivants, qui sont de possibles indicateurs d'asthme chez votre enfant. (Tous les enfants asthmatiques ne présentent pas la totalité de ces symptômes.)

✓ Toux persistante, respiration sifflante, rhumes avec toux récurrents ou qui durent.

✓ Thorax distendu et épaules rentrées.

✓ Toux, respiration sifflante ou souffle court après ou pendant un exercice. Ces symptômes signent la survenue d'un asthme d'effort (voir « Participation aux activités physiques » plus loin dans ce chapitre).

✓ Toux nocturne, en l'absence d'autres symptômes comme le rhume.

✓ Tous lorsque l'enfant pleure, rit…

Il vous sera peut-être difficile de reconnaître les symptômes précédents chez un nourrisson ou un jeune enfant, aussi je vous conseille de rechercher les signes suivants d'asthme :

✓ Léthargie, réactions limitées, ne reconnaît pas ses parents ou ne réagit pas à leurs stimulations.

✓ Difficultés à allaiter ou à nourrir l'enfant.

✓ Pleurs légers.

✓ Dilatation des narines, qui peut témoigner d'un asthme sévère.

✓ Mouvements rapides et amples des côtes qui se produisent lorsque l'enfant a du mal à respirer normalement.

✓ La *cyanose*, due à une obstruction bronchique sévère qui bloque le flux normal d'oxygène dans les poumons, entraîne une pâleur ou une coloration bleue de la peau. Cette situation, qui se produit en cas d'asthme très sévère, nécessite un traitement d'urgence.

En plus de ces signes, vous devez aussi tenir compte de l'atopie (c'est-à-dire la prédisposition génétique du système immunitaire à produire des anticorps en réponse à l'intrusion d'allergènes, responsable des symptômes allergiques) qui est un facteur prédisposant majeur de l'asthme (voir les Chapitres 2 et 10).

Les maladies atopiques, dont les allergies alimentaires (voir le Chapitre 19), la rhinite allergique (voir le Chapitre 4) et la dermatite atopique (voir le Chapitre 16), indiquent une éventuelle prédisposition à l'asthme, surtout chez les nourrissons et les jeunes enfants. En réalité, plus des trois quarts des enfants asthmatiques ont aussi des allergies. Souvent, les réactions allergiques associées à la réponse aux allergènes inhalés ou alimentaires peuvent provoquer des crises chez un enfant asthmatique.

L'asthme en héritage

Si vous pensez que votre enfant est asthmatique, penchez-vous (ne tombez pas) sur vos antécédents familiaux. Deux tiers des asthmatiques ont un parent proche atteint de la maladie. De même, si l'un des parents de l'enfant est asthmatique, il a 25 % de risques de présenter la maladie, et si ses deux parents sont asthmatiques, la probabilité s'élève à 50 %.

Toutefois, l'asthme de votre famille ne garantit pas que votre enfant sera asthmatique. Certes, il héritera de la prédisposition à la maladie, mais pas de la maladie elle-même. Si aucun des deux parents n'est asthmatique, le risque n'est que de 15 %.

Les facteurs déclenchants de l'asthme chez les enfants

Bien que les facteurs héréditaires augmentent la probabilité pour votre enfant de développer un asthme, les facteurs environnementaux et autres facteurs favorisants sont souvent à l'origine de la maladie (voir le Chapitre 11 pour plus d'informations sur ces facteurs). Les infections virales des voies respiratoires supérieures sont les facteurs favorisants les plus courants de l'asthme chez les nourrissons et les jeunes enfants.

La fumée de tabac est le polluant et l'irritant le plus problématique pour l'asthme. Les parents doivent absolument éviter de fumer en présence d'un enfant, d'autant plus s'il est asthmatique. Même si votre enfant n'est pas dans la maison, évitez de fumer car l'odeur persistante du tabac risque de déclencher les symptômes de l'asthme.

De nombreuses études montrent que l'exposition au tabagisme maternel est un risque majeur de survenue précoce de l'asthme. En fait, les nourrissons dont la mère fume risquent deux fois plus de développer un asthme.

Toute la famille est impliquée

Si votre enfant est asthmatique, toute la famille doit apprendre à vivre avec la maladie. Non, l'asthme n'est pas contagieux. Toutefois, le reste de la famille doit savoir comment s'occuper d'un enfant qui présente cette maladie.

Si votre enfant ne peut plus respirer, il court un grand danger. Comme les nourrissons ne peuvent expliquer ce qui leur arrive, des problèmes graves peuvent se produire sans que le reste de la famille ne soit alarmé et comprenne comment les symptômes se manifestent. En tant que parent, vous devez donc en savoir le plus possible sur l'asthme et ses symptômes, sur les examens et les traitements. La santé de votre enfant dépend de vous !

Maîtrisez l'asthme

Différer un traitement en espérant que la maladie va s'estomper d'elle-même n'est pas une bonne approche. Quand les enfants grandissent, leurs poumons et bronches s'élargissent. Si l'obstruction demeure la même, le blocage est proportionnellement moins important chez l'adulte et se traduit donc par des symptômes moins marqués. Toutefois, la sensibilité de votre enfant ne va pas totalement disparaître, et il est possible qu'une absence de traitement puisse entraîner des lésions irréversibles des bronches. Un diagnostic et un traitement précoces diminuent la fréquence des symptômes.

Les symptômes de l'asthme de votre enfant peuvent s'amenuiser ou même disparaître, mais la sensibilité des voies respiratoires persiste, tout comme ses empreintes digitales restent les mêmes lorsque son corps grandit.

Traitez précocement pour éviter les problèmes ultérieurs

Je vois souvent en consultation des adultes atteints d'un asthme sévère. Je crois que leur état ne se serait pas autant détérioré s'ils avaient été correctement traités pendant leur enfance. Les deux années qui suivent le diagnostic de l'asthme sont celles au cours desquelles le traitement est décisif dans le pronostic des capacités fonctionnelles respiratoires de l'enfant.

Malheureusement, certains parents se préoccupent uniquement du traitement des crises d'asthme sévères au lieu de prendre en charge la maladie d'une manière quotidienne et continue. À mon avis, cette approche n'est pas la bonne. N'attendez pas de voir comment l'asthme affecte votre enfant. S'il présente une toux persistante, un essoufflement, des rhumes persistants ou tout autre signe d'un asthme (voir les symptômes que je mentionnais au début de cette partie) consultez un médecin pour évaluer sa fonction respiratoire. Cet examen vous permettra de savoir si l'asthme est réellement en cause. Un traitement d'attaque précoce est souvent le meilleur moyen de s'assurer que la maladie n'affectera pas la santé de votre enfant à long terme.

Le diagnostic d'asthme infantile

Lorsqu'on a affaire à un enfant, notamment un nourrisson, le diagnostic de l'asthme n'est pas toujours facile. L'asthme est une maladie complexe, dont les nombreuses combinaisons de symptômes peuvent varier d'un individu à l'autre. De plus, les symptômes se modifient avec l'âge.

Le diagnostic de la maladie de votre enfant fait intervenir les étapes suivantes :

✓ Un interrogatoire complet des antécédents médicaux.

✓ Un examen clinique.

✓ Un examen des capacités fonctionnelles respiratoires.

✓ Tous les autres examens que votre médecin estime nécessaires pour poser son diagnostic.

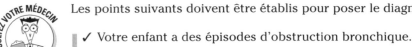

Les points suivants doivent être établis pour poser le diagnostic :

✓ Votre enfant a des épisodes d'obstruction bronchique.

✓ L'obstruction bronchique est en partie réversible.

✓ Les symptômes de votre enfant sont dus à l'asthme et non pas à d'autres maladies comme je l'expliquerai ultérieurement dans « Autres causes de sifflements ».

Les antécédents médicaux de votre enfant

Une analyse complète des antécédents médicaux de votre enfant est indispensable au diagnostic. En plus de s'intéresser aux symptômes de l'asthme infantile que je décrivais ci-dessus dans « Comprenez l'asthme de votre enfant », votre médecin se renseignera sur les éléments suivants :

✓ Existe-t-il des antécédents familiaux d'asthme et/ou d'allergies ? (Comme je l'expliquais dans « L'asthme en héritage » précédemment, la génétique joue un rôle majeur dans la survenue de l'asthme.)

✓ Votre enfant a-t-il été exposé à des facteurs déclenchants (allergènes inhalés) ou des facteurs précipitants (irritants, surtout la fumée de cigarette) ou à d'autres substances, que je décrivais précédemment dans « Les facteurs déclenchants de l'asthme » ?

✓ Votre enfant a-t-il déjà été hospitalisé pour des problèmes respiratoires ? Votre médecin vous demandera aussi des renseignements sur les médicaments qu'il prend pour ses symptômes respiratoires ou autres.

L'examen de votre enfant

L'examen clinique à la recherche d'un asthme porte généralement sur les points suivants :

✓ Examen des voies respiratoires du nez à la poitrine. (Voir le Chapitre 10 pour plus de détails sur l'examen clinique.)

✓ Examen du rythme respiratoire. Le médecin auscultera le thorax à l'aide d'un stéthoscope pour chercher les signes suivants d'une obstruction bronchique : sifflements ou autres bruits inhabituels, expirations prolongées, respiration rapide et superficielle (halètement), dans les cas les plus sévères.

✓ Recherche de signes d'atopie, comme une rhinite allergique (rhume des foins), une allergie alimentaire, ou une dermatite atopique (eczéma) qui pourraient témoigner d'une prédisposition à l'asthme.

✓ Recherche d'épaules rentrées, de déformation du thorax, de rétractions des muscles ou de la peau entre les côtes (tirage intercostal) ou sous la cage thoracique.

Testez les poumons de votre enfant

Après l'interrogatoire portant sur les antécédents médicaux et l'examen clinique, votre médecin demandera des examens fonctionnels respiratoires à votre enfant s'il est âgé de plus de 4 ou 5 ans. Ces tests sont indispensables pour diagnostiquer l'asthme car ils fournissent une mesure objective de l'obstruction respiratoire.

Pour diagnostiquer l'asthme chez les enfants de plus de 4 ou 5 ans, les médecins utilisent un spiromètre, appareil qui enregistre le débit d'air, avant la prise d'un bronchodilatateur à action brève et 15 minutes après, afin de déterminer la réversibilité de l'obstruction. Voir le Chapitre 10 pour plus d'informations sur la spirométrie.

La spirométrie est difficile à réaliser, voire impossible, chez les enfants de moins de 4 ans, mais, au-delà, la plupart des enfants sont capables d'utiliser l'appareil correctement (si tant est qu'ils en aient envie !). Pour poser le diagnostic d'asthme chez les nourrissons, le médecin dispose des antécédents médicaux et de l'examen clinique. Dans certains cas, il peut prescrire un traitement d'épreuve de bronchodilatateurs et/ou d'anti-inflammatoires pour évaluer la réponse de l'enfant.

Autres causes de sifflements

Tout ce qui siffle n'est pas de l'asthme. Bien que l'asthme soit souvent pris pour une bronchite chronique chez les enfants, d'autres maladies peuvent y ressembler :

✓ La bronchiolite à virus respiratoire syncitial (VRS) est une infection respiratoire souvent grave qui survient chez les nourrissons et ressemble à une crise d'asthme aiguë. Elle apparaît pendant l'hiver chez les enfants de moins de deux ans. Des études ont montré que plus de la moitié des enfants qui ont eu une bronchiolite virale et qui ont une histoire familiale d'allergie développent un asthme.

✓ Pneumonie ou bronchite virales et/ou bactériennes.

✓ Maladie cardiaque congénitale, conduisant souvent à une insuffisance cardiaque congestive.

✓ Développement anormal des vaisseaux sanguins autour de la trachée et de l'œsophage (anneaux vasculaires).

✓ Mucoviscidose.

✓ Problèmes aux cordes vocales.

Il arrive que des enfants aient soudain une respiration sifflante car une pièce, une cacahuète ou tout autre corps étranger s'est logé dans la trachée, les voies aériennes ou l'œsophage. Si vous pensez que tel est le cas, consultez immédiatement un médecin.

Problèmes particuliers au sujet de l'asthme infantile

Une fois que l'asthme de votre enfant a été diagnostiqué, le médecin doit mettre en place une prise en charge adaptée, en coopération avec vous et votre enfant (s'il est assez âgé pour participer !). La prise en charge doit comporter une éviction des allergènes, un traitement pharmacologique, une surveillance et des mesures d'évaluation, ainsi que les mesures à prendre en cas d'exacerbation subite des symptômes.

Une prise en charge efficace de l'asthme comprend :

✓ **Réduction de l'exposition de l'enfant aux allergènes**. J'ai décrit ces facteurs déclenchants précédemment. (Pour des détails sur les moyens d'éviter les allergènes, lisez le Chapitre 11.)

✓ **Surveillance des débits de pointe**. Votre médecin doit vous montrer (et à votre enfant s'il a plus de 4 ans) comment utiliser un débitmètre de pointe. (Voir « Le débitmètre de pointe et les enfants de 5 à 12 ans » plus loin.) L'utilisation régulière de ce petit appareil pour mesurer les débits expiratoires de pointe (DEP), à la maison ou à l'école, permet de repérer précocement une aggravation de l'asthme, conduisant à la prise d'un traitement approprié ou à la consultation d'un médecin.

Les enfants et leurs parents ne perçoivent généralement pas les premiers symptômes d'une crise d'asthme sans débitmètre. Cette mauvaise appréciation de la sévérité peut retarder inutilement la prise d'un traitement adapté. (Les instructions précises d'utilisation du débitmètre de pointe sont présentées Chapitre 13.)

✓ **Surveillance et évaluation régulières de la fonction respiratoire de votre enfant.** Ces examens, comme les DEP que vous notez chaque jour dans le carnet de bord des symptômes de votre enfant (voir le Chapitre 10), sont indispensables pour suivre l'évolution de la maladie et évaluer sa réponse au traitement.

✓ **Mise en place d'un traitement de fond pour maîtriser l'inflammation, la congestion, la constriction et l'hyperréactivité des bronches.** (Voir le Chapitre 11 pour des détails sur les médicaments antiasthmatiques.)

✓ **Mise en place d'une prise en charge à l'école ou à la garderie.** (Voir « L'asthme à l'école et à la garderie » ci-après.) Préparez un plan d'urgence précisant les médicaments d'urgence à action rapide à n'utiliser qu'en cas de crise. Ce type de plan d'urgence doit expliquer clairement comment ajuster les médicaments de votre enfant en fonction des symptômes particuliers et des niveaux de DEP. Il doit aussi stipuler quand appeler le médecin.

✓ **Une éducation continue de l'enfant, de ses parents et de son entourage.** Cette éducation repose sur les informations fournies par le médecin, le personnel médical, les associations, les livres, les lettres d'information, les vidéos, Internet…

Faites équipe pour traiter votre enfant

Je vous conseille vivement d'intégrer les traitements antiasthmatiques prescrits par un spécialiste (allergologue ou pneumologue) et la prise en charge de l'asthme avec les soins que votre enfant reçoit de son pédiatre et/ou de votre médecin de famille.

Si tous ensemble vous parvenez à former une équipe, vous éviterez le risque de prescriptions multiples pour diverses pathologies infantiles qui, associées, peuvent avoir des effets indésirables.

Prise en charge de l'asthme chez les tout-petits (du nouveau-né à 2 ans)

La partie la plus difficile dans le traitement d'un tout-petit est qu'il ne peut dire ce qui ne va pas. Malheureusement, aucun appareil n'est actuellement disponible chez les généralistes pour mesurer la fonction respiratoire des nourrissons. Des techniques spéciales existent dans les grands centres médicaux. Il est donc parfois difficile d'évaluer le type et l'étendue du problème respiratoire du bébé. Le diagnostic repose alors uniquement sur les antécédents médicaux (et les antécédents familiaux), l'examen clinique et la réponse aux traitements.

Selon l'état de votre enfant, votre médecin prescrira certains des médicaments suivants pour maîtriser son asthme :

✓ Si les symptômes de votre enfant sont légers ou intermittents, le médecin prescrira un bêta-2-mimétique à action brève avec chambre d'inhalation.

✓ Si votre enfant présente des symptômes plus sévères, votre médecin lui prescrira un traitement de fond comme du cromoglycate ou un corticoïde inhalé avec une chambre d'inhalation. En raison de son jeune âge, votre enfant devra utiliser une chambre d'inhalation et un masque pour prendre ses médicaments en aérosol.

✓ En cas de crise d'asthme sévère, votre médecin doit prescrire à l'enfant une courte cure de corticoïdes oraux, disponibles sous forme de sirop.

Utilisation d'un nébuliseur chez un nourrisson

L'utilisation d'un nébuliseur chez l'enfant est soumise aux même règles que chez l'adulte (voir « Comment prendre les médicaments : inhalateurs et nébuliseurs »). Si votre médecin prescrit un médicament en nébulisation, assurez-vous de bien savoir vous servir d'un nébuliseur (de même que les autres personnes qui s'occupent de votre enfant). L'utilisation d'un nébuliseur chez un nourrisson est parfois très difficile s'il se débat. Le Chapitre 13 explique comment utiliser efficacement un nébuliseur.

Lorsque vous utilisez un nébuliseur chez un très jeune enfant (votre médecin vous donnera des conseils spécifiques à son état), la toute première chose à faire est de ne pas stresser (vous et votre enfant). Essayez de faire de l'utilisation du nébuliseur un moment agréable de la journée. Commencez par cajoler votre enfant puis doucement, mais fermement, appliquez-lui le masque.

Si votre enfant n'est pas en crise sévère, vous pouvez commencer par lui mettre le masque et n'allumer le compresseur qu'ensuite. Le bruit du compresseur effraye souvent les enfants. Si votre enfant présente des symptômes plus sévères, approchez doucement le masque de son visage, jusqu'à le mettre correctement en place.

Administrez la bonne dose par nébulisation

N'oubliez pas que, si vous maintenez le masque à quelques centimètres du visage de votre enfant, le médicament ne pénètre pas efficacement dans ses voies respiratoires. Pour bien délivrer le médicament, le nébuliseur doit fonctionner en système clos, le masque bien appliqué sur le visage, couvrant à la fois le nez et la bouche.

Comme dans beaucoup d'autres situations avec de jeunes enfants, vous pouvez utiliser de la musique, un jouet, un dessin animé ou tout autre type de diversion.

Si rien ne marche, restez ferme, et assurez-vous que votre enfant a bien reçu la dose prescrite. Même les plus petits finissent par s'apercevoir qu'ils se sentent mieux après le traitement, ce qui rendra les séances suivantes moins difficiles et plus efficaces.

Les traitements pour enfants de 2 à 5 ans

Les médicaments disponibles pour les enfants de 2 à 5 ans comprennent les corticoïdes inhalés et les bronchodilatateurs bêta-2-mimétiques à action prolongée, prescrits à partir de l'âge de 4 ans (voir Figure 14-1).

Figure 14-1 :
Jeune enfant utilisant un nébuliseur.

Le débitmètre de pointe et les enfants de 5 à 12 ans

Vers 5 ans, les enfants savent généralement utiliser un débitmètre de pointe à la maison. Cet appareil permet d'évaluer l'état des poumons de l'enfant. L'utilisation chaque matin et chaque soir du débitmètre de pointe permet de maîtriser l'asthme pour les raisons suivantes :

✓ Il fournit une mesure objective de la réponse au traitement.

✓ Il permet de parler de l'état de l'enfant avec des critères spécifiques, améliorant de ce fait la communication avec le médecin.

✓ Il vous renseigne sur les traitements efficaces et les facteurs déclenchants à éviter.

✓ Il vous prévient qu'une crise d'asthme se prépare. Déterminez le meilleur DEP de votre enfant afin de pouvoir par la suite déceler quand les problèmes surviennent.

Pour plus d'informations sur le débitmètre de pointe, consultez le Chapitre 13.

Les adolescents asthmatiques et les aérosols

Souvent, les adolescents se sentent différents et manquent d'assurance à cause de leur asthme. Malheureusement, un désir de s'intégrer et d'être « branché » leur fait parfois délaisser la prise en charge de leur maladie. Dans certains cas, les adolescents laissent les crises apparaître au lieu de prendre une bouffée ou deux de leur aérosol.

Pour éviter ces situations parfois catastrophiques, laissez l'adolescent s'exprimer quant à la prise en charge de son asthme. Selon la sévérité de l'affection, le médecin et l'adolescent peuvent ensemble ajuster le traitement pour maîtriser les symptômes et éviter les crises sévères, particulièrement gênantes chez un adolescent. Certains médicaments agissant pendant douze heures (voir Chapitre 12), il est donc possible de les utiliser à la maison le matin et le soir et ainsi éviter d'être vu en train de prendre des médicaments à l'école.

Il est essentiel d'encourager la communication avec les enfants au sujet de leur maladie, pour qu'ils se sentent mieux informés et plus respectés. La participation dans la mise en place des objectifs de traitement, l'élaboration d'une prise en charge et l'évaluation de son efficacité permet aux adolescents de construire une image positive d'eux-mêmes, d'accroître leurs responsabilités, d'acquérir des aptitudes pour résoudre les problèmes et leur permettre de prendre de meilleures décisions au sujet de leur asthme.

L'asthme à l'école

Si votre enfant est asthmatique, informez les professeurs, le personnel de l'école, de la crèche ou de la garderie, ainsi que l'infirmière de l'établissement. Aux États-Unis, certains établissements ont mis en place une prise en charge spécifique de l'asthme qui comprend :

✓ Des instructions pour administrer les médicaments aux enfants.

✓ Des actions spécifiques du personnel : des instructions précises pour administrer les médicaments pendant les heures de présence des enfants, la désignation d'un responsable parmi le personnel pour surveiller la prise en charge de chaque élève, et, généralement en collaboration avec les parents, les professeurs et l'infirmière (s'il y en a une), apporter un soutien aux enfants asthmatiques, notamment pour qu'ils puissent avoir accès facilement à leurs médicaments quand ils en ont besoin pendant la journée.

✓ Un plan d'action pour traiter les crises.

Malheureusement, la France a aujourd'hui encore beaucoup de retard dans le domaine de la prise en charge de l'asthme à l'école. Que l'école ou la garderie adhère ou non à un programme de prise en charge de l'asthme, je conseille les mesures suivantes pour vous assurer que votre enfant passera des journées saines et enrichissantes :

• Rencontrez le personnel de l'établissement pour les informer des médicaments dont votre enfant a besoin au cours de la journée, ainsi que toutes les limitations d'activités physiques recommandées par votre médecin. (Un asthme bien maîtrisé permet généralement aux enfants de participer sans problème aux cours d'éducation physique.)

• Remplissez les formulaires d'autorisation à l'administration de l'établissement et définissez ce que le personnel doit faire en cas d'urgence. Fournissez-leur les instructions pour vous joindre ainsi que le médecin en cas d'urgence.

• Informez le personnel de l'école des allergènes et irritants qui sont susceptibles de déclencher l'asthme de votre enfant, et demandez à l'établissement de se débarrasser de ces allergènes si possible.

Assurez-vous que votre enfant comprenne bien que l'asthme de chacun est différent, et que les médicaments ne doivent pas être partagés. Les échanges de médicaments entre enfants peuvent poser de graves problèmes car les doses sont adaptées au cas de chacun, en fonction de la sévérité de leur asthme.

Ne laissez pas les enfants se prêter leurs aérosols, car cela les expose à une propagation des infections, comme le rhume ou la grippe. De nombreuses précisions sur les médicaments antiasthmatiques vous attendent Chapitre 12.

La qualité de l'air à l'école

Au-delà de 3 ans, la majorité des enfants passent une grande partie de la journée à l'école. Il est donc essentiel de s'assurer de l'absence de facteurs déclenchants dans cet environnement.

Des études montrent que les niveaux de pollution à l'intérieur peuvent être de deux à cinq fois supérieurs à ceux de l'extérieur, parfois même jusqu'à cent fois. Les irritants et les allergènes qui affectent votre enfant à l'école sont souvent :

✓ Les fumées, la suie, les produits chimiques, les pollens, les spores de moisissures provenant de l'extérieur.

✓ Les moisissures de l'intérieur des conduits de ventilation, les irritants de l'intérieur comme la fumée de cigarette, les vapeurs des ronéos et des photocopieurs, les émanations du chauffage, de la ventilation et de la climatisation.

Les symptômes de l'asthme liés à une mauvaise qualité de l'air ressemblent à ceux typiquement associés au rhume, à la rhinite allergique, à la fatigue ou à la grippe. C'est pourquoi vous ne réaliserez peut-être pas immédiatement que l'environnement scolaire de votre enfant est en cause. Les éléments suivants donnent cependant quelques indices :

✓ De nombreux écoliers, professeurs, membres du personnel de l'établissement présentent les mêmes symptômes.

✓ Les symptômes de votre enfant s'améliorent ou disparaissent après l'école ou pendant les vacances.

✓ Les symptômes apparaissent peu après la réalisation de travaux, l'utilisation de peintures ou de pesticides dans l'établissement.

✓ Les symptômes ne surviennent qu'à l'intérieur des bâtiments.

Si vous pensez que votre enfant présente des symptômes en relation avec une pollution de l'air dans les bâtiments de l'école, contactez un membre du personnel de l'établissement pour aborder le problème.

Asthme et éducation physique

Être asthmatique ne signifie pas nécessairement rester sur la touche. Je pense que la participation aux cours d'éducation physique et autres activités sportives est indispensable au bon développement de l'enfant, qu'il soit ou non asthmatique. Il faut néanmoins s'assurer que les professeurs d'éducation physique sont avertis de la maladie de votre enfant et qu'ils savent que faire en cas de crise.

Les professeurs d'éducation physique et les entraîneurs doivent encourager votre enfant asthmatique à participer activement aux cours, mais ils doivent également prendre conscience de ses limitations et les respecter. Par ailleurs, tous les exercices d'endurance qui se déroulent dans un air froid et sec sont déconseillés car ils sont connus pour déclencher des crises appelées asthme d'effort ou asthme postexercice (APE). L'exercice est l'un des facteurs favorisants les plus fréquents. Plus de 90 % des patients accusent l'exercice d'être l'une des causes majeures de leur asthme. Bien que l'asthme d'effort puisse apparaître à n'importe quel âge, et se rencontre autant chez les enfants que chez les adultes, il constitue un problème beaucoup plus préoccupant chez les enfants en raison de leur plus grande activité physique (voir le Chapitre 11 pour plus d'informations sur l'asthme d'effort).

Le médecin prescrira à votre enfant des médicaments pour maîtriser et éviter l'asthme d'effort (voir Chapitre 12) et lui conseillera de faire des séances d'échauffement et de récupération appropriées pour réduire les risques de crises. Assurez-vous que le professeur d'éducation physique de votre enfant sait ce qu'il faut faire en cas de crise au cours de l'exercice. La préparation d'un plan d'urgence avant la crise permet de prodiguer à l'enfant le traitement adéquat en cas d'urgence. Ce plan d'urgence devrait permettre d'avoir accès immédiatement aux médicaments d'urgence de l'enfant en cas de crise, ce qui n'est malheureusement pas toujours possible.

Tant que votre enfant respecte sa prise en charge de l'asthme, la maladie ne doit pas l'empêcher de participer ni d'exceller dans de nombreuses activités physiques. Prenez l'exemple de Mark Spitz ou Tom Dolan, champions olympiques de natation, et des nombreux autres athlètes asthmatiques.

Objectifs du traitement de l'asthme chez les enfants

Avec une prise en charge médicale appropriée et tout votre amour, votre soutien et votre compréhension, votre enfant peut maîtriser son asthme, plutôt que subir sa maladie.

Les points suivants (que j'explique plus en détail tout au long de ce chapitre) sont essentiels à votre enfant pour lui assurer une vie normale au cours de laquelle l'asthme ne joue qu'un rôle mineur :

✓ Un bon diagnostic est indispensable à la prise en charge de l'asthme.

✓ Assurez-vous que le traitement est approprié et efficace pour l'asthme de votre enfant.

✓ Faites tout votre possible pour limiter l'exposition de votre enfant aux allergènes, aux irritants et autres facteurs favorisants qui risquent de déclencher son asthme.

✓ Mettez en place, avec l'aide du médecin, une prise en charge individualisée de l'asthme.

✓ Les deux parents devraient participer à la maîtrise de l'asthme de leur enfant, surveiller la maladie et apporter le soutien nécessaire, particulièrement en cas de crises sévères, pour garantir le succès de la prise en charge.

✓ Évaluez régulièrement la fonction pulmonaire de votre enfant.

✓ Prévenez l'école des particularités de l'asthme de votre enfant.

Chapitre 15

L'asthme et les allergies pendant la grossesse

Dans ce chapitre :

➤ Maîtrisez votre asthme pendant votre grossesse

➤ Conservez une bonne fonction respiratoire pour vous et votre enfant

➤ Surveillez votre santé

➤ Traitez les allergies susceptibles d'aggraver votre asthme pendant la grossesse

*V*Vous êtes asthmatique et enceinte ou souhaitez le devenir. Voici une bonne nouvelle : grâce à des soins appropriés, la grande majorité des femmes asthmatiques ne présentent aucune complication pendant la grossesse.

Même si le traitement de l'asthme pose quelques problèmes pour 4 % des grossesses, la mère et l'enfant sont rarement en danger. En revanche, des complications graves sont possibles si l'asthme n'est pas traité pendant la grossesse.

Un asthme non maîtrisé est parfois responsable de problèmes, pour vous et votre bébé, car l'inflammation sous-jacente des bronches qui caractérise la maladie affecte la respiration. Comme je l'expliquerai d'ici peu dans « Respirez pour deux », tout ce qui réduit votre prise d'oxygène est potentiellement dangereux, à la fois pour vous et pour l'enfant que vous portez.

Il est donc essentiel que vous poursuiviez votre traitement (sous surveillance médicale) pour remplir les objectifs suivants :

✓ Conserver une fonction pulmonaire aussi normale que possible.

✓ Prévenir les symptômes chroniques et gênants de l'asthme comme la toux, la respiration sifflante, le souffle court, surtout le matin au réveil ou pendant la nuit.

✓ Conserver un niveau d'activité physique proche de la normale.

✓ Prévenir les crises soudaines, et ainsi minimiser le recours aux soins d'urgence et les hospitalisations.

✓ Apporter le traitement le plus efficace en réduisant au minimum les effets secondaires.

✓ Accoucher d'un beau bébé en pleine santé. En dépit de ce que pensent certaines personnes, le travail au cours de l'accouchement se passe sans problème chez la plupart des asthmatiques. Même si cela a pu se produire, en vingt années de pratique en tant qu'allergologue, je n'ai jamais vu un accouchement provoquer une crise d'asthme sévère.

Les problèmes particuliers de l'asthme au cours de la grossesse

Un tiers des femmes n'éprouvent aucune modification de la sévérité de leur asthme au cours de la grossesse, un tiers présentent une aggravation, tandis que, pour le tiers restant, la situation s'améliore. Dans la plupart des cas, l'asthme retrouve le niveau de sévérité qu'il avait avant la grossesse trois mois environ après l'accouchement. La sévérité de votre asthme peut varier d'une grossesse à l'autre, et il n'existe aucun moyen de prédire quelle sera l'influence de la grossesse.

Les hormones et l'asthme

Chez certaines femmes, la grossesse déclenche les symptômes de l'asthme. Parfois, la femme ignore qu'elle est asthmatique avant que la maladie ne se manifeste au cours de la grossesse. Les modifications hormonales importantes qui interviennent au cours de la grossesse peuvent en effet accentuer la congestion bronchique, mais aussi induire ou aggraver une rhinite (allergique ou non) et une sinusite, pathologies qui à leur tour peuvent accroître la sévérité d'un asthme.

Vous devez donc traiter vos allergies et les maladies qui s'y rapportent lorsque vous attendez un enfant. Si vous avez de la rhinite allergique ou de la conjonctivite allergique (qui toutes deux affectent les personnes ayant un asthme allergique) essayez de maîtriser ces symptômes pendant votre grossesse.

La prise en charge de l'asthme pendant la grossesse

La première étape pour éviter les complications liées à l'asthme au cours de la grossesse consiste à correctement diagnostiquer les symptômes respiratoires. (Voir le Chapitre 10 pour plus d'informations.)

Si le diagnostic révèle que vous avez de l'asthme, votre médecin vous aidera à mettre en place une prise en charge efficace pour vous permettre de maîtriser les symptômes de la maladie. Cette prise en charge comporte des mesures d'éviction, un traitement, une surveillance et une évaluation régulière de votre état. Votre médecin doit aussi vous expliquer les mesures à prendre en cas de crises.

Faites en sorte que les différents médecins qui s'occupent de vous (généraliste, allergologue, pneumologue, obstétricien) travaillent en équipe pour bien concilier les différents traitements qui vous sont prescrits. Le travail d'équipe évite les problèmes d'interactions médicamenteuses et d'effets indésirables pour vous et votre enfant. Cette approche globale permet en outre d'assurer une meilleure maîtrise des maladies ou des complications qui peuvent survenir pendant la grossesse.

Respirez pour deux

Pendant votre grossesse, vous devez non seulement manger pour deux, mais aussi respirer pour deux. Contrairement à ce que l'on entend parfois, le plus grand danger pour votre bébé n'est pas le traitement préventif qui vous a été prescrit par votre médecin pour maîtriser votre asthme, mais plutôt les conséquences d'un manque d'oxygène en cas de crises sévères ou répétées.

Pour éviter les problèmes pendant la grossesse, votre prise en charge de l'asthme doit intégrer les points suivants :

✓ Évitez ou réduisez autant que possible l'exposition aux allergènes ou aux irritants qui déclenchent les crises. Souvent, une éviction efficace des allergènes suffit à réduire la survenue des crises et donc à diminuer l'utilisation des médicaments d'urgence pour vous soulager rapidement.

✓ Évaluez votre état grâce aux examens fonctionnels respiratoires pour définir les mesures de références que votre médecin pourra comparer aux examens ultérieurs et déterminer la sévérité de votre maladie.

✓ Traitez-vous avec les médicaments préventifs qui vous permettent de conserver une bonne fonction respiratoire et d'assurer à votre enfant un apport en oxygène suffisant. Le traitement de fond évite aussi la survenue de crises d'asthme.

Le lait maternel

Tous les nouveau-nés devraient, autant que possible, être allaités car le lait maternel présente des avantages immunologiques, nutritionnels et psychologiques. Par rapport au lait de vache des laits en poudre pour nouveaunés, le lait maternel diminue le risque de sensibilisation allergique en réduisant l'exposition de votre enfant à l'ingestion d'allergènes alimentaires. En outre, le lait maternel réduit la fréquence des bronchiolites (voir Chapitre 14) et de l'asthme déclenchés par les infections pendant l'enfance, car il apporte au bébé des anticorps contre les infections virales.

Éviction des allergènes et des irritants pendant la grossesse

Pendant votre grossesse, vous devez faire particulièrement attention à éviter les facteurs favorisants susceptibles de déclencher votre asthme. Voir le Chapitre 11 pour une étude détaillée des facteurs déclenchants et favorisants.

Si vous avez un asthme allergique, je vous conseille de mettre en place des mesures d'éviction pour limiter votre exposition aux allergènes inhalés et aux irritants en suspension dans l'air comme la fumée de cigarette.

Une stratégie d'éviction doit vous aider à réduire les symptômes de rhinite allergique et/ou de conjonctivite allergique qui peuvent intensifier vos symptômes asthmatiques. Une éviction réussie concerne le domicile en général, mais plus particulièrement la chambre. Vous trouverez dans le Chapitre 6 plus d'informations pour éliminer les allergènes de votre domicile.

Les tests d'allergies et la désensibilisation pendant la grossesse

Si vous êtes en cours de désensibilisation (immunothérapie) lorsque vous démarrez votre grossesse, votre médecin vous conseillera sans doute de continuer le traitement, car cela permet souvent de réduire la survenue d'allergies qui peuvent aggraver l'asthme. L'arrêt de l'immunothérapie (désensibilisation) entraîne parfois une aggravation des symptômes, qui nécessite alors un renforcement du traitement pour maîtriser l'asthme et les allergies.

Si vous êtes déjà enceinte et que vous souhaitez faire des tests d'allergies pour déterminer quels sont les facteurs déclenchants de vos allergies, ou si vous désirez entreprendre une immunothérapie, votre médecin vous conseillera sans doute d'attendre la fin de votre grossesse.

Prise en charge de votre nez au cours de la grossesse

Pendant la grossesse, les femmes voient souvent apparaître des symptômes de rhinite, ou une aggravation de leur rhinite préexistante. Comme pour les modifications de niveaux de sévérité de l'asthme que j'expliquais dans « Les hormones et l'asthme » ci-dessus, l'apparition d'une rhinite, ou son aggravation, est souvent liée aux modifications hormonales qui interviennent pendant la grossesse.

Si la rhinite n'est pas bien traitée, elle peut se compliquer d'un asthme et même parfois troubler le sommeil, l'alimentation, l'état émotionnel et la qualité de vie en général. Pendant votre grossesse, vous souhaitez éviter les troubles du sommeil, les éternuements, le nez qui coule, les yeux larmoyants, les sinus inflammatoires, les otites et les maux de tête.

Vous trouverez dans les paragraphes suivants des informations pour traiter la rhinite, affection très fréquente au cours de la grossesse.

La rhinite allergique

Pendant la grossesse, vous devez toujours demander l'avis de votre médecin avant de prendre un médicament, même pour ceux disponibles sans ordonnance.

La rhinite vasomotrice de la grossesse

Cette rhinite est un syndrome non allergique des voies respiratoires supérieures qui n'apparaît qu'au cours de la grossesse, généralement pendant le deuxième mois et qui persiste jusqu'au terme. Les symptômes associés (congestion, sécheresse et saignements de nez) disparaissent après l'accouchement.

Une solution saline en spray nasal soulage généralement la rhinite vasomotrice. L'activité physique aide aussi à soulager cette affection.

La sinusite

Cette infection douloureuse des sinus fait parfois suite à une rhinite ou à une infection respiratoire comme le rhume.

La sinusite peut déclencher les symptômes de l'asthme et dans certains cas aggraver l'asthme au point qu'il devienne réfractaire au traitement. Parfois, l'aggravation est telle qu'un traitement chirurgical est à envisager.

Pour réduire le risque de sinusite, votre médecin vous conseillera de pratiquer des lavages des fosses nasales avec une solution saline tiédie. Demandez conseil à votre médecin.

Pour traiter la sinusite, votre praticien vous prescrira peut-être également un antibiotique.

Activité physique et asthme pendant la grossesse

La plupart des asthmatiques présentent un asthme d'effort surtout quand l'activité se fait dans un air froid et sec (comme le jogging en hiver). Consultez votre médecin pour évaluer le type et le niveau d'activité physique que vous devez pratiquer pendant votre grossesse.

Afin d'éviter la survenue des crises, demandez à votre médecin de vous prescrire un médicament pour réduire l'inflammation bronchique lorsque vous faites de l'exercice. (Voir Chapitre 12 les informations sur ces produits.)

Grâce à une bonne prise en charge de votre asthme, vous ne vous priverez pas d'activités physiques régulières au cours de votre grossesse.

Évaluez votre asthme pendant la grossesse

En plus d'une surveillance de votre fonction respiratoire par spirométrie à son cabinet (voir le Chapitre 10 pour des détails sur la technique), le médecin vous conseillera d'évaluer votre débit expiratoire de pointe (DEP) à domicile à l'aide d'un débitmètre.

La mesure des DEP ne suffit pas à évaluer la sévérité de l'asthme, mais elle procure un aperçu régulier de son évolution. (Vous trouverez dans le Chapitre 13 les indications pour bien utiliser le débitmètre.)

Surveillez l'état de votre bébé

Au cours de votre deuxième trimestre de grossesse, vous passerez une échographie morphologique pour évaluer le développement de l'enfant. Si votre asthme est modéré à sévère, votre médecin vous prescrira d'autres échographies au cours du troisième trimestre de grossesse.

Pendant le troisième trimestre, une évaluation hebdomadaire de votre enfant est souvent recommandée, voire plus souvent si votre médecin suspecte le moindre problème. Il vous conseillera de noter l'activité du bébé (compter les mouvements) chaque jour.

Au cours du travail, le médecin surveille étroitement le bébé par monitoring (suivi électronique des battements cardiaques de l'enfant et des contractions de la mère). Mesurez votre DEP à votre arrivée à la maternité, puis toutes les 12 heures.

Les femmes qui commencent le travail avec un asthme sévère ou incontrôlé ont besoin d'une surveillance plus soutenue, soit par monitoring, soit par auscultation (écoute du cœur du bébé au stéthoscope).

Les médicaments antiasthmatiques et la grossesse

En général, il ne faut pas interrompre le traitement pendant la grossesse, le travail et l'accouchement. Votre traitement dépend de la sévérité de votre asthme.

L'objectif du traitement antiasthmatique pendant la grossesse est de maîtriser l'inflammation bronchique en utilisant le minimum de médicaments, avec le minimum d'effets secondaires.

Les médicaments antiasthmatiques utilisés pendant la grossesse sont :

- ✓ Les produits sous forme inhalée, qui envoient le médicament directement où il est nécessaire et limitent les effets secondaires systémiques (voir Chapitre 12).
- ✓ Les médicaments qui sont depuis longtemps utilisés sans risque chez la femme enceinte et qui ont démontré leur innocuité dans des études cliniques.

Les médicaments prescrits par votre médecin pour maîtriser votre asthme pendant la grossesse sont :

✓ Quel que soit votre asthme, votre médecin vous prescrira un bronchodilatateur bêta-2-mimétique en cas de crise, ou préventivement avant un exercice.

✓ Pour un asthme léger, l'utilisation occasionnelle de bêta-2-mimétique suffit généralement à maîtriser l'asthme.

✓ Si vos symptômes se manifestent surtout la nuit, vous utiliserez peut-être un bêta-2-mimétique à action prolongée.

✓ Un traitement préventif de corticoïdes locaux inhalés est nécessaire pour un asthme persistant léger à modéré, parfois accompagné d'un bronchodilatateur à action prolongée. Toutefois, dans les cas les plus sévères, une courte cure de corticoïdes par voie orale est parfois nécessaire si l'association de bronchodilatateur et de corticoïde local inhalé ne suffit pas à le maîtriser.

✓ L'asthme persistant sévère requiert des doses plus élevées de corticoïdes locaux inhalés, souvent en association avec des bronchodilatateurs à action prolongée. Ce traitement incisif est indispensable pour limiter l'utilisation de corticoïdes oraux.

Si l'asthme est incontrôlé pendant la grossesse, vous aurez recours à un corticoïde oral pour maîtriser vos symptômes. Vous devrez alors être suivie par un obstétricien spécialisé dans les grossesses à risque pour surveiller ce traitement. Dès que vos symptômes seront maîtrisés, votre médecin réduira progressivement les doses de corticoïdes oraux et les remplacera par une prise régulière de corticoïdes locaux inhalés pour réduire la survenue d'effets secondaires.

Les urgences asthmatiques pendant la grossesse

Votre médecin vous explique comment reconnaître les signes d'une crise d'asthme et comment traiter ces épisodes dès leur apparition avec les médicaments appropriés. Vous devez aussi apprendre à déterminer à quel moment faire appel au médecin. (Le Chapitre 10 aborde le sujet des urgences.)

Les points les plus importants à garder à l'esprit en cas de crise d'asthme pendant la grossesse sont :

✓ Éloignez-vous le plus rapidement possible de toute source d'allergène ou d'irritant (fumée de cigarette principalement). Sinon vous vous exposez à une aggravation de vos symptômes.

✓ Même si vous vous sentez mieux certains jours, n'interrompez pas vos médicaments préventifs pendant votre grossesse, à moins que le médecin ne vous le demande.

✓ Si vos symptômes s'aggravent, n'utilisez pas trop souvent les bronchodilatateurs bêta-2-mimétiques. Vous n'améliorerez pas votre état et pourrez même l'aggraver.

✓ Si votre état ne s'améliore pas rapidement après une ou deux bouffées de bronchodilatateur inhalé, ou si vos symptômes continuent à s'aggraver, appelez le médecin, comme il est mentionné dans votre plan d'urgence.

Quatrième partie
Les allergies cutanées

Dans cette partie...

Cette partie est dédiée aux allergies qui affectent votre organe le plus étendu : la peau. Dans le Chapitre 16 vous découvrirez pourquoi la dermatite atopique (eczéma allergique) est qualifiée de « démangeaison que vous grattez » ; vous découvrirez également quels sont ses facteurs déclenchants, comment faire disparaître les symptômes, et les mesures à prendre pour éviter qu'elle ne réapparaisse.

Vous trouverez dans le Chapitre 17 les substances de votre vie quotidienne (latex, nickel) susceptibles de déclencher des réactions cutanées par contact. Les principales mesures de prévention pour éviter les expositions, ainsi que les traitements y sont également développés.

Le troisième chapitre de cette partie traite de l'urticaire et de l'œdème de Quincke, deux des questions les plus difficiles pour les allergologues, parce que, dans la plupart des cas, ces éruptions cutanées ne sont pas dues à une réponse allergique. Il est néanmoins nécessaire, comme je l'indiquerai au Chapitre 18, de consulter un médecin pour déterminer si l'urticaire ou l'œdème de Quincke témoignent d'un problème sous-jacent plus grave, et de trouver un moyen de les traiter pour qu'ils n'affectent pas votre qualité de vie.

Chapitre 16

La dermatite atopique

. . . .

Dans ce chapitre :

➤ Découvrez la dermatite atopique

➤ Diagnostiquez les maladies de peau

➤ Évitez les rechutes

➤ Traitez vos maladies de peau

. . . .

L a dermatite atopique ne se traduit pas seulement par une peau sèche et irritée. Elle peut réellement affecter la qualité de vie, notamment chez les enfants, et être à l'origine de complications comme les infections cutanées virales et bactériennes.

La *dermatite atopique* (en grec, *derma* signifie « peau », et *ite*, « inflammation »), aussi appelée *eczéma atopique* (du grec *ekzema*, de *ekzein*, « bouillonner ») ou eczéma allergique, intervient souvent en association avec une pathologie respiratoire comme la rhinite allergique (voir Chapitre 4) et précède parfois d'autres manifestations allergiques. La découverte d'une dermatite atopique est donc parfois le premier indice d'une prédisposition à l'asthme ou aux allergies.

Les points essentiels au sujet de la dermatite atopique sont les suivants :

✓ Une proportion importante des enfants atteints de dermatite atopique ont, ou auront, de l'asthme ou de la rhinite allergique.

✓ Plus de 90 % des patients atteints de dermatite atopique sont infectés par la bactérie *Staphylococcus* aureus, qui touche seulement 5 % des personnes sans dermatite atopique.

✓ D'après de récentes études européennes, la dermatite atopique, qui apparaît parfois dès l'âge de deux mois, serait présente chez 12 à 25 % des enfants. Les symptômes s'estompent souvent avec l'âge.

✓ Généralement, si les aliments à l'origine de l'allergie sont identifiés, leur éviction rigoureuse permet à l'enfant de voir ses symptômes de dermatite atopique et ses autres allergies nettement diminuer, voire totalement disparaître.

Les allergies et l'organisme

Les gens pensent souvent que les allergies ne touchent que l'appareil respiratoire (le nez, la gorge et les poumons) pour engendrer les symptômes bien connus de l'asthme et de la rhinite allergique, alors que la prédisposition du système immunitaire à déclencher une réaction allergique lors d'une exposition à un allergène se manifeste dans bien d'autres organes du corps.

Comme je l'expliquais dans le Chapitre 1, tout ce qui provoque une réaction allergique et entraîne une libération d'histamine et autres médiateurs chimiques de l'inflammation pose problème car ces substances sont à l'origine de la plupart des symptômes allergiques. La dermatite atopique doit être traitée sérieusement car elle s'attaque à votre organe le plus étendu.

Ça vous gratouille ou ça vous chatouille ?

Plus ça vous démange et plus vous vous grattez, et plus vous vous grattez, plus ça vous démange. Ce constat, qui s'apparente au problème de « l'œuf et la poule », est caractéristique de la dermatite atopique. En outre, la sensibilité au prurit (la démangeaison) s'accentue, augmentant de ce fait l'envie de vous gratter.

Ces aspects de la maladie amorcent l'entrée dans un cercle vicieux de grattage incessant. L'inflammation provoquée par la dermatite atopique assèche la peau, qui démange alors, puis que vous grattez, ce qui augmente l'irritation et l'inflammation, la peau sèche encore plus, démange davantage, vous vous grattez plus furieusement… La peau finit par être affaiblie au point de se fissurer, laissant la porte ouverte aux irritants, allergènes, bactéries et virus, responsables de réactions allergiques et d'infections.

Les autres caractéristiques de la dermatite atopique sont les suivantes :

✓ Les lésions chroniques ou récurrentes de la peau laissent, chez les adultes, une peau épaissie, cicatricielle et plissée, aux lignes accentuées, surtout sur la paume des mains et l'intérieur des coudes. Ces zones prennent parfois la texture du cuir.

✓ Chez les nourrissons et les enfants, les lésions siègent sur le visage, les extrémités, le creux du genou et du coude, le tronc et le cou, mais épargnent les fesses (voir la Figure 16-1).

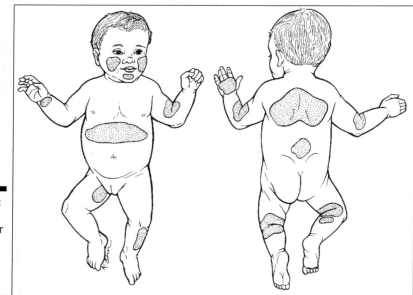

Figure 16-1 :
L'eczéma peut toucher plusieurs zones de la peau du bébé.

✓ L'eczéma chronique des mains est le symptôme le plus fréquent de dermatite atopique chez l'adulte. L'eczéma réside aussi sur le cou, les pieds, au creux des genoux et des coudes.

✓ Des antécédents personnels ou familiaux d'asthme, de rhinite allergique, de conjonctivite allergique, d'allergies alimentaires et de dermatite atopique sont souvent associés à la dermatite atopique. Toutefois, chez les nourrissons ou les jeunes enfants, les indices d'autres allergies ne sont pas toujours aussi évidents. Lors du diagnostic de dermatite atopique chez un tout-petit, le médecin doit rechercher des signes mineurs comme :

• Une *xérose* cutanée (peau sèche).

• Une *ichtyose* (peau sèche, blanche et écailleuse).

• Des lignes de la main très marquées.

• Une sensibilité aux infections cutanées, surtout au virus Herpes simplex (aussi responsable des boutons de fièvre), et au *Staphylococcus aureus* (le staphylocoque doré, qui provoque l'*impétigo*, une infection cutanée bactérienne très contagieuse).

• Une peau sèche autour des mamelons.

Si votre médecin suspecte une dermatite atopique, il recherchera, au cours de son examen, les symptômes suivants :

✓ Une peau rouge et écailleuse, des écorchures et des boutons.

✓ Les dimensions, la situation et la sévérité des lésions cutanées.

✓ La présence de pustules croûteuses ou suintantes témoignant d'une infection, une peau écailleuse ou cicatricielle autour des lésions.

Votre médecin cherchera aussi des signes d'atopie :

✓ Des cernes sombres autour de vos yeux peuvent évoquer une rhinite allergique (voir le Chapitre 4).

✓ Le pli de Dennie-Morgan (pli de la paupière inférieure).

✓ Des conjonctivites récurrentes, une rougeur de l'œil et de la face interne des paupières, un œdème de l'œil, un prurit et un larmoiement (voir le Chapitre 4 pour plus d'informations sur cette allergie).

✓ Des effets secondaires (peau mince, plissée ou brillante) dus à l'abus de corticoïdes locaux. (L'utilisation de ces médicaments est détaillée plus loin dans ce chapitre.)

Comment va-t-on l'appeler ?

La plupart des patients et certains médecins utilisent indifféremment les termes *eczéma* et *dermatite atopique*. Toutefois, d'un point de vue médical, l'eczéma décrit une inflammation cutanée accompagnée d'un prurit, qui est l'un des symptômes les plus courants de la dermatite atopique, mais aussi d'autres maladies comme :

✓ Les inflammations cutanées, telles que la dermatite séborrhéique, la dermite irritative et la dermite de contact (voir Chapitre 17). Les médecins recherchent souvent une dermite de contact chez leurs patients âgés de plus de 16 ans présentant un eczéma.

✓ La gale, les infections à Herpes simplex, les infections à Staphylococcus aureus et le Sida.

✓ Le psoriasis et autres inflammations cutanées chroniques non allergiques.

Si vous avez de l'eczéma, votre médecin vous demandera de vous soumettre à des examens pour déterminer si la cause sous-jacente de votre inflammation cutanée est d'origine allergique. Votre praticien prescrira un prélèvement de la lésion pour identifier d'éventuels virus, bactéries ou champignons.

L'eczéma s'accompagne souvent d'une élévation des taux d'IgE et d'éosinophiles (voir Chapitre 2). Des tests cutanés d'allergie et/ou un dosage des IgE spécifiques du sang (RAST) (voir Chapitre 8) sont alors nécessaires pour identifier l'allergène responsable des symptômes cutanés.

La dermatite atopique du nourrisson

La dermatite atopique apparaît rarement chez les bébés de moins de 6 semaines. En cas d'eczéma chez un enfant de moins de un mois, il faut rechercher une éventuelle immunodéficience. En général, il ne s'agit pas de dépister un Sida (qui n'est que l'une des nombreuses pathologies immunodéficitaires) mais d'éliminer d'autres maladies comme je l'expliquais dans le Chapitre 2.

Les problèmes cutanés du nourrisson incluent :

✓ **La dermatite du siège du nourrisson**. Ce type d'éruption cutanée n'est pas une réaction allergique typique. Une infection cutanée ou une dermite de contact en sont les principales causes.

✓ **La dermatite séborrhéique**. Chez les bébés, la distinction entre dermatite atopique et dermatite séborrhéique est parfois difficile. Si votre enfant présente des signes d'eczéma aux aisselles, sur les fesses et sur le dessus de la tête (croûtes de lait), la dermatite séborrhéique est certainement en cause.

La dermatite atopique chez les enfants

Plus la dermatite survient tôt, plus elle est problématique. La dermatite atopique survient, chez 60 % des patients, avant leur premier anniversaire. Les tout-petits s'infectent généralement en se grattant avec leurs ongles qui hébergent toutes sortes de germes. Et, comme tous les parents le savent, les enfants se salissent très rapidement. L'un des points essentiels dans le traitement de la dermatite atopique est d'empêcher l'enfant de se gratter, ce qu'il a généralement du mal à comprendre. Je vous proposerai plus loin quelques astuces pour enrayer le cercle vicieux du grattage.

Histoire vécue

Enfant, je souffrais d'une dermatite atopique, aussi puis-je vraiment comprendre les enfants qui présentent ce type d'allergies. La dermatite atopique est traumatisante pour les enfants. Je me souviens que je me grattais sans cesse la nuit. Je ne voulais pas porter de short ni de manches courtes pour ne pas exposer mes lésions derrière les genoux et aux plis des coudes. Heureusement, ma maladie s'est estompée avec l'âge. J'ai encore des rechutes de temps en temps, surtout aux mains et aux doigts, car dans ma profession je me lave les mains très fréquemment, ce qui les dessèche.

Les nourrissons et les enfants qui présentent des signes de dermatite atopique (un eczéma, par exemple) ont un risque plus élevé de développer d'autres allergies. Si votre enfant a de l'eczéma, et d'autres signes de dermatite atopique, recherchez des symptômes comme de la toux, une irritation de la gorge ou un nez qui coule. Ces symptômes ne témoignent pas d'un rhume, mais peuvent évoquer une rhinite allergique et/ou de l'asthme.

Le traitement de la dermatite atopique

La prise en charge de la dermatite atopique repose sur les points suivants :

- ✓ Hydrater et adoucir la peau pour l'empêcher de se dessécher.
- ✓ Identifier et éliminer (autant que possible) les irritants, les allergènes, les agents infectieux et les causes de stress.
- ✓ Appliquez un dermocorticoïde (corticoïde adapté à l'application cutanée) pour réduire l'inflammation de la réaction allergique.

Le seul moyen de maîtriser la dermatite atopique, c'est de ne pas se gratter. Pour illustrer cela, je demande souvent aux parents de comparer l'aspect du dos de leur enfant avec ses bras ou ses jambes. Les lésions sur les membres sont toujours beaucoup plus écorchées et inflammatoires que celles sur le dos. (Il leur est en effet plus difficile de se gratter dans le dos, et, s'ils ne les grattent pas, ils n'aggravent pas les lésions.) Vous devez donc lui couper les ongles courts, utiliser un savon émollient, des crèmes hydratantes, et utiliser les médicaments prescrits (locaux et/ou oraux) pour réduire l'irritation et les dégâts provoqués par le grattage.

Hydratez votre peau

L'hydratation de la peau constitue la première ligne de défense contre la dermatite atopique. Vous serez souvent soulagé simplement en évitant le dessèchement de la peau. Prenez l'habitude d'utiliser des produits hydratants pour le bain et d'hydrater votre peau par des crèmes et des lotions juste après. Si votre peau reste bien hydratée, vous réduirez votre consommation de dermocorticoïdes.

L'un des meilleurs moyens pour soulager la dermatite atopique (et parmi les moins coûteux) est de rester 20 à 30 minutes dans un bain tiède. Évitez les douches ou les bains trop chauds car la chaleur accroît la démangeaison et dessèche la peau.

Pour votre bain n'oubliez pas :

✓ Vous pouvez ajouter à votre bain des produits à base d'avoine et de bicarbonate de soude, qui ont un effet adoucissant mais qui n'hydratent pas la peau.

✓ Utilisez des savons surgras, des pains dermatologiques ou autres produits nettoyants sans savon au pH neutre. Évitez les bains moussants ou huiles pour le bain car ils forment une barrière sur votre peau qui empêche l'eau du bain de vous hydrater. Si vous trouvez l'huile particulièrement adoucissante, ajoutez-la après vous être plongé dans l'eau, afin de conserver l'hydratation.

✓ Séchez-vous délicatement, en vous tamponnant avec une serviette sèche au lieu de vous frictionner vigoureusement.

✓ Appliquez une crème ou une lotion émolliente dans les trois minutes après votre sortie du bain pour maintenir l'hydratation de votre peau.

Je vous déconseille d'utiliser des lotions contenant beaucoup d'eau ou d'alcool car elles s'évaporent très vite et laissent votre peau sèche. Évitez aussi les lotions et crèmes qui renferment des conservateurs, des parfums ou des substances astringentes qui risquent de dessécher et d'irriter votre peau. Lisez attentivement la notice avant d'utiliser un produit.

Évitez les facteurs déclenchants de la dermatite atopique

Comme pour les autres maladies allergiques, l'éviction est un aspect fondamental de la prise en charge de la dermatite atopique. Bien qu'il soit certainement impossible d'éliminer totalement tous les facteurs déclenchants et les irritants de votre environnement, vous serez déjà soulagé et améliorerez votre qualité de vie si vous réussissez à les identifier, à les éliminer et à les éviter.

Les irritants

Vous devez non seulement éviter les irritants de l'asthme, de la rhinite et de la sinusite allergiques que je mentionnais dans le Chapitre 7, mais aussi les tissus, substances et situations à l'origine d'un grattage (rassurez-vous, vous pouvez continuer à jouer aux jeux de grattage pour gagner trois millions ou une voiture). Il faut notamment éviter :

✓ **Les vêtements abrasifs**. Portez des vêtements larges en coton, évitez la laine, la soie et les textiles synthétiques. Lavez les vêtements neufs avant de les porter pour éliminer les produits chimiques et surtout le formaldéhyde.

✓ **Les lessives**. Rincez bien le linge. Utilisez une lessive liquide et ajoutez un second cycle de rinçage à la fin du lavage pour bien l'éliminer.

✓ **Les sports**. Évitez les sports qui font intervenir une intense sudation, un contact physique étroit ou des vêtements épais. Les enfants atteints de dermatite atopique doivent conserver une activité physique aussi normale que possible. La natation est envisageable si l'enfant apprend à bien rincer l'eau chlorée juste après sa sortie de la piscine et s'il applique une lotion hydratante après s'être séché.

Le bronzage améliore souvent la dermatite atopique tant qu'il n'expose pas aux coups de soleil, à une transpiration ni une chaleur excessives. Appliquez une crème protectrice (à choisir attentivement pour qu'elle ne déclenche pas vos symptômes de dermatite atopique) avant de vous exposer.

Les allergènes

Les allergènes inhalés tels que les pollens, les moisissures, la poussière et les poils d'animaux, responsables de rhinites allergiques, déclenchent parfois les symptômes de dermatite atopique. (Ces allergènes sont détaillés dans le Chapitre 5). N'oubliez pas que :

✓ Les symptômes de la dermatite atopique s'aggravent parfois au fil des saisons, à cause par exemple du pollen de graminées.

✓ L'exposition aux poils et squames d'animaux (domestiques notamment), aux acariens et aux moisissures est responsable de dermatites atopiques pérennes. Si vos symptômes s'aggravent (surtout au visage et à la tête) pendant votre sommeil, les acariens sont certainement en cause (voir Chapitre 5). Prenez des mesures pour éliminer les allergènes de votre environnement intérieur, au moins dans votre chambre (voir Chapitre 6).

Les infections

Les infections cutanées et les complications réapparaissent régulièrement au cours de la dermatite atopique. Les agents infectieux les plus courants sont *Herpes simplex* (virus), *Staphylococcus aureus* (bactérie), la gale (acarien) et les dermatophytes (champignons). Pour éviter ces infections, il n'y a qu'une solution : arrêtez de vous gratter et hydratez votre peau.

Le stress

Nous avons tous des moments de stress et de contrariété, mais quand on a une dermatite atopique, les sentiments de frustration, de gêne, de colère et d'hostilité aggravent généralement le grattage et donc l'inflammation cutanée.

Une prise en charge psychologique est parfois nécessaire pour aider à maîtriser la dermatite atopique.

Les traitements

Si vos symptômes ne s'améliorent pas après l'éviction des allergènes et les mesures de soins préconisées plus haut, ou bien si votre eczéma est sévère, votre médecin vous prescrira un traitement médicamenteux.

Les dermocorticoïdes

Les corticoïdes locaux appliqués directement sur la lésion sont essentiels dans le traitement de la dermatite atopique en raison de leur effet anti-inflammatoire. Les dermocorticoïdes sont disponibles sous forme de crème, de pommade ou de lotion.

Lorsque vous utilisez des dermocorticoïdes, n'oubliez pas que :

✓ Votre médecin doit vous montrer comment utiliser sans danger les dermocorticoïdes. Évitez d'utiliser des préparations d'activité forte sur le visage, les paupières, les aisselles ou les parties génitales. Pour ces zones, utilisez plutôt un dermocorticoïde d'activité faible.

✓ Votre médecin peut vous prescrire un dermocorticoïde fort pendant quelques jours à n'utiliser que sur les zones de peau lésées et épaissies. Un traitement avec un produit moins fort vous sera ensuite prescrit pendant deux ou trois semaines.

✓ L'utilisation de dermocorticoïdes associés à des émollients prévient la déshydratation de la peau.

✓ Suivant les recommandations de votre médecin, utilisez les dermocorticoïdes les moins forts à la dose minimum efficace pour soulager vos lésions.

Avant d'utiliser les dermocorticoïdes chez les enfants, prenez connaissance des éventuels effets secondaires. Dans certains cas, les dermocorticoïdes forts passent dans la circulation sanguine à travers la peau (très fine chez les enfants), ce qui peut suspendre le fonctionnement des glandes surrénales, et très rarement entraver la croissance. Les effets secondaires locaux comprennent une atrophie cutanée (amincissement de la peau), des vergetures et des infections. L'excipient utilisé dans les dermocorticoïdes est parfois à l'origine d'irritations. Prévenez immédiatement votre médecin si ces effets indésirables surviennent.

Les antibiotiques

En cas d'infection cutanée bactérienne, votre praticien vous prescrira une cure d'antibiotiques pour vous débarrasser du staphylocoque. Certains antibiotiques sont à appliquer directement sur les lésions, mais les antibiotiques par voie orale sont habituellement plus efficaces et provoquent moins d'irritations cutanées que les pommades.

Si votre infection cutanée ne cède pas au traitement antibiotique, un herpès ou une autre infection virale est peut-être en cause. Dans ce cas, votre généraliste vous adressera à un dermatologue pour établir un diagnostic.

Les antihistaminiques

Lorsque les médiateurs chimiques de l'inflammation comme l'histamine sont libérés dans la peau, ils agissent directement sur les terminaisons nerveuses et transmettent au cerveau une information qui se traduit par une sensation de prurit (démangeaison). Grâce à l'inhibition compétitive, ou au blocage, de l'action de l'histamine sur les récepteurs cutanés, les antihistaminiques sont très utiles pour soulager la démangeaison en réduisant l'inflammation sous-jacente.

Un soulagement partiel de la démangeaison est possible avec les antihistaminiques de première génération, mais je préfère souvent prescrire des antihistaminiques de deuxième génération pour éviter la somnolence.

Le coaltar

Les préparations à base de coaltar (solution de goudron) qui constituaient autrefois le principal traitement de la dermatite atopique ne sont plus beaucoup utilisées désormais.

N'appliquez pas de préparation contenant du coaltar directement sur une peau inflammatoire, sur le visage ou autres zones exposées au soleil. Vous vous exposeriez à une aggravation de l'inflammation et parfois à une réaction de photosensibilité (voir Chapitre 17). Bien que les nouvelles préparations à base de coaltar tachent moins que les anciennes, faites attention à ne pas les appliquer près de vos vêtements, surtout ceux de couleurs claires. Appliquez-les le soir avant de vous coucher et éliminez-les le matin, pour ne pas être incommodé par l'odeur ou les taches pendant la journée.

Cas particuliers

Votre dermatite atopique nécessite peut-être d'autres formes de traitement que celles que je viens d'évoquer, parmi lesquelles :

✓ **Des pansements humides**. Ces pansements vous empêchent de vous gratter et font pénétrer le corticoïde local. Les pansements humides provoquent parfois un dessèchement de la peau et des crevasses, si vous n'appliquez pas une crème hydratante. Parfois, le médecin conseille de maintenir un pansement occlusif sur une lésion pour éviter l'évaporation du produit. Demandez toujours l'avis de votre médecin avant de maintenir un produit sous un pansement, et n'utilisez cette méthode que si votre dermatite atopique est sévère et chronique.

✓ **Les corticoïdes oraux**. Si votre dermatite atopique est particulièrement sévère, l'utilisation des corticoïdes oraux s'impose. Il vous faudra diminuer le dosage progressivement car, en cas d'arrêt brutal, un phénomène de rebond, qui se manifeste par une réapparition soudaine des symptômes, survient parfois.

✓ **La photothérapie.** Ce traitement, qui utilise les ultraviolets (UV), permet de traiter certains cas de dermatite atopique. La photothérapie ne doit être pratiquée que sous contrôle médical.

✓ **L'hospitalisation**. Si votre dermatite atopique est particulièrement grave, votre médecin essayera de vous soustraire au stress, aux allergènes et irritants de votre environnement pour traiter efficacement vos symptômes.

Chapitre 17

L'eczéma de contact

· ·

Dans ce chapitre :

➤ Faites la différence entre la dermatite atopique et l'eczéma de contact

➤ Trouvez si votre eczéma de contact est allergique ou irritatif

➤ Identifiez les causes de votre eczéma de contact

➤ Traitez les réactions cutanées

· ·

Si votre nouveau mascara vous a gâché la soirée, ce chapitre est pour vous. Vous apprendrez ici comment diagnostiquer, traiter et éviter les nombreuses manifestations de l'eczéma de contact dans la vie quotidienne.

L'eczéma de contact survient lorsque la peau entre en contact avec un allergène ou un irritant qui déclenche une réaction, généralement sur le site exposé. La réaction, souvent inflammatoire, produit une éruption cutanée, la formation de vésicules, une démangeaison, une sensation de brûlure, des crevasses ou des croûtes sur la peau. Très fréquent, l'eczéma de contact (sous ses diverses formes) est responsable de près du quart des maladies professionnelles.

Classification des eczémas de contact

Les allergènes et les irritants provoquent des eczémas de contact appelés respectivement *eczéma de contact allergique* et *dermite irritative*. L'interrogatoire, l'examen clinique et les patch-tests permettent de découvrir l'agent responsable (voir plus loin « Le diagnostic de l'eczéma de contact »).

Il est essentiel pour toutes formes d'eczéma de contact d'identifier les irritants et les allergènes et, si possible, d'éviter ou du moins limiter le contact avec ces substances.

L'application de compresses froides et d'un dermocorticoïde soulage généralement les symptômes de l'eczéma de contact. Je vous en dirai plus sur le traitement de cette affection au long de ce chapitre.

La dermite irritative

Cette affection provoquée par une lésion directe de la peau représente la majorité des eczémas de contact. Les substances irritantes ou toxiques comme les solvants, les acides ou les détergents sont souvent responsables de dermites irritatives. Le contact de la peau avec des plantes qui ont une sève irritante, des épines ou des feuilles coupantes (comme les euphorbes, les poinsettias, le ricin, les boutons-d'or et certains cactus) peut évoquer les symptômes d'une dermite irritative.

Contrairement à l'eczéma de contact allergique, la réaction cutanée qui apparaît lors d'une dermite irritative n'est pas allergique (non immunologique) et commence souvent peu après (en quelques minutes) le contact avec la substance.

Dans certains cas, les symptômes se produisent à la suite d'un contact répété ou d'une longue exposition à une substance irritante (un détergent, par exemple, dans le cas de l'affection appelée « main de la ménagère »). Tout le monde (que vous soyez allergique ou non) peut développer un eczéma de contact lorsqu'un irritant est appliqué assez longtemps sur la peau ou à une forte concentration.

L'eczéma de contact allergique

Contrairement à la dermite irritative, l'eczéma de contact allergique ne survient que chez les personnes (moins nombreuses) déjà sensibilisées à un allergène de contact particulier.

Les réactions irritatives, qui surviennent dans un délai de quelques minutes après l'exposition, provoquent une sensation de brûlure et une douleur directement proportionnelles à la dose d'irritant à laquelle une personne a été exposée. L'eczéma de contact allergique, dû à une réaction immunitaire, apparaît en 36 à 48 heures après l'exposition à l'allergène. Le premier symptôme est souvent une démangeaison, dont l'intensité dépend moins de la dose d'allergène. Cela signifie que, si vous êtes très allergique à un allergène de contact, la réaction peut être importante, même si vous êtes exposé à une dose infime de l'allergène incriminé. De nombreuses substances de la vie quotidienne, comme le latex, le formaldéhyde et le nickel, peuvent déclencher des réactions allergiques chez les personnes sensibilisées.

À l'inverse de la dermatite atopique et autres maladies atopiques comme la rhinite allergique, les allergies alimentaires et l'asthme, qui touchent divers organes, les symptômes de l'eczéma de contact allergique sont locaux, ce qui signifie qu'ils ne se produisent qu'à l'endroit où l'allergène est entré en contact avec la peau. Des réactions indirectes peuvent aussi se produire si vos doigts ou vos mains, initialement en contact avec un allergène, l'ont répandu à d'autres points du corps (voir « Les symptômes » plus loin).

Les facteurs déclenchants de l'eczéma de contact allergique

Contrairement à la dermatite atopique, les antécédents familiaux d'allergies n'interviennent pas pour savoir si vous êtes ou non prédisposé à l'eczéma de contact allergique : les personnes non allergiques sont aussi exposées que les allergiques. Ce phénomène s'explique par les différents moyens utilisés par le système immunitaire pour répondre à la présence de substances étrangères à l'organisme (les allergènes).

✓ **L'immunité humorale**. Ce mécanisme, qui fait intervenir la production d'anticorps IgE (dont je parlais dans le Chapitre 1), est associé aux allergies comme la dermatite atopique, la rhinite allergique, les allergies alimentaires et certaines allergies médicamenteuses. La réaction allergique commence en général immédiatement, ou très tôt, après l'exposition à l'allergène et touche divers organes. Suivant le type d'exposition et les sensibilités personnelles, la réponse s'échelonne d'une simple gêne à des réactions engageant le pronostic vital.

✓ **L'immunité cellulaire**. Ce mécanisme, aussi appelé hypersensibilité retardée (voir Chapitre 2), intervient dans la réponse immunitaire de l'eczéma de contact allergique qui se manifeste plusieurs heures, voire plusieurs jours, après le contact avec l'allergène. Une réaction retardée met rarement en jeu votre pronostic vital, mais persiste plus longtemps que d'autres réactions atopiques. Les réactions à médiation cellulaire ne font pas intervenir la production d'anticorps spécifiques par le système immunitaire. Les tests cutanés d'allergies (prick-tests) et la désensibilisation sont donc inutiles pour le diagnostic ou le traitement de l'eczéma de contact allergique. (Voir le Chapitre 6 pour plus d'informations sur les tests d'allergies et l'immunothérapie).

Une nuée d'allergènes

Les facteurs déclenchants de l'eczéma de contact allergique abondent dans notre environnement. Au moins 3 000 produits chimiques utilisés actuellement peuvent déclencher un eczéma de contact allergique. C'est pourquoi les industriels pratiquent de nombreux tests avant de commercialiser leurs produits (notamment les cosmétiques, les parfums et les teintures capillaires).

Un grand nombre de substances naturelles et artificielles utilisées dans une infinie variété de produits et de domaines (agriculture, santé, industrie…) font office d'allergènes pour les personnes qui y sont sensibilisées. Par exemple, les caissiers et le personnel des banques qui manipulent l'argent en permanence peuvent développer une allergie de contact à l'encre des billets ou au nickel des pièces. (N'oubliez pas que les sommes manipulées dans ces exemples sont considérables, aussi, rassurez-vous, il serait très étonnant que vos enfants développent une allergie à leur argent de poche.)

Il est impossible de dresser ici la liste de toutes les substances et produits potentiellement responsables de dermite de contact tant elle est longue (à moins d'alourdir considérablement ce volume et de le rebaptiser *La musculation pour les Nuls*). Au cours des paragraphes suivants, vous trouverez une liste plus courte (et plus facile à manipuler) des substances les plus couramment incriminées.

Le latex et autres produits caoutchouteux

Il est possible, sans quitter son bureau ou son domicile, de croiser de nombreux facteurs déclenchants de l'eczéma de contact allergique. Regardez autour de vous, bien des objets de votre environnement sont certainement en latex (substance extraite de la sève de l'hévéa). Les protéines de la sève naturelle comme les produits chimiques qui y sont ajoutés lors de sa transformation sont responsables d'eczéma de contact allergique. De nombreux caoutchoucs de synthèse déclenchent également des allergies.

Sept à dix pour cent du personnel de santé est sensible au latex. Le nombre d'allergiques au latex ne cesse d'augmenter en raison de l'utilisation généralisée de gants en latex dans les domaines de la santé et de l'industrie alimentaire. Le latex se rencontre en général dans :

✓ Le matériel scolaire ou de bureau (gommes, élastiques…).

✓ Les chaussures de sport et autres équipements sportifs (grip de raquette, poignées de bicyclettes…).

✓ Le matériel et les jouets pour enfants (tétines, sucettes, ballons, attaches de couches…).

✓ Les objets domestiques (oreillers, coussins…).

✓ Les vêtements, et notamment ceux pour la pluie (bottes et cirés) ainsi que les élastiques de sous-vêtements.

✓ Le matériel médical (gants chirurgicaux, masques, adhésifs, bouillottes, perfusions, cathéters, seringues…).

✓ Les contraceptifs (préservatifs et diaphragmes).

Pour la plupart des produits qui figurent dans la liste ci-dessus, vous pouvez trouver un équivalent dépourvu de latex. Utilisez par exemple des gants en vinyle, en néoprène ou en tactylon (une forme de plastique). Si vous trouvez que l'éviction du latex est difficile, peu pratique et coûteuse, faites un *patch-test* au latex (voir plus loin) pour confirmer que votre allergie est bien provoquée par ce produit. Vous pourrez aussi vérifier si les autres caoutchoucs comme ceux du groupe thiuram (utilisés dans les adhésifs et les désinfectants) ou ceux du groupe thiourée (utilisés dans les détergents et le papier à photocopies) déclenchent vos réactions.

De nombreux fongicides, produits pour le bois, produits anticorrosion, compresses chirurgicales et adhésifs contiennent un produit caoutchouteux (qui n'est pas du latex) également responsable d'eczéma de contact allergique. Ces substances concernent principalement les employés des domaines pharmaceutiques, chimiques, des plastiques et agricoles.

En plus des symptômes d'eczéma de contact allergique, les protéines du latex naturel peuvent se fixer à l'amidon qui est utilisé dans les gants et déclencher des réactions allergiques immédiates et systémiques chez les individus sensibilisés. Les médecins qualifient cette réaction d'hypersensibilité immédiate IgE-dépendante de type I (voir Chapitre 2). Cette réaction systémique, qui se produit lors de l'inhalation des allergènes du latex en suspension dans l'air, touche d'autres organes que la peau. Les symptômes sont un écoulement nasal, des éternuements, une démangeaison des yeux, une irritation de la gorge, de la toux et, dans les cas graves, une respiration sifflante et une difficulté à respirer, identiques à une crise d'asthme. Une urticaire généralisée et un œdème de Quincke peuvent aussi survenir, conduisant parfois à un choc anaphylactique (une réaction généralisée qui met en jeu le pronostic vital) chez certains individus.

Si vous avez éprouvé l'un de ces symptômes respiratoires ou nasaux lors d'une exposition au latex, parlez-en à votre médecin. Vous souffrez peut-être d'une allergie plus sévère. Un eczéma de contact allergique lors du port d'une paire de gants peut être un avertissement d'une sensibilité au latex.

Si vous avez déjà fait l'expérience d'une réaction systémique au latex, prenez des mesures efficaces pour éviter une nouvelle exposition. Prévenez (par écrit) vos médecins et le personnel de soin (y compris le dentiste ou le pharmacien) de votre hypersensibilité au latex. Je vous conseille également de le leur rappeler à chaque consultation.

Si votre métier vous expose au latex, prenez contact avec les services de médecine du travail qui peuvent vous fournir des informations pour réduire votre exposition au latex.

Le nickel

Vous vous souvenez de ce que je vous disais au sujet des caissiers qui développaient une sensibilité à cause du grand nombre de pièces qu'ils manipulaient ? Leur allergie est due au nickel, un métal très répandu dans les objets de la vie quotidienne. Les allergies au nickel comprennent des éruptions du type eczéma ou urticaire et des démangeaisons. Voici quelques informations sur le nickel :

✓ Au moins 10 % de la population est allergique au nickel. Les femmes sont dix fois plus nombreuses que les hommes à y être allergiques car elles portent en général plus de bijoux fantaisie, et commencent à les mettre plus tôt que les hommes. En revanche, les hommes sont plus exposés à l'eczéma de contact professionnel au nickel car ils sont plus nombreux à travailler dans les mines, l'industrie mécanique, la construction et la bijouterie.

✓ Le port de boucles d'oreilles joue un rôle important dans le développement des allergies au nickel. Les femmes allergiques au nickel présentent souvent des cicatrices ou un eczéma sur le lobe des oreilles car de nombreuses boucles d'oreilles en contiennent.

✓ D'autres bijoux qui contiennent du nickel peuvent déclencher des réactions allergiques : fermoirs, attaches ou boucles de ceinture, pressions, boutons et rivets de jean, montures de lunettes... Le nickel de ces objets dissous par la transpiration est absorbé par la peau et provoque l'éruption. Les montres provoquent aussi souvent des réactions au poignet.

✓ Les pièces de monnaie, les canifs, clés et briquets que vous avez dans les poches peuvent déclencher une réaction au niveau des cuisses.

✓ Le mascara, les fards à paupières et les crayons pour les yeux contiennent souvent du nickel et sont alors responsables de dermites du visage chez les individus sensibilisés.

✓ Les autres sources de nickel comprennent les poignées de porte, les poignées de tiroir, les guidons de bicyclettes, les boucles de chaussures, les ustensiles de cuisine, les ciseaux, les aiguilles à coudre, les parapluies, les stylos, les crayons et les trombones.

Si vous êtes allergique au nickel, portez uniquement des bijoux en or. (Pour votre anniversaire prévenez bien vos amis que vous ne supportez que l'or !) Évitez le contact direct avec les clés, les pièces, les canifs…, placez-les dans une petite pochette par exemple.

Les amines aromatiques en para (PPD)

Les amines aromatiques en para (PPD) sont des produits chimiques utilisés dans les couleurs sombres des teintures pour les cheveux, pour la fourrure et les vêtements. Si vous êtes allergique aux PPD vous présentez peut-être une réaction croisée (voir Chapitre 1) à d'autres produits chimiques apparentés comme les tampons encreurs, les sulfamides, les produits de développement des pellicules couleur, les résines époxy. Voici quelques détails sur les PPD :

✓ Les coiffeurs développent souvent des allergies aux PPD. En fait, la notice de la majorité des teintures capillaires recommande de pratiquer un test cutané avant d'utiliser les produits.

✓ Si vous êtes allergique aux PPD, prévenez votre médecin et votre pharmacien, car certaines personnes sensibles à ce produit chimique le sont également aux sulfamides.

Le formol

Forme liquide du formaldéhyde gazeux, le formol provoque des eczémas de contact allergiques. De nombreux produits contiennent du formol :

✓ **Les vêtements.** Tissus qui se lavent et s'étendent sans essorage, tissus indéplissables et imperméables, cuirs et fourrures, produits détachants et pour le nettoyage à sec.

✓ **Les cosmétiques.** Shampoings, savons, déodorants, mascaras, bains moussants…

✓ **Produits antigel et anticorrosion.**

✓ **Peintures, vernis, cires, produits décapants…**

✓ Désinfectants, détergents, produits d'entretien.

✓ Papier, encre et produits pour le développement photographique.

✓ Insecticides, produits pour fumigations, produits chimiques pour l'agriculture.

Le chrome (bichromate de potassium)

Le chrome provoque de l'eczéma de contact allergique au niveau des mains et des doigts chez les ouvriers du bâtiment par le biais du ciment, des mortiers, du plâtre, des produits antirouille, des produits de nettoyage des chaudières, et même des gants en cuir. Des réactions systémiques peuvent se produire en cas d'inhalation de poussières de ces produits. Certains individus sensibilisés présentent des éruptions sur le dos des pieds dues aux produits utilisés pour tanner le cuir.

Autres eczémas de contact allergiques

Les facteurs déclenchants d'eczéma de contact dont je viens de parler sont aussi responsables d'allergies cutanées apparentées chez les individus sensibilisés. Dans certains cas, l'eczéma de contact allergique fait suite à d'autres facteurs comme une exposition solaire, un abus de médicaments locaux, ou même un contact avec votre partenaire. Une réaction de contact provoque parfois de l'urticaire.

La photodermatose de contact

La photodermatose de contact n'a aucun rapport avec la chair de poule provoquée par la vision d'une photo de vous prise un mauvais jour. C'est un eczéma dû à l'interaction (aussi appelée photosensibilisation rémanente) entre les UV de la lumière et des produits locaux contenant des substances auxquelles vous êtes sensibilisé. Ces produits comprennent :

✓ **PABA**. Cette substance, qui se rencontre souvent dans les produits solaires, peut provoquer une éruption cutanée. L'utilisation d'écrans solaires est conseillée pour protéger la peau d'une surexposition aux UV, mais vérifiez que le produit est dépourvu de PABA. Consultez les notices des produits avant de les utiliser ou demandez conseil à votre pharmacien.

✓ **Le musc ambrette**. Ce produit chimique, utilisé dans les lotions après-rasage et eaux de toilette pour hommes, provoque une éruption de type eczéma lors d'une exposition à la lumière chez les personnes sensibilisées. Je leur conseille d'utiliser des produits sans parfum.

✓ Lorsque votre praticien vous prescrit une cure d'antibiotiques oraux ou locaux, il doit vous mettre en garde contre les effets d'une exposition au soleil. (Voir Chapitre 20 les interactions médicamenteuses.)

La dermite de contact par procuration

Comme son nom l'indique, la dermite de contact par procuration touche principalement les couples. Pour la paix des ménages, je suis favorable au partage, mais je pense qu'il ne faut pas tout partager. Les allergies ne sont pas contagieuses, mais les médicaments et les produits d'hygiène sont personnels.

Ce type de dermite est souvent dû au contact de déodorants, produits capillaires, produits pour lentilles de contact, crèmes, et tout ce qui entre en contact avec des parties poreuses du corps (y compris les parties génitales) du partenaire. Ce type d'allergie de contact se traduit par un eczéma (et parfois une urticaire) sur le visage, le cou, les mains et les parties génitales.

L'urticaire de contact

L'urticaire survient à la suite d'une réaction, allergique ou non, au contact avec divers allergènes et irritants. Dans le Chapitre 18, je traiterai des urticaires provoquées par une réaction systémique à la nourriture, aux piqûres d'insectes et aux médicaments, ainsi qu'à la lumière, à l'eau, aux températures extrêmes, au stress et à l'effort. Ce chapitre vous fournira également des indications pour diagnostiquer et traiter l'urticaire et l'œdème de Quincke.

Les médecins distinguent les urticaires de contact allergiques ou non. La liste suivante présente les formes les plus courantes d'urticaire de contact :

✓ **L'urticaire de contact non allergique**. Cette forme d'urticaire survient chez les personnes non sensibilisées à des facteurs déclenchants ou des irritants. L'urticaire se produit peu après le contact avec la peau de substances comme les poils d'araignées ou d'insectes, l'alcool, l'acide benzoïque, l'acide acétique, l'acide sorbique, le baume du Pérou, le chlorure de cobalt, et même les antibiotiques comme la néomycine ou la bacitracine.

✓ **L'urticaire de contact allergique**. Dans cette forme d'urticaire, l'éruption est due au contact de la peau avec une substance déclenchante présente dans les pommes de terre crues, les poissons et le foie, ainsi que dans les antiseptiques, les caoutchoucs naturels, les résines époxy et les bois traités.

La dermite de contact généralisée

Votre organisme peut produire des anticorps dirigés contre les allergènes présents dans les produits dermatologiques. Je vous déconseille donc d'utiliser des crèmes, lotions et pommades pour les irritations, démangeaisons ou éruptions cutanées mineures. Souvent, les problèmes cutanés répondent très bien à des remèdes simples comme des compresses froides et des mesures d'éviction.

Appliquez des compresses froides sur vos lésions avant de recourir aux médicaments à moins qu'elles ne durent, s'aggravent rapidement, s'étendent, ou si les symptômes se généralisent. Auxquels cas, je vous conseille de consulter rapidement un médecin. Suivant la nature, l'étendue et la sévérité de votre pathologie, votre praticien vous adressera à un dermatologue ou un allergologue pour une évaluation plus poussée et un traitement.

Le diagnostic de l'eczéma de contact

Souvent, l'origine de la maladie est évidente. Mais nous sommes habituellement en contact avec une multitude d'allergènes et d'irritants potentiels, tant à la maison qu'au travail ou à l'école, si bien que l'identification de la cause réelle de la dermite est parfois difficile. Pour poser son diagnostic, le médecin doit prendre en compte de nombreux aspects de la vie quotidienne.

Le patch-test est un test cutané qui permet d'orienter le diagnostic, en précisant s'il s'agit d'une dermatite allergique, et de déterminer quel type d'allergène est en cause (vous en saurez plus sur les patch-tests d'ici peu).

Symptômes

Les symptômes de l'eczéma de contact — érythème (rougeur), boutons, vésicules et démangeaison — apparaissent plusieurs heures ou plusieurs jours après le contact avec l'allergène, généralement aux zones de contact. Vous vous en doutez, la zone qui a touché l'allergène est souvent celle où l'inflammation est la plus prononcée. La localisation de l'inflammation et son contour fournissent au médecin des indices sur l'origine de votre eczéma de contact (voir Figure 17-1).

Vos mains peuvent transmettre l'allergène à d'autres parties de votre corps. Par exemple, même si le plus souvent un eczéma des paupières est dû aux mascaras, fards à paupières, eye-liners et autres cosmétiques, un allergène du vernis à ongle en est parfois la cause. Si vous êtes sensible à un allergène du vernis à ongle, l'éruption peut apparaître sur les paupières inférieures et supérieures lorsque vous vous frottez les yeux.

Autres causes

L'étendue et la sévérité de votre eczéma de contact allergique dépendent d'autres facteurs que vous devez prendre en compte pour établir le diagnostic comme je l'explique dans les lignes qui suivent :

✓ Plusieurs maladies cutanées peuvent coexister. Dans certains cas, les allergènes présents dans les crèmes et pommades que vous utilisez pour traiter l'eczéma dû à une dermatite atopique peut déclencher une dermite de contact allergique.

✓ Si votre peau est déjà inflammatoire, ou irritée, elle est plus exposée à la dermite de contact.

✓ Le niveau de sensibilité de la peau est différent suivant les régions du corps. Plus la peau est fine, plus l'absorption des allergènes de contact est facile. C'est pourquoi, en général, vos paupières, votre cou et vos parties génitales sont les plus sensibles alors que les paumes, les plantes de pieds et le cuir chevelu sont plus résistants.

✓ Plus de la moitié des cas de dermite de contact (allergique ou non) siègent sur les mains, parties les plus exposées.

✓ Si des allergènes persistent en quantité suffisante sur votre peau après une première réaction, les rechutes surviennent parfois des semaines après l'exposition.

Variations sur une maladie de peau

L'eczéma étant un symptôme courant de diverses maladies cutanées, votre médecin doit envisager les autres causes possibles de ces symptômes, qui sont :

✓ **La dermite séborrhéique**. Cette maladie se caractérise par un eczéma sur le cuir chevelu et sur le nez. Chez les nourrissons, si le sommet du crâne, les aisselles et les fesses présentent des signes d'eczéma, la dermite séborrhéique est certainement en cause.

✓ **La dermatite atopique.** Comme je l'expliquerai dans le Chapitre 18, cette maladie fait souvent intervenir une réaction systémique aux allergènes responsables d'autres allergies comme la rhinite allergique. La dermatite atopique est souvent liée aux allergies alimentaires.

✓ **La photodermatose.** Cette maladie non allergique résulte de l'interaction entre une exposition au soleil et l'utilisation de produits pour application locale comme le coaltar, les sulfamides et certaines teintures. Des substances contenues dans les agrumes et le céleri peuvent activer ces réactions. Les personnes qui pressent des citrons en plein soleil (les barmans, par exemple) sont exposées à une forme de photodermatose (appelée phytodermatose) deux ou trois jours après l'exposition. Les symptômes incluent une éruption cutanée, un œdème, des boutons et des vésicules.

✓ **La dermite irritative.** Comme je l'indiquais au début de ce chapitre, cette forme d'eczéma de contact n'est pas allergique, mais les symptômes peuvent sembler identiques à ceux d'un eczéma de contact allergique. La dermite de contact irritative est souvent déclenchée par les nombreuses substances de notre environnement, surtout sur le lieu de travail, qui irritent la peau.

Un interrogatoire policier

Un interrogatoire complet sur vos antécédents médicaux est indispensable au médecin pour poser son diagnostic d'eczéma de contact. L'interrogatoire porte sur de nombreux aspects de votre vie. Ces informations permettent à votre médecin d'éliminer petit à petit le nombre d'allergènes de contact et d'irritants possibles, parmi les milliers auxquels vous vous exposez quotidiennement, et de trouver les suspects les plus probables. Donnez un maximum de détails à votre médecin sur les sujets comme :

✓ Vos symptômes, votre santé générale, vos maladies actuelles et passées, vos antécédents familiaux.

✓ Préparez-vous à répondre à des questions concernant votre domicile, votre travail ou votre école.

✓ Votre médecin trouvera des indices importants sur la nature de votre maladie si vous lui décrivez vos loisirs, vos activités et le type de vêtements que vous portez.

✓ Vous aiderez votre praticien en notant l'heure et le lieu de survenue de vos symptômes.

Parfois, les symptômes diminuent avant de vous rendre chez le médecin. Prenez alors une photographie en couleur (pas de noir et blanc) de votre peau pour lui montrer l'étendue et la sévérité des symptômes.

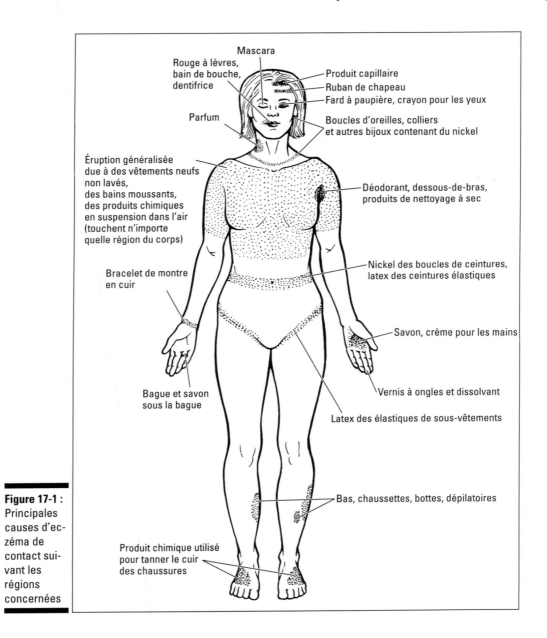

Mascara

Rouge à lèvres,
bain de bouche,
dentifrice

Produit capillaire

Ruban de chapeau

Fard à paupière, crayon pour les yeux

Parfum

Boucles d'oreilles, colliers
et autres bijoux contenant du nickel

Éruption généralisée
due à des vêtements neufs
non lavés,
des bains moussants,
des produits chimiques
en suspension dans l'air
(touchent n'importe
quelle région du corps)

Déodorant, dessous-de-bras,
produits de nettoyage à sec

Bracelet de montre
en cuir

Nickel des boucles de ceintures,
latex des ceintures élastiques

Savon, crème pour les mains

Bague et savon
sous la bague

Vernis à ongles et dissolvant

Latex des élastiques de sous-vêtements

Bas, chaussettes, bottes, dépilatoires

Produit chimique utilisé
pour tanner le cuir
des chaussures

Figure 17-1 :
Principales
causes d'ec-
zéma de
contact sui-
vant les
régions
concernées

Les tests cutanés

Les patch-tests sont très utilisés par les médecins pour confirmer un diagnostic d'eczéma de contact, ou de dermite irritative.

Les patch-tests consistent à appliquer sur la peau de petites quantités d'allergènes suspectés. Les résultats de ces tests permettent de voir si les allergènes ont provoqué une petite zone d'eczéma de contact allergique. Le patch-test est une reproduction en miniature de votre maladie de peau. Les allergènes courants sont en général placés sur de petits disques en aluminium et maintenus en lignes sur la peau par de l'adhésif pour pouvoir en tester plusieurs à la fois.

Votre médecin ne doit pratiquer les tests cutanés qu'après vous avoir soigneusement examiné. L'interrogatoire et l'examen clinique permettent de limiter le nombre d'allergènes à tester dans la liste qui compte plus de 3 000 substances responsables d'eczéma de contact allergique.

Ne faites pas de patch-test si votre eczéma est sévère ou très étendu. Votre médecin doit vous montrer comment enlever les pastilles responsables d'une démangeaison intense ou d'une gêne.

Parfois, votre médecin vous demandera d'apporter des matériaux de votre domicile, de votre travail ou de l'école, qui pourraient contenir des allergènes de contact incriminés dans vos symptômes afin de les utiliser dans les patch-tests.

Les patch-tests sont habituellement pratiqués sur plusieurs rangées de la peau du dos (si la zone est dépourvue de signes d'eczéma), mais aussi sur le bras. Chaque pastille contient un allergène suspecté, identifié par une lettre ou un chiffre. Le nombre et le type de substances administrées dans un patch-test dépendent des allergènes suspectés par le médecin.

Le patch-test doit rester en place 48 heures. Évitez de le mouiller (en prenant une douche, par exemple) pendant cette période, et ne pratiquez aucune activité physique intense qui provoquerait une sudation excessive et risquerait de décoller le test. Votre médecin vous demandera de revenir le voir 48 heures après la mise en place des patch-tests, pour les enlever et les interpréter.

La réaction positive à l'allergène suspecté se traduit par les mêmes symptômes qu'un eczéma miniature. Comme la réaction peut se prolonger, les tests sont souvent réexaminés 72 heures après. Certaines réactions positives ne surviennent que 96 heures (4 jours) après l'application de l'allergène, voire une semaine, comme souvent avec la néomycine, un antibiotique courant.

Les réactions positives peuvent aussi indiquer la présence d'autres sensibilités allergiques (sans rapport avec l'eczéma de contact). Dès lors, les résultats du patch-test doivent être corrélés à l'examen clinique et aux antécédents médicaux pour déterminer avec précision les allergènes incriminés. Des résultats qui ne correspondent pas aux antécédents du patient requièrent une évaluation plus poussée par un spécialiste.

Le cas de l'éruption mystérieuse de la paume

Les médecins se transforment parfois en détective. Un de mes patients présentait une éruption cutanée de la paume des mains chaque semaine du dimanche au mardi. Après avoir trouvé que l'inflammation correspondait à une forme d'eczéma de contact allergique, je l'ai traitée avec des dermocorticoïdes. L'éruption a disparu. Toutefois, le dimanche suivant, celle-ci est réapparue. Après avoir approfondi mon interrogatoire, j'ai découvert le coupable : le manche métallique du râteau, que mon patient utilisait tous les vendredis et samedis dans son jardin, contenait du nickel. Je lui ai conseillé d'utiliser un râteau avec un manche en bois, et depuis son eczéma n'est pas réapparu (et son jardin est toujours magnifique !).

Le traitement de l'eczéma de contact

Le moyen le plus efficace, pour traiter l'eczéma de contact et prévenir les rechutes, est d'éviter les facteurs responsables des problèmes.

Si l'éviction des facteurs déclenchants est impossible, des remèdes simples peuvent apporter un certain soulagement si les symptômes sont légers.

Premiers gestes

Utilisez des compresses d'eau froide pour soulager les symptômes de votre eczéma de contact. N'importe quel tissu propre et doux en coton convient pour ces compresses. Utilisez de l'eau fraîche (jamais chaude) ou une solution recommandée par votre médecin pour les humidifier puis appliquez-les sur l'inflammation. Maintenez la compresse pendant une demi-heure, répétez cette opération deux à six fois par jour, suivant les conseils de votre médecin.

Si votre médecin vous prescrit des dermocorticoïdes, l'application de compresses humides facilite l'absorption de la crème et accentue l'effet anti-inflammatoire.

Le médecin conseille parfois d'utiliser des compresses humides jusqu'à ce que les symptômes commencent à régresser, puis d'appliquer des dermocorticoïdes.

Ne brutalisez pas votre peau. Gardez une peau propre, mais n'utilisez pas de savons trop agressifs qui endommagent la couche protectrice de l'épiderme. De même, ne restez pas des heures dans le bain (même avec des savons doux) car cela assèche la peau et augmente de ce fait le risque de contamination par des irritants et des allergènes responsables d'inflammations. Je vous conseille de graisser régulièrement (trois à quatre fois par jour) la lésion avec une crème ou une pommade recommandée par votre médecin. Comme je l'expliquais dans le Chapitre 15, appliquez une lotion hydratante sitôt sorti du bain et évitez de vous frictionner vigoureusement. Utilisez plutôt une serviette douce pour vous tamponner et maintenir ainsi l'hydratation indispensable.

Les médicaments

Les produits habituellement prescrits pour soulager les symptômes de l'eczéma de contact allergique sont les dermocorticoïdes et les antihistaminiques par voie orale. En cas de symptômes sévères, des corticoïdes oraux peuvent s'ajouter au traitement. De même, si vous souffrez de lésions infectées, votre médecin vous prescrira une cure d'antibiotiques par voie orale.

Les dermocorticoïdes

Les dermocorticoïdes sont disponibles suivant quatre niveaux d'activité. Votre praticien déterminera la forme et le dosage les plus appropriés à votre cas, selon la localisation, l'étendue et la sévérité des symptômes. Les crèmes à base d'hydrocortisone sont généralement utilisées en premier lieu pour traiter un eczéma de contact allergique léger. Ces crèmes à faible activité anti-inflammatoire sont les seules recommandées pour une application sur le visage et une utilisation chez les nourrissons et les jeunes enfants.

Pour les zones où la peau est plus épaisse comme la paume des mains ou la plante des pieds, il faut utiliser des dermocorticoïdes plus forts. L'utilisation prolongée de dermocorticoïdes d'activité forte entraîne des effets indésirables graves comme une absorption systémique, et un amincissement de la peau affectée. Il faut donc, si possible, utiliser les dermocorticoïdes les moins puissants (voir le Tableau 16-1 sur l'activité des dermocorticoïdes).

Le produit doit généralement être appliqué régulièrement sur les lésions, mais, dans les cas graves, un pansement occlusif est parfois nécessaire pour éviter l'évaporation du dermocorticoïde et améliorer sa pénétration. Même si les pansements occlusifs se révèlent être une bonne technique à court terme, leur utilisation prolongée augmente les risques d'effets secondaires systémiques. Suivez attentivement les instructions d'utilisation de la notice et de votre médecin, car les dermocorticoïdes sont parfois responsables d'effets secondaires graves s'ils ne sont pas correctement utilisés.

Les antihistaminiques oraux

Comme je l'expliquais dans le Chapitre 16, les antihistaminiques soulagent les démangeaisons qui aggravent l'eczéma. Suivant la sévérité de vos symptômes, votre médecin vous prescrira un antihistaminique. Souvenez-vous que les effets sédatifs du produit peuvent persister pendant la journée.

Les cas graves

Si vous souffrez d'une réaction allergique particulièrement grave et étendue, votre médecin vous prescrira une courte cure de corticoïdes oraux.

Je vous recommande d'utiliser des antibiotiques oraux pour éliminer une infection bactérienne (généralement provoquée par le grattage des lésions). Les antiseptiques ne doivent pas être appliqués sur les lésions car ces produits aggravent parfois la situation en déclenchant une réaction allergique si le patient est déjà sensibilisé à ces produits.

Chapitre 18

Urticaire et œdème de Quincke

- -

Dans ce chapitre :

➤ Découvrez l'urticaire et l'œdème de Quincke

➤ Identifiez les différentes formes d'urticaire et d'œdème de Quincke

➤ Diagnostiquez et traitez votre maladie

➤ Apprenez que faire en cas d'urgence

- -

Attaquons maintenant l'urticaire et l'œdème de Quincke. Mais, attention, tout ce qui démange n'est pas allergique. Les allergologues voient de nombreux patients ayant de l'urticaire et de l'œdème de Quincke parce que ces éruptions sont souvent considérées comme allergiques.

Les réactions allergiques se manifestent rarement sous la forme d'urticaire et d'œdème de Quincke, alors que de nombreuses autres causes (décrites dans ce chapitre) en sont responsables. L'urticaire et l'œdème de Quincke sont à l'origine de bien des idées fausses comme les suivantes :

✓ **Les éruptions de boutons sont nerveuses**. Si cela était vrai, nous aurions tous des boutons aux heures de pointes entassés dans le métro, avant les examens, ou pour trouver comment payer les réparations du toit. L'anxiété et les autres facteurs psychologiques aggravent l'urticaire, tout comme de nombreuses maladies s'aggravent lorsqu'on est soumis à un stress.

✓ **L'urticaire est un problème mineur, qui ne dérange que de temps en temps**. L'urticaire ne dérange certaines personnes qu'occasionnellement, mais peut aussi devenir une maladie chronique qui dure des mois ou des années. La survenue d'une urticaire témoigne parfois d'une maladie sous-jacente grave comme une maladie infectieuse ou rhumatologique, qui peut s'aggraver si elle n'est pas diagnostiquée, traitée et prise en charge correctement.

✓ **Il n'y a que les médicaments sur ordonnance comme la pénicilline qui provoquent de l'urticaire.** C'est absolument faux. En fait, l'aspirine est l'une des causes les plus courantes d'urticaire. Contrairement à ce que vous pensez peut-être (car l'urticaire et l'œdème de Quincke sont des réactions inflammatoires, et que l'aspirine est un anti-inflammatoire), il ne faut jamais prendre d'aspirine pour soulager une urticaire ou un œdème de Quincke. Cela s'applique également aux anti-inflammatoires non stéroïdiens (AINS). Évitez également les associations d'antalgiques renfermant ces substances actives.

✓ **L'urticaire et l'œdème de Quincke sont des maladies isolées.** Ces maladies sont de plus en plus considérées comme les symptômes possibles de problèmes sous-jacents plus graves. Les médecins adoptent donc une approche globale pour le diagnostic et le traitement de l'urticaire et de l'œdème de Quincke. Si l'origine exacte de vos éruptions reste inconnue, consultez un spécialiste (allergologue ou dermatologue) pour préciser le diagnostic et prendre en charge votre problème plus efficacement, et ainsi vous assurer de ne pas passer à côté d'un problème plus grave.

Autrefois, les manuels médicaux qualifiaient l'urticaire et l'œdème de Quincke de « problèmes contrariants ». Désormais, les patients et les médecins trouvent cette maladie frustrante. En effet, pour certains patients la recherche d'un traitement peut prendre des allures de mission impossible, passant d'un hôpital à un autre, d'un traitement à l'autre sans solution.

Même si les allergènes jouent un rôle important dans certaines formes aiguës d'urticaire et d'œdème de Quincke (à survenue rapide), souvent (et notamment dans les formes chroniques) les causes des éruptions ne sont pas claires, et ne semblent pas toujours liées aux allergies. La grande majorité des urticaires et œdèmes de Quincke chroniques restent non diagnostiqués. Votre médecin qualifiera alors votre pathologie d'*idiopathique*, ce qui signifie « d'origine inconnue » (et non pas qu'il se sente idiot parce qu'il n'a pas identifié la source du problème !).

Dans la plupart des cas, vous pouvez éviter que la survenue de l'urticaire et de l'œdème de Quincke n'affecte votre qualité de vie. Même s'il n'existe actuellement aucun traitement pour faire face à de nombreux cas d'urticaire et d'œdème de Quincke, votre médecin vous recommandera de prendre des mesures d'éviction visant à réduire l'exposition aux causes possibles de vos éruptions. Vous pouvez également utiliser des médicaments pour prévenir ou soulager ces éruptions. J'expliquerai les traitements envisageables plus loin dans ce chapitre.

L'urticaire

Le mot urticaire vient d'*urtica*, nom latin de l'ortie. L'urticaire se manifeste comme l'éruption provoquée par un contact trop étroit avec cette plante, à savoir, démangeaison, inflammation et apparition de vésicules. Si vous grattez la zone, elle devient lésionnelle et peut s'étendre.

Classification des urticaires

Les urticaires sont réparties en aiguës et chroniques. Dans les cas d'urticaires aiguës, l'éruption, qui débute rapidement après l'exposition à l'allergène ou à l'irritant, commence à s'atténuer en deux heures et dure rarement plus de 24 heures sur la même zone. La maladie disparaît généralement en six à dix semaines.

L'urticaire chronique se caractérise par des éruptions récurrentes qui persistent plus de deux mois. Les allergènes semblent rarement impliqués dans ce type d'urticaire, et bien souvent l'origine du problème est difficile, voire impossible à déterminer.

L'urticaire en quelques mots

Voici les points importants concernant les formes chroniques et aiguës d'urticaire :

✓ Les enfants et les jeunes adultes sont plus sujets aux épisodes d'urticaire aiguë.

✓ Les infections virales des voies respiratoires supérieures, comme le rhume, sont parfois le facteur déclenchant infectieux le plus courant de l'urticaire aiguë chez les enfants.

✓ Les allergies alimentaires provoquent plus d'urticaires chez les enfants que chez les adultes.

✓ L'urticaire chronique est plus fréquente chez les personnes d'âge moyen, surtout chez les femmes.

✓ Les éruptions cutanées qui persistent au même endroit pendant plus de 24 heures suggèrent que les symptômes sont ceux d'une maladie sous-jacente plus grave, la *vascularite urticarienne* (comme je l'expliquerai d'ici peu).

L'œdème de Quincke

L'œdème de Quincke, du nom du médecin allemand (1842-1922) qui a décrit cette affection, est aussi appelé *angio-œdème*. Je vous donnais précédemment l'origine latine du mot urticaire, et, au risque de transformer cet ouvrage en *Le latin et le grec pour les Nuls*, voici quelques indices pour vous expliquer l'origine de ce mot. « Angio » vient du grec *aggeion*, qui signifie « vaisseau », et « œdème » dérive du mot grec *oidein*, qui se traduit par « gonfler ». L'œdème de Quincke est une forme profonde et sous-cutanée d'urticaire, qui se manifeste par un gonflement de la peau.

Voici les éléments essentiels au sujet de l'œdème de Quincke :

✓ L'œdème de Quincke se produit dans les couches profondes de la peau, où les mastocytes et les cellules sensorielles sont moins nombreux. Les lésions provoquent donc peu ou pas de démangeaison, mais des sensations douloureuses de brûlures.

✓ L'œdème de Quincke peut survenir sur tout le corps, mais siège fréquemment sur les lèvres, les paupières, la langue et les parties génitales. (La peau est plus mince dans ces zones, et la circulation sanguine se situe plus près de la surface – c'est pourquoi vous saignez autant lorsque vous vous coupez la lèvre !) Dans certains cas, l'inflammation de l'œdème de Quincke est responsable d'une gêne et d'un gonflement du visage.

✓ Lorsque l'œdème de Quincke touche la langue, la gorge et les voies respiratoires, il peut mettre en jeu le pronostic vital.

✓ L'œdème de Quincke est souvent associé à l'urticaire, mais ces deux pathologies surviennent parfois indépendamment. Chez les adultes, l'œdème de Quincke apparaît dans près de la moitié des cas d'urticaire. L'œdème de Quincke seul (sans urticaire) survient chez 10 % des adultes. Cette manifestation témoigne souvent d'un problème sous-jacent grave comme un œdème angio-neurotique héréditaire, ou une réaction sévère à un médicament.

Quelle est votre maladie de peau ?

L'urticaire et l'œdème de Quincke se manifestent par des mécanismes, allergiques ou non, en réponse à divers allergènes, irritants, maladies sous-jacentes... Ces mécanismes sont à la base de la classification utilisée par les médecins pour désigner les différentes formes d'urticaires et d'œdèmes de Quincke.

Les mécanismes allergiques : aliments, médicaments et insectes

Les mécanismes allergiques qui déclenchent l'urticaire et l'œdème de Quincke sont dus aux réactions allergiques systémiques IgE-dépendantes (voir Chapitre 2). Les facteurs déclenchants sont généralement des substances alimentaires, des médicaments ou des piqûres d'insectes.

La liste suivante présente les substances allergiques susceptibles de déclencher de l'urticaire et de l'œdème de Quincke :

✓ **Les aliments** : les cacahuètes (arachides), les fruits de mer, les poissons, les noix et noisettes, les œufs, le lait, le soja, le blé et certains fruits sont les principales sources d'allergènes responsables d'urticaire chez les personnes sensibilisées. Les additifs alimentaires comme l'acide benzoïque ou les sulfites, les colorants alimentaires comme la tartrazine, et les substances présentes dans les vitamines et suppléments diététiques peuvent également être responsables d'urticaires. (Voir le Chapitre 19 pour plus d'informations sur les allergies alimentaires.)

✓ **Les médicaments** : la pénicilline, les sulfamides et autres antibiotiques, l'aspirine, les AINS, l'insuline, les antalgiques opiacés, les myorelaxants et les tranquillisants déclenchent de l'urticaire et de l'œdème de Quincke chez les personnes sensibilisées. (Voir Chapitre 20 les réactions médicamenteuses.)

✓ **Les insectes** : les guêpes, les abeilles et les frelons appartiennent tous à l'ordre des hyménoptères. En plus de la douleur provoquée par la piqûre de ces animaux, la réaction qui survient chez les personnes sensibilisées se traduit par un œdème localisé sur le site de la piqûre. Toutefois, dans certains cas, heureusement fort rares, un choc anaphylactique (réaction généralisée qui affecte plusieurs organes simultanément) peut se produire à la suite d'une piqûre d'insecte. Le Chapitre 21 vous proposera plus d'informations pour traiter les piqûres d'insectes et faire face au choc anaphylactique.

Les mécanismes physiques

L'exposition à la lumière, au froid, à la chaleur, à la pression et à l'exercice peuvent déclencher une urticaire ou un œdème de Quincke. Les *urticaires* physiques représentent 20 % des cas d'urticaire et d'œdème de Quincke. Dans certaines circonstances, suivant votre profession, vos activités et vos sensibilités aux facteurs déclenchants, vous pouvez présenter diverses manifestations d'urticaires physiques simultanément, car les différentes formes peuvent coexister. Les urticaires physiques les plus courantes sont :

✓ **Le dermographisme.** Le nom de cette maladie cutanée vient du grec *derma* : « peau » et *graphein* : « écrire ». Il est en effet possible d'écrire (avec l'ongle par exemple) sur la peau des personnes atteintes de cette affection. Chaque coup d'ongle se transforme rapidement en une strie blanche qui devient rouge et œdématiée. Cette forme bénigne d'urticaire affecte 5 à 10 % de la population et persiste parfois pendant des années. Les facteurs déclenchants correspondent à tous les contacts appuyés avec la peau. Les vêtements serrés ou les zones d'appui contre des surfaces dures (chaise ou bureau) déclenchent aussi cette forme d'urticaire.

✓ **L'urticaire cholinergique.** Aussi appelée urticaire de chaleur, cette forme d'urticaire provoquée par la chaleur représente environ 5 % des urticaires chroniques. Cette urticaire est déclenchée par une élévation de la température corporelle (lors d'un effort, un bain chaud, une transpiration, ou des aliments fortement épicés, par exemple). L'urticaire cholinergique est fréquente chez les adolescents et les jeunes adultes. La survenue des symptômes est généralement rapide (de deux minutes à une demi-heure). Ils comprennent une intense démangeaison, une petite urticaire, des picotements, une élévation de la température corporelle et une sensation de brûlure avant l'apparition de l'éruption.

✓ **L'urticaire au froid.** Dans la plupart des cas d'urticaire au froid, les symptômes se développent sur le site en contact avec du froid, et n'apparaissent que lorsque la zone se réchauffe. Les glaçons déclenchent typiquement cette réaction. De même, les boissons fraîches provoquent un œdème des lèvres et de la bouche. L'urticaire au froid est responsable de réactions parfois mortelles lors d'immersions soudaines et totales dans l'eau froide (si vous tombez dans un lac à moitié gelé, par exemple). Si vous souffrez d'urticaire au froid, votre médecin vous déconseillera de pratiquer toutes les activités nautiques qui risquent de vous immerger dans l'eau froide.

✓ **L'urticaire retardée à la pression.** Comme son nom l'indique, la survenue de cette maladie prend du temps, de trois à cinq heures en général, après la pression. Les pressions responsables de cette forme d'urticaire comprennent le contact avec des surfaces dures, le port de vêtements serrés, les applaudissements ou la pression exercée sur l'épaule par les bretelles des sacs ou les sacs à dos.

✓ **L'urticaire solaire.** L'urticaire solaire survient après quelques minutes d'exposition aux UV chez les personnes sensibilisées. Les symptômes persistent de 15 minutes à trois heures. Une réaction systémique (toux, respiration sifflante, souffle court ou chute de tension) survient parfois lorsque de grandes régions du corps sont exposées.

✓ **L'urticaire aquagénique.** Cette urticaire se déclare au contact de l'eau (toutefois, les boissons fraîches ne provoquent pas de symptômes). L'urticaire, qui démange fortement, apparaît après 2 à 30 minutes autour du point de contact de la peau avec de l'eau et s'affaiblit au bout de 15 à 90 minutes. Ce diagnostic ne doit être porté qu'après avoir obtenu une réponse positive à un test à l'eau (application d'une compresse mouillée sur le thorax pendant 10 à 30 minutes), et éliminé toutes les autres formes d'urticaires possibles.

L'anaphylaxie d'effort

L'anaphylaxie, une réaction parfois mortelle qui affecte de nombreux organes simultanément, est due à des réactions allergiques graves, généralement déclenchées par des aliments, des médicaments et des piqûres d'insectes. (Pour plus d'informations sur l'anaphylaxie, rendez-vous au Chapitre 1.)

L'anaphylaxie d'effort est une affection rare qui survient deux à trente minutes après un effort et évolue habituellement selon les étapes suivantes :

1. Éruption cutanée, fatigue, augmentation de la température corporelle.

2. Urticaire et œdème de Quincke.

3. Respiration sifflante et autres problèmes respiratoires, ainsi que des nausées, des diarrhées ou des vertiges.

4. Maux de tête, fatigue et élévation de la température corporelle. Dans la plupart des cas, les symptômes disparaissent en moins de trois heures, quoique le mal de tête puisse persister encore un jour ou deux.

Comme je l'expliquais précédemment, l'effort peut aussi déclencher une urticaire cholinergique. Toutefois, à l'inverse de cette dernière, un bain chaud ou une forte transpiration ne provoquent pas d'anaphylaxie d'effort en l'absence d'exercice. L'urticaire associée à l'anaphylaxie d'effort est généralement plus étendue que celle survenant dans le cadre d'une urticaire cholinergique. La pratique d'activités physiques dans une atmosphère chaude et humide associée à une histoire familiale d'allergies augmentent les risques d'anaphylaxie d'effort. L'ingestion de certains aliments trop tôt avant ou après l'effort peut jouer un rôle important dans certains cas d'anaphylaxie d'effort. (Pour plus d'informations consultez le Chapitre 19.)

Les urticaires de contact

Le contact de la peau avec certains irritants et allergènes peut déclencher une urticaire. Les deux principaux types d'urticaires de contact sont :

✓ **L'urticaire de contact allergique.** L'urticaire survient après la manipulation d'aliments (fruits secs, poissons, fruits de mer, pommes de terre crues et foie), d'antibiotiques, de résines époxy, de bois traités, de latex ou du formaldéhyde présent dans les vêtements neufs. L'urticaire qui suit un contact avec du latex, du formaldéhyde et certains aliments est due au contact direct des allergènes avec la peau. Elle est généralement moins étendue que les réactions allergiques systémiques aux aliments ou aux médicaments consommés.

✓ **L'urticaire de contact non allergique.** Cette affection touche les personnes non sensibilisées aux allergènes, mais qui réagissent peu après un contact avec des irritants comme les poils d'insectes ou d'araignées (pas les morsures, ni les piqûres), l'alcool, l'acide benzoïque, l'acide acétique, l'acide sorbique, le baume du Pérou, et le chlorure de cobalt.

Les intolérances médicamenteuses

Si vous avez une intolérance à l'aspirine, aux AINS et autres anti-inflammatoires, aux antibiotiques, aux antalgiques opiacés, ou à tout médicament contenant de la tartrazine (un colorant alimentaire), l'utilisation de ces produits peut provoquer des réactions non allergiques responsables d'urticaire et d'œdème de Quincke. (J'expliquerai la différence entre une allergie et une intolérance médicamenteuse au Chapitre 20.)

La vascularite urticarienne et autres maladies systémiques

Les facteurs héréditaires (prédisposition génétique à l'urticaire ou à l'œdème de Quincke), certaines maladies (comme la maladie sérique, potentiellement due à une réaction retardée à des médicaments, voir Chapitre 20) ou encore la grossesse peuvent être à l'origine d'éruptions cutanées. Dans d'autres cas, l'urticaire peut constituer le signe d'une maladie grave sous-jacente, de la même façon que des éruptions cutanées peuvent être caractéristiques de la varicelle ou de la rougeole.

Les principales formes d'urticaire ou d'œdème de Quincke liées à des maladies systémiques sont les suivantes :

✓ **Le prurigo de la grossesse.** Cette forme de démangeaison affecte les femmes au cours de leur troisième trimestre de grossesse. Souvent, le prurigo disparaît après l'accouchement et ne réapparaît pas lors des grossesses ultérieures. Pour plus d'informations sur les médicaments conseillés voir Chapitre 14.

✓ **L'urticaire pigmentaire.** Cette maladie rare se manifeste par des lésions cutanées pigmentées, qui deviennent œdémateuses et prennent un aspect pavé ou de peau de léopard lorsqu'elles subissent une pression. L'urticaire pigmentaire survient généralement avant trois ans. Cette affection étant parfois un signe annonciateur de *mastocytose systémique*, une maladie grave qui touche les os, le foie, les ganglions lymphatiques et la rate, consultez votre médecin si vous présentez ce type d'urticaire. En outre, cette affection peut compliquer les symptômes d'autres allergies (surtout celles aux piqûres d'insectes) et être responsable de réactions anaphylactiques.

✓ **La vascularite urticarienne.** Cette éruption cutanée, qui affecte plus souvent les femmes que les hommes, ressemble parfois à une réaction systémique d'allergie alimentaire, médicamenteuse ou aux piqûres d'insectes. Les signes permettant de la distinguer sont la sensation de brûlure, les lésions prurigineuses (qui démangent), la pigmentation de la peau qui persiste, même après la disparition des lésions et les crises qui durent plus de 24 heures. Ces symptômes indiquent parfois la présence d'une maladie sous-jacente plus grave comme une hépatite virale, une mononucléose, un problème thyroïdien ou une affection rhumatismale. Dans la partie précédemment consacrée au diagnostic, je présentais les tests auxquels vous devrez vous soumettre si vous présentez ce type d'urticaire.

✓ **L'œdème angio-neurotique héréditaire.** Cette affection se caractérise par des épisodes d'œdème de Quincke sur n'importe quelle partie du corps, sans association avec une urticaire. Certains cas d'œdème angio-neurotique héréditaire provoquent un œdème de l'appareil digestif, responsable de crampes d'estomac, de nausées, de vomissements et de douleurs abdominales évoquant une appendicite pendant un à deux jours. La complication la plus grave de est l'*œdème laryngé* (œdème de la gorge) qui met en jeu le pronostic vital, et nécessite parfois la réalisation d'une trachéotomie pour éviter la mort par asphyxie lorsque l'obstruction laryngée est très prononcée.

Le diagnostic de l'urticaire et de l'œdème de Quincke

La première étape consiste à déterminer quel type de maladie cutanée vous affecte. Comme je l'expliquais précédemment, de nombreux allergènes, irritants, facteurs physiques, intolérances ou maladies sous-jacentes peuvent provoquer une urticaire et de l'œdème de Quincke.

Afin de réduire l'éventail des causes possibles de votre urticaire ou œdème de Quincke, votre médecin va vous interroger sur vos antécédents médicaux, et vous examiner.

Même si votre médecin n'établit pas un diagnostic précis, vos antécédents et le résultat de son examen clinique lui permettent d'ores et déjà d'isoler les causes les plus probables de votre affection, de vous donner des conseils d'éviction et les mesures de traitement appropriées. Selon la sévérité et l'étendue des symptômes, le médecin vous adressera à un dermatologue ou à un allergologue pour des examens complémentaires.

En cas d'urgence

Si vous présentez un enrouement, un œdème de la langue et des difficultés à avaler (symptômes typiques d'un œdème laryngé), accompagnés d'une urticaire, il s'agit d'une urgence. Ces symptômes sont peut-être les signes d'un choc anaphylactique grave comme l'anaphylaxie d'effort, ou d'une forme grave d'œdème angio-neurotique héréditaire. Ne perdez pas de temps à essayer de trouver ce qui vous a mis dans cet état, utilisez votre trousse d'urgence (seringue auto-injectable d'adrénaline, voir Chapitre 1) et appelez un médecin en urgence. Une fois hors de danger, vous pourrez reprendre vos recherches pour obtenir un diagnostic précis afin d'éviter que la situation ne se reproduise.

Ne prenez pas votre urticaire à la légère

Lors de l'interrogatoire, votre médecin s'intéressera aux événements et aux facteurs déclenchants de votre vie quotidienne susceptibles de provoquer votre urticaire. Préparez-vous à lui fournir le maximum d'informations possible sur les sujets et les situations suivantes :

✓ Tous les médicaments (disponibles avec ou sans ordonnance), les suppléments ou les préparations à base de plantes.

✓ Les expositions aux allergènes (aliments, médicaments et piqûres d'insectes) à votre domicile, travail, école ou pendant vos loisirs.

✓ Les expositions à des facteurs physiques comme le froid, la chaleur, la pression, les vibrations, le soleil…, que je développais précédemment dans ce chapitre.

✓ Les infections virales ou bactériennes, parmi lesquelles les affections des voies respiratoires supérieures, les hépatites, la mononucléose infectieuse, l'herpès…

✓ Les maladies auto-immunes comme la polyarthrite rhumatoïde ou le lupus érythémateux.

✓ Les contacts avec des allergènes ou des irritants responsables d'urticaires de contact.

✓ Si votre éruption est absente au moment de votre visite, préparez-vous à décrire les conditions d'apparition, le nombre d'éruptions, leur durée, et la fréquence de leur survenue.

L'examen de l'urticaire

Votre médecin examinera non seulement votre peau, mais cherchera aussi d'autres maladies éventuelles pouvant contribuer à votre urticaire ou œdème de Quincke.

Certaines maladies provoquent des démangeaisons, une inflammation ou des lésions ressemblant à de l'urticaire ou à de l'œdème de Quincke :

✓ La grossesse, les affections rénales, hépatiques, de la thyroïde ou du système lymphatique, ainsi que le diabète provoquent parfois des démangeaisons chroniques que l'on peut confondre avec de l'urticaire.

✓ La dermite de contact (voir Chapitre 17), les autres affections cutanées (comme les cellulites), les lymphœdèmes et les blessures peuvent provoquer des œdèmes similaires à un œdème de Quincke.

✓ Les lésions qui surviennent dans le syndrome de Stevens-Johnson, une maladie grave, ressemblent parfois à l'urticaire. Les patients présentant ce syndrome ont également de la fièvre, une sensation de brûlure, des maux de gorge et un malaise général.

✓ Le virus de l'herpès entraîne des lésions ressemblant à de l'urticaire papuleuse ou cholinergique. Si les lésions sont symétriques, c'est certainement l'herpès qui est en cause.

✓ La maladie sérique se traduit parfois par des éruptions et d'autres symptômes similaires aux réactions anaphylactiques médicamenteuses ou aux piqûres d'insectes. Des douleurs articulaires et de la fièvre accompagnent les éruptions au cours de la maladie sérique. Ces réactions sont plus lentes que dans les cas allergiques.

Si vous n'êtes pas sûr d'avoir une urticaire, si les crises sont peu fréquentes et disparaissent avant que vous n'ayez eu le temps de consulter un praticien, prenez des photographies en couleur (pas en noir et blanc) de votre éruption. Ces photographies orienteront le diagnostic de votre médecin.

Gardez une trace de vos menus

En cas d'éruptions intermittentes éventuellement dues aux allergies alimentaires, votre médecin vous conseillera de garder une trace de ce que vous consommez. Tous les aliments et les boissons que vous avez pris au cours des 24 heures qui ont précédé la crise d'urticaire doivent être notés. Cela vous permettra, ainsi qu'à votre médecin, de trouver l'origine de vos symptômes.

Consultez un médecin avant d'éliminer de votre alimentation un produit que vous pensez être responsable de vos symptômes. En effet, ne déséquilibrez pas votre alimentation ou celle de votre enfant en vous privant d'un aliment suspect.

Les examens complémentaires

Selon les facteurs déclenchants suspectés, votre médecin vous fera passer différents tests pour déterminer plus précisément les causes et les mécanismes de votre affection. Les principaux tests sont :

✓ **Les tests de provocation.** Si une urticaire physique semble à l'origine de vos symptômes, votre médecin prescrira un test provoquant une réaction à petite échelle. Dans la plupart des cas, ces tests reposent sur une exposition de la peau aux facteurs physiques suspectés : la chaleur, le froid, les UV, la pression ou l'eau. Les tests pour l'anaphylaxie d'effort comprennent l'absorption de nourriture suivie d'un exercice réalisé sous surveillance médicale pour déterminer précisément la combinaison de facteurs responsables de la réaction.

✓ **Les tests cutanés d'allergies**. Ces tests sont utiles pour trouver les allergènes incriminés dans votre urticaire aiguë. Contrairement à l'urticaire chronique, les allergies sont plus souvent responsables d'éruptions dans les cas aigus. (Voir Chapitre 8 les tests cutanés d'allergies.)

✓ **Les dosages sanguins**. Si les tests cutanés sont déconseillés, votre médecin vous prescrira un RAST (voir Chapitre 8).

✓ **Biopsie cutanée**. Ce test consiste à prélever un petit échantillon de peau d'une zone affectée pour l'étudier au laboratoire. Les médecins ne prescrivent ce type de test que s'ils suspectent une vascularite urticarienne, et si les autres tests n'ont donné aucun résultat. Le dermatologue réalise le prélèvement qui sera analysé par un anatomo-pathologiste, spécialiste de l'interprétation des biopsies cutanées.

Je ne peux pas sortir dans cet état

Les mesures d'éviction et votre soulagement sont les points clés d'une bonne prise en charge de l'urticaire et de l'œdème de Quincke. Certains cas disparaissent sans intervention médicale majeure, et ne nécessitent que des soins simples et occasionnels pour contrôler les éruptions et les symptômes associés (le prurit en particulier). De même, si vos crises sont espacées, vous pouvez améliorer votre état sans traitement particulier tant que vous évitez l'exposition aux substances ou aux mécanismes à l'origine de votre affection. De toute façon, prenez l'avis de votre médecin.

Si la cause de vos éruptions est difficilement identifiable, ou si vos crises sont graves et persistantes, votre médecin vous prescrira un traitement préventif pour que vos symptômes n'affectent pas votre qualité de vie. En cas de crise importante, demandez immédiatement une assistance médicale.

Les premiers gestes

La première chose à faire est d'éviter les allergènes, les irritants, les mécanismes, et les intolérances susceptibles de déclencher de l'urticaire ou un œdème de Quincke. Et lors d'une crise, il faut absolument éviter qu'elle ne s'aggrave. Suivez les étapes suivantes pour vous soulager et éviter d'aggraver la situation :

✓ **Prenez des bains d'eau tiède.** Évitez les douches et les bains chauds car ils risquent d'accentuer les symptômes et de provoquer une urticaire cholinergique. De même, évitez l'eau froide ou la manipulation d'objets congelés (comme les glaçons), car ils déclenchent des urticaires au froid.

✓ **N'utilisez pas de savons agressifs.** Les savons agressifs endommagent la couche naturellement protectrice de votre peau et accentuent la démangeaison. Moins vous vous grattez, moins vous risquez d'infecter vos lésions.

✓ **Appliquez des lotions hydratantes dès votre sortie du bain et évitez de vous frictionner trop vigoureusement avec la serviette.** Utilisez plutôt la serviette pour vous tamponner délicatement.

✓ **Adoptez un look ample.** Portez des vêtements en coton confortables et légers, et évitez les tenues étriquées.

✓ **Évitez les environnements trop chauds au travail, à la maison ou à l'école.** Maintenez une atmosphère fraîche, surtout dans la chambre.

✓ **Évitez l'aspirine et les autres AINS, même quand les crises sont passées.** Si vous avez besoin de médicaments, pour des douleurs banales, prenez plutôt du paracétamol. Évitez l'alcool ou les antalgiques opiacés.

Les médicaments

Les médecins prescrivent principalement des antihistaminiques (voir l'encadré ci-après) pour éliminer les symptômes qui accompagnent l'urticaire et l'œdème de Quincke. Votre médecin vous prescrira toutefois des médicaments plus forts si vos crises sont sévères ou persistantes.

Les antihistaminiques oraux

Les antihistaminiques, qui bloquent les effets inflammatoires de l'histamine, ont une action anti-inflammatoire et soulagent la démangeaison qui accompagne habituellement l'urticaire et l'œdème de Quincke (voir le Chapitre 16 pour plus d'informations sur les antihistaminiques et les inflammations cutanées).

Les autres médicaments

Si les antihistaminiques ne viennent pas à bout de vos symptômes, l'utilisation des médicaments suivants est à envisager :

✓ **Les corticoïdes**. Si votre urticaire ou œdème de Quincke est particulièrement sévère, étendu ou persistant, votre médecin vous prescrira une courte cure de corticoïdes oraux. En cas de rechute après une ou deux courtes cures de ces produits, consultez votre médecin.

✓ **Les antibiotiques et les antihistaminiques oraux**. En cas d'infection bactérienne, généralement provoquée par le grattage des lésions, je vous conseille d'utiliser les antihistaminiques oraux pour soulager le prurit et des antibiotiques pour éliminer l'infection. Les formes locales de ces médicaments entraînant parfois des réactions de sensibilisation, il faut éviter de les utiliser lorsque la peau est lésée.

✓ **Les médicaments d'urgence.** Si un œdème de Quincke grave ou une réaction anaphylactique provoquent un œdème de la langue ou de la bouche et gênent votre respiration, vous avez besoin d'une injection d'adrénaline en urgence, premier traitement de l'anaphylaxie, pour éviter l'obstruction complète des voies respiratoires (voir Chapitre 1 le traitement du choc anaphylactique).

Cinquième partie
Allergies alimentaires, médicamenteuses et aux piqûres d'insectes

« Il est vrai qu'avec mes allergies
je n'ai pas beaucoup désherbé ces derniers temps. »

Dans cette partie...

Êtes-vous allergique à ce que vous mangez ? En général, la réponse est non, comme vous le découvrirez au Chapitre 19. Il faut pourtant identifier le type d'expérience alimentaire malheureuse que vous avez eue, quel aliment en était la cause et que faire pour les éviter, surtout si vous présentez réellement une allergie alimentaire et non pas une forme d'intolérance.

Cette partie aborde également les réactions aux médicaments, qui sont pour la plupart le résultat des mécanismes non allergiques. Il est essentiel de comprendre ce qui vous affecte afin d'adopter les mesures adéquates pour éviter la survenue de réactions potentiellement graves, notamment avec la pénicilline, l'aspirine ou les autres anti-inflammatoires.

Les piqûres d'insectes ne sont pas très menaçantes, sauf si vous êtes allergique aux venins d'hyménoptères (abeilles, guêpes et frelons). Dans les cas extrêmes, une piqûre d'insecte peut provoquer un choc anaphylactique (réaction grave touchant simultanément plusieurs organes) comme je l'expliquerai dans le Chapitre 21. Vous y trouverez également des conseils pour éviter une rencontre douloureuse avec ces animaux.

Chapitre 19
Les réactions alimentaires

Si vous avez l'impression que la nourriture que vous ingérez provoque chez vous de l'eczéma, des troubles gastriques, des crises de respiration sifflante ou d'autres symptômes (voire des réactions engageant le pronostic vital) sachez que vous n'êtes pas seul. Les réactions aux aliments concernent près d'un Français sur quatre à un moment ou à un autre de leur vie.

Tous les aliments responsables de réactions ne déclenchent pas nécessairement de réaction allergique. Même si de nombreux Français pensent que leur expérience gastronomique désastreuse est due à une allergie alimentaire, la plupart des cas font intervenir différentes formes d'intolérances alimentaires, d'intoxications et d'autres pathologies non allergiques que je vous décrirai d'ici peu.

Bien que les allergies alimentaires soient parfois très graves (et doivent donc être correctement prises en charge), le nombre d'adultes souffrant d'une véritable allergie alimentaire est d'environ 2 à 3,5 % de la population. La proportion s'élève à 6 % pour les nourrissons et les enfants.

Étant donné que les réactions alimentaires se manifestent par une multitude de symptômes nasaux, respiratoires, cutanés, gastro-intestinaux et buccaux, survenant séparément ou conjointement, les médecins les classent suivant les mécanismes impliqués.

Les réactions alimentaires se répartissent en deux grandes catégories :

✓ **Les allergies alimentaires**. Les allergies alimentaires surviennent lorsque le système immunitaire répond à des protéines spécifiques présentes dans certains aliments. Les réactions font intervenir des mécanismes allergiques IgE-dépendants (voir Chapitre 1) ainsi que des mécanismes non allergiques, que j'expliquerai plus loin.

  • Les allergies alimentaires IgE-dépendantes se traduisent par des problèmes digestifs, de l'urticaire et autres manifestations dermatologiques, voire parfois par un choc anaphylactique.

  • Les hypersensibilités alimentaires non dépendantes des IgE peuvent être responsables d'entérocolite, de colite et de malabsorption ainsi que d'une maladie cœliaque, d'une dermatite herpétiforme et d'hypersensibilité pulmonaire. Je vous présenterai ces pathologies plus en détail un peu plus loin.

✓ **Les intolérances alimentaires** (aussi appelées fausses allergies alimentaires ou FAA). Ce type de réaction est dû à une réponse non immunologique de l'organisme à des substances présentes dans divers aliments. Les principales intolérances alimentaires sont les suivantes :

  • L'intolérance au lactose.

  • Les réactions alimentaires pharmacologiques.

  • Les réactions alimentaires métaboliques.

  • Les réactions aux additifs alimentaires.

  • Les intoxications alimentaires.

  • Les empoisonnements.

Les allergies alimentaires

Dans le cas des allergies alimentaires IgE-dépendantes, le système immunitaire prépare des IgE spécifiques dirigées contre des allergènes spécifiques (voir Chapitre 1). Le niveau d'exposition nécessaire à la sensibilisation du système immunitaire à un aliment particulier varie suivant l'allergène impliqué. Les principaux allergènes alimentaires (aussi appelés trophallergènes) sont des protéines provenant des aliments suivants :

✓ L'arachide (principale cause de réactions graves), le soja, les petits pois, les haricots et autres légumineuses, ainsi que tous les aliments en contenant. Comme l'arachide entre dans la composition d'une grande variété d'aliments, le rôle de cette légumineuse dans les réactions allergiques est souvent occulté. Dans le paragraphe intitulé « Les allergies alimentaires et le choc anaphylactique » vous trouverez plus de détails sur l'allergie à l'arachide. Vous découvrirez aussi dans « Évitez les réactions alimentaires » des conseils pour débusquer les ingrédients allergisants cachés dans de nombreux aliments courants.

✓ Les fruits de mers : crevettes, homards, crabes, huîtres, coques…

✓ Les poissons d'eau douce ou de mer.

✓ Les fruits secs : amandes, noix du Brésil, noix de cajou, noisettes et noix.

✓ Les œufs, surtout le blanc, qui contient les principales protéines allergisantes, l'ovalbumine et l'ovomucoïde.

✓ Le lait de vache et tous les produits qui renferment des protéines du lait comme la caséine (80 % des protéines du lait de vache) et le lactosérum, qui contient la lactalbumine et la lactoglobuline.

✓ Le blé, que l'on rencontre dans de nombreux aliments comme le son, la farine, la farine complète, les germes de blé et l'amidon de blé. Le maïs, le riz, l'orge, l'avoine et les autres céréales sont moins souvent responsables d'allergies alimentaires.

Parmi ces trophallergènes, ceux les plus souvent incriminés dans les allergies alimentaires des enfants sont le lait, les œufs, l'arachide, les fruits secs, les poissons, le soja, le blé, la moutarde et désormais le ketchup. Chez l'adulte, les causes les plus fréquentes sont les poissons, les fruits de mer, l'arachide et le céleri.

Même si la plupart des enfants perdent leur sensibilité au lait et aux œufs vers l'âge de trois ans, les allergies aux cacahuètes, poissons, fruits de mer et fruits secs peuvent durer toute une vie.

D'autres sources d'allergènes alimentaires moins évidentes provoquent des réactions chez quelques personnes sensibles. Ces allergènes beaucoup moins fréquents, classés par familles, sont les suivants :

✓ Oignons, poireaux, ail, asperges.

✓ Brocolis, choux, choux-fleurs, raifort, radis, navets, moutarde, cresson.

✓ Abricots, cerises, pêches, amandes, prunes.

✓ Melons, melons d'Espagne, pastèques, citrouilles, courges…

✓ Tomates, pommes de terre, aubergines, poivrons, piments.

✓ Épinards, bettes, betterave…

Les allergies aux additifs alimentaires

Les mécanismes allergiques n'interviennent pas toujours lors des réactions aux additifs alimentaires. Il est parfois difficile d'identifier l'allergène en cause et de distinguer si c'est l'additif ou l'aliment lui-même qui est responsable des réactions.

Les additifs (les sulfites, par exemple) sont utilisés comme antioxydants pour conserver le vin, les fruits secs, les crevettes ou les pommes de terre. Ces additifs sont responsables d'allergies alimentaires, qui se traduisent parfois par un bronchospasme potentiellement mortel et des symptômes de l'asthme, surtout chez les asthmatiques sévères traités par corticoïdes oraux (voir Chapitre 12 les informations sur les médicaments antiasthmatiques).

L'exposition aux sulfites dans les salades mélangées ou le guacamole servi dans certains restaurants peut déclencher une crise d'asthme chez les asthmatiques sensibles lorsqu'ils inhalent les vapeurs de sulfites provenant des aliments traités. Ces antioxydants sont également utilisés pour éviter la décoloration des légumes verts et leur conserver un aspect appétissant. C'est pourquoi la laitue des buffets de hors-d'œuvre n'est pas toute flétrie, même si cela fait des heures qu'elle attend d'être mangée.

Les produits contenant des sulfites doivent être étiquetés, mais les pommes de terres précuites ou pelées, servies dans certains restaurants, contiennent des sulfites. Si vous avez de l'asthme, posez toujours des questions sur la nourriture servie dans les restaurants.

Les médecins doivent souvent se transformer en détectives pour déterminer l'origine d'une allergie alimentaire. Par exemple, si vous faites une réaction après avoir mangé un hot dog, votre médecin devra trouver si l'allergie est due aux allergènes de la viande, ou si vos maux de tête sont dus aux nitrites présents dans la viande pour la conserver, ou encore si vous faites une réaction aux colorants alimentaires utilisés pour donner sa jolie couleur à la saucisse.

Comment se développent les allergies alimentaires ?

L'atopie, terme générique décrivant la prédisposition à développer des allergies, est un élément important dans la survenue d'une allergie alimentaire. Le système immunitaire d'un nourrisson peut commencer à répondre aux allergènes alimentaires peu après la naissance.

Comme je l'expliquais au Chapitre 1, la propension à développer des allergies peut s'exprimer sous diverses formes telles que la rhinite allergique ou la dermatite atopique. La prédisposition aux allergies se transmet de génération en génération, mais pas les allergies elles-mêmes. Votre mère peut donc être allergique au homard, votre fils avoir de l'urticaire après avoir mangé des cacahuètes, et la petite dernière être congestionnée après un biberon au lait de vache.

La sévérité des symptômes dépend aussi du niveau de sensibilité à des allergènes alimentaires spécifiques et parfois de la quantité d'aliments consommés. Dans certains cas, l'ingestion de petites quantités des aliments incriminés ne déclenche pas de réaction. Les paragraphes suivants vous proposeront plus de détails sur les différentes formes d'allergies alimentaires.

Les allergies digestives

Les allergies digestives, qui surviennent quelques minutes à quelques heures après l'ingestion des allergènes alimentaires, se traduisent souvent par des douleurs abdominales, des vomissements et des diarrhées. Les allergies digestives se répartissent de la façon suivante :

✓ **L'allergie digestive.** Cette réaction survient généralement avec d'autres manifestations atopiques, comme la rhinite allergique ou la dermatite atopique, et provoque des nausées, des douleurs gastriques, des vomissements et, dans certains cas, des diarrhées. Cette affection est parfois responsable d'un choc anaphylactique (voir « Les allergies alimentaires et le choc anaphylactique » plus loin).

✓ **L'allergie au lait de vache.** Plus de 2 % des enfants présentent une allergie à la caséine et au lactosérum (lactalbumine et lactoglobuline) du lait de vache. Cette allergie, qui provoque des diarrhées et des vomissements, même pour de très faibles quantités de ces protéines, se distingue de l'intolérance au lactose plus fréquente (comme je l'expliquerai d'ici peu dans « Les intolérances alimentaires »).

✓ **Le rash cutané péri-buccal.** Si vous avez une rhinite allergique (rhume des foins) vous présentez peut-être un rash cutané péri-buccal lorsque vous consommez certains fruits frais et légumes crus.

Ces réactions croisées se produisent chez les personnes sensibles au pollen de bouleau (avec les pommes, les carottes, les pommes de terre, les noix, les noisettes et les fruits comme les poires, les prunes…), au pollen d'ambroisie (avec les bananes, les melons, les pastèques…), et aux pollens de graminées (avec le melon et les kiwis). Les réactions se manifestent par une démangeaison et un œdème des lèvres, de la langue et du palais, la formation de cloques sur la gorge et la muqueuse buccale. Ces fruits et légumes, qui peuvent être consommés cuits ou glacés, ne déclenchent de réaction que lorsqu'ils sont crus. Parlez-en tout de même avec votre médecin avant d'en manger (voir l'encadré suivant).

L'urticaire et autres réactions cutanées alimentaires

Les allergies alimentaires IgE-dépendantes dont je parlais précédemment sont parfois responsables de réactions cutanées chez les personnes atopiques.

✓ **La dermatite atopique.** Chez plus d'un tiers des enfants atteints de cette affection dermatologique, le lait, les œufs, les cacahuètes, les fruits secs, le soja et le blé provoquent la survenue de symptômes.

✓ **L'urticaire.** Les démangeaisons surviennent après l'ingestion de différents aliments tels que les cacahuètes, les fruits secs, le lait, les œufs, le poisson, les fruits de mer, le soja et les fruits, ainsi que les additifs alimentaires comme l'acide benzoïque, les sulfites et les colorants. Le contact cutané avec de la viande, du poisson, des légumes ou des fruits crus peut aussi déclencher des éruptions aiguës d'urticaire de contact. Les allergies alimentaires se manifestent souvent par une crise d'urticaire aiguë (de survenue rapide et sévère). (Voir Chapitre 18 pour plus d'informations sur l'urticaire.) Les chocs anaphylactiques d'effort liés à la nourriture provoquent aussi de l'urticaire et de l'œdème de Quincke.

✓ **L'œdème de Quincke.** Cette affection, due à une inflammation des tissus sous-cutanés, entraîne un œdème de la peau, des sensations de brûlure douloureuses plutôt qu'une démangeaison. L'œdème de Quincke survient parfois en réponse aux mêmes allergènes que ceux responsables d'urticaires. (Voir l'œdème de Quincke au Chapitre 18.)

ATTENTION !

Quel rapport avec le bouleau ?

Les symptômes d'allergies buccales sont parfois dus aux réactions croisées existant entre des pollens et des aliments. Le système immunitaire reconnaît des allergènes apparentés provenant de sources sans rapports. Si vous avez été sensibilisé à des allergènes cousins et y êtes exposé en même temps, les symptômes allergiques surviennent.

Par exemple, si vous êtes allergique au pollen de bouleau, en plus des symptômes de rhinite allergique, vous aurez peut-être une déman-geaison et un œdème de la bouche si vous mangez des noix, des noisettes, des pommes, des carottes… La réaction croisée survient également en cas d'allergie au latex (utilisé dans de nombreux objets de la vie quotidienne comme les gants, les élastiques, les gommes, les appareils de sport et les préservatifs) lorsque vous consommez des fruits comme les bananes, les avocats, les kiwis, les papayes et les châtaignes.

Dans les cas graves d'urticaire et d'œdème de Quincke, il peut se produire un œdème de la langue, de la gorge et des voies respiratoires, ainsi que des difficultés à avaler et un évanouissement. Si l'œdème de Quincke touche votre visage, votre respiration risque d'être gênée, consultez donc immédiatement un médecin.

Les allergies alimentaires et le choc anaphylactique

La complication la plus grave des allergies alimentaires est le choc anaphylactique. Cette réaction allergique systémique de survenue brutale, souvent provoquée par les mêmes aliments que ceux responsables d'urticaire et d'œdème de Quincke, touche de nombreux organes simultanément. Elle est potentiellement mortelle.

L'urticaire généralisée

L'urticaire généralisée (qui siège sur une grande partie du corps) est souvent le premier symptôme d'un choc anaphylactique et peut provoquer un œdème de Quincke des lèvres, des paupières, de la langue et de la trachée (œdème laryngé), ainsi qu'une respiration sifflante et des vertiges. Cette réaction particulièrement dangereuse peut évoluer vers un choc anaphylactique, caractérisé par un état de choc, une hypotension, une arythmie (rythme cardiaque irrégulier) et même un arrêt respiratoire. Cette réaction met en jeu le pronostic vital.

Les facteurs déclenchants habituels de l'urticaire généralisée sont les aliments comme les cacahuètes ou les fruits de mer (chez les personnes particulièrement sensibilisées à ces aliments), des réactions allergiques sévères aux médicaments comme la pénicilline et autres substances apparentées (ou les réactions pseudo-allergiques à l'aspirine et autres anti-inflammatoires, voir Chapitre 20), les allergies au latex (voir Chapitre 17), et/ou les allergies aux piqûres d'hyménoptères (guêpes, abeilles et frelons, voir Chapitre 21).

Le choc anaphylactique dépendant de l'exercice physique et de l'ingestion d'aliments

Le choc anaphylactique dépendant de l'exercice physique et de l'ingestion d'aliments, qui est une variante du choc anaphylactique (dont je parlais dans le Chapitre 18), survient lors de la pratique d'un exercice physique trois à quatre heures après avoir consommé un aliment particulier. On distingue les deux formes suivantes :

✓ Dans la plupart des cas, l'anaphylaxie survient uniquement si vous avez consommé des aliments particuliers comme le céleri, les fruits de mer, le blé, le lait, les poissons, avant de faire de l'exercice. Si vous subissez ce type de réaction et que vous réussissez à identifier l'aliment incriminé, votre médecin vous conseillera de pratiquer un test cutané d'allergie (voir Chapitre 8) pour confirmer votre sensibilité à cet allergène.

✓ Exceptionnellement, l'anaphylaxie survient au cours de l'exercice quels que soient les aliments consommés.

Prise en charge et prévention de l'anaphylaxie

Les allergies alimentaires sont l'une des principales causes du choc anaphylactique. La méthode de prévention la plus efficace à long terme consiste à éviter les aliments responsables de réactions anaphylactiques alimentaires. Je vous présenterai les moyens d'éviter les allergènes alimentaires plus loin dans ce chapitre.

Si votre enfant souffre d'anaphylaxie alimentaire, prévenez la baby-sitter, la nourrice, vos parents, vos proches, les parents de ses camarades, les professeurs et le personnel de l'école.

Évitez les problèmes avec l'arachide chez les enfants

Si votre enfant est allergique à l'arachide, faites très attention aux aliments qui peuvent en contenir, car ils sont parfois responsables de réactions mortelles chez les individus particulièrement sensibles.

Voici quelques éléments à garder à l'esprit au sujet des enfants et des cacahuètes :

✓ De nombreux aliments contiennent des cacahuètes sous la forme d'ingrédients cachés. Il faut donc examiner attentivement les étiquettes de tous les produits consommés, et choisir avec soin le menu lorsque vous sortez (voir « Éviter les réactions alimentaires » plus loin dans le chapitre). Donnez à votre enfant un déjeuner à emporter pour réduire les risques d'absorption de cacahuètes, même en quantités infimes, lors des repas à la cantine.

✓ Comme de nombreux aliments contiennent des cacahuètes dans la liste de leurs ingrédients, apprenez à votre enfant à refuser les cacahuètes, bien sûr, mais aussi tous les aliments qui lui sont proposés (notamment les barres de céréales ou chocolatées) par ses camarades.

✓ L'allergie à l'arachide ayant été largement médiatisée, les compagnies aériennes américaines ont désormais banni les cacahuètes de leurs vols. Si vous présentez une allergie alimentaire, demandez toujours des renseignements concernant la nourriture qui vous est servie, même si la compagnie déclare qu'il n'y a pas de cacahuètes sur ses vols.

✓ À l'école, un enfant allergique à l'arachide doit porter une carte le signalant. Demandez à votre médecin de lui prescrire une trousse d'urgence contenant une seringue d'adrénaline. Assurez-vous que le personnel scolaire sait administrer ce médicament.

Le traitement d'urgence des chocs anaphylactiques

Si vous êtes sujet aux chocs anaphyladiques, ayez toujours sur vous de l'adrénaline injectable et demandez une aide médicale dès que les premiers symptômes surviennent. Je vous conseille d'établir un plan d'urgence prenant en compte les éléments suivants :

✓ Les médicaments prescrits par votre médecin en cas de choc anaphylactique.

✓ Une liste de vos symptômes.

✓ Un plan de traitement écrit par votre médecin.

✓ Le nom de votre praticien et son numéro de téléphone.

Demandez à votre médecin s'il pense que vous devriez avoir une trousse d'urgence contenant de l'adrénaline injectable. Les parents et les personnes qui s'occupent d'enfants doivent apprendre à délivrer la bonne dose. Je vous recommande également de porter une carte mentionnant vos allergies au cas où vous ne pourriez communiquer.

Les allergies alimentaires non IgE-dépendantes

Les allergies alimentaires sont parfois dues à des réactions du système immunitaire qui ne font pas intervenir la production d'anticorps IgE. Les allergies alimentaires non IgE-dépendantes les plus courantes sont :

✓ **Le syndrome de malabsorption.** Les symptômes sont des diarrhées, des vomissements et une perte de poids ou une stagnation pondérale.

✓ **La maladie cœliaque.** Cette pathologie, qui est une forme grave de malabsorption, peut provoquer une inflammation intestinale. Les symptômes peuvent être une diarrhée, des douleurs abdominales, une anémie ou de l'ostéoporose. La maladie cœliaque semble ne survenir que chez les personnes atopiques. Les personnes concernées par cette pathologie présentent une hypersensibilité à un constituant du gluten appelé *gliadine*, que l'on rencontre dans le blé, l'orge, le seigle et l'avoine. Si vous présentez cette affection, rassurez-vous, vous ne serez pas condamné à vous passer de pâtes et gâteaux, car il existe de nombreux produits sans gluten, depuis la bière jusqu'aux bretzels.

Les intolérances alimentaires

Comme je l'expliquais au début de ce chapitre, de nombreuses réactions ne font pas intervenir le système immunitaire. Ces réactions non immunologiques sont les symptômes d'intolérances alimentaires parmi lesquelles on distingue différentes pathologies dont je vous parlerai dans les paragraphes suivants.

L'intolérance au lactose

Si vous êtes intolérant au lactose, l'origine de votre problème est l'insuffisance de la production de lactase (une enzyme) par votre organisme, pour vous permettre de digérer le lait de vache. Si vous buvez du lait ou mangez des aliments qui en contiennent, vous ressentirez des crampes d'estomac, des nausées, des ballonnements, des gaz, et des diarrhées.

L'intolérance au lactose se traite en évitant de consommer des produits laitiers, ou en ajoutant des lactases à l'alimentation. À l'inverse de l'allergie au lait de vache (dont je parlais précédemment dans « Les allergies alimentaires »), il est possible de consommer de petites quantités de lait de vache sans éprouver de réaction.

Les réactions alimentaires métaboliques

Dans certains cas, la consommation de quantités moyennes ou normales de certains aliments (surtout des aliments gras) perturbe le système digestif en raison de plusieurs facteurs. Ces troubles, appelés réactions métaboliques alimentaires, peuvent être causés par :

✓ Des médicaments (des antibiotiques, par exemple).

✓ Une maladie (comme un virus gastro-intestinal) qui affecte votre système digestif.

✓ Une malnutrition (due par exemple à une carence vitaminique ou enzymatique).

Consultez votre médecin si la nourriture de tous les jours provoque chez vous des troubles digestifs, surtout si un médicament semble y contribuer.

Les réactions aux additifs alimentaires

De nombreuses réactions alimentaires sont dues aux additifs alimentaires. Les plus fréquents sont :

✓ **Le glutamate**. Consommé en grandes quantités, cet exhausteur de goût provoquerait des sensations de brûlure, une douleur du visage, une douleur thoracique, des maux de tête, et dans quelques cas des symptômes d'asthme sévère. Bien que de nombreuses personnes associent ces réactions à la cuisine asiatique, aucune étude n'a mis en évidence de relation directe entre la consommation de glutamate et les réactions alimentaires.

✓ **La tartrazine (E102)**. Ce colorant alimentaire jaune, qui peut aggraver une urticaire chronique, se trouve pourtant dans le sirop pour enfant utilisé pour traiter les allergies comme l'urticaire. Encore une bonne raison de lire attentivement les notices des médicaments !

✓ **Les sulfites**. Rencontrés fréquemment dans les aliments industriels et les vins, les sulfites produisent parfois des problèmes respiratoires. Dans certains cas, les sulfites provoquent un bronchospasme potentiellement mortel et des symptômes d'asthme chez les individus sensibilisés (voir l'encadré « Les allergies aux additifs alimentaires » plus haut).

Les intoxications alimentaires

Les intoxications alimentaires sont dues à une contamination bactérienne d'aliments mal préparés, notamment de la viande ou des salades. Vous avez certainement entendu parler de la salmonelle, d'*E. coli*, de la Listéria et de l'entérotoxine des staphylocoques. Ces bactéries sont les principaux suspects des intoxications alimentaires. Les symptômes d'intoxication sont les nausées, les vomissements et les diarrhées, qui peuvent faire penser à une grippe. Les intoxications alimentaires sont parfois fatales si elles ne sont pas traitées à temps.

Les chercheurs pensent que de nombreux cas d'affections, diagnostiquées à tort comme une courte grippe, sont en fait imputables à l'ingestion d'aliments avariés.

Si plusieurs personnes présentent les mêmes symptômes après avoir partagé un même repas (une bonne salade de pommes de terre à la mayonnaise restée toute la matinée au soleil lors du pique-nique familial, par exemple), l'intoxication alimentaire est certainement responsable de cette longue queue devant les toilettes.

Si vous avez des problèmes intestinaux, qui vous semblent liés à une intoxication alimentaire, buvez suffisamment pour éviter la déshydratation, qui est l'une des conséquences les plus graves de cette affection. Si votre état ne s'améliore pas en 24 heures, consultez un médecin.

Les empoisonnements

Certains aliments sont naturellement toxiques pour l'homme, que l'on soit allergique ou non. Les champignons vénéneux, comme ceux de la famille des amanites, sont parmi les aliments les plus dangereux. D'autres sources de produits toxiques comprennent les coquillages infestés par des organismes toxiques (algues) ou les poissons exotiques mal préparés.

Faites attention lorsque vous ramassez des champignons. Parfois, plus l'aliment est attirant, plus il est toxique. Veillez à ce que vos enfants ne mangent pas les plantes toxiques de votre jardin (azalées, gui, rhododendrons, jonquilles, daturas...).

Les réactions toxiques, qui touchent le système nerveux central et l'appareil digestif, provoquent les symptômes suivants :

✓ Délires, vertiges, pertes de conscience et convulsions.

✓ Problèmes respiratoires.

✓ Crampes d'estomac, nausées, vomissements et diarrhées.

✓ Brûlures ou douleurs de la bouche, de la gorge et de l'estomac. (Ces symptômes sont caractéristiques d'un empoisonnement aux produits toxiques comme les produits d'entretiens ou les désherbants…)

Si vous pensez que quelqu'un s'est empoisonné, téléphonez immédiatement au centre antipoison de votre région, dont le numéro figure dans les premières pages de l'annuaire. Les empoisonnements nécessitent généralement l'intervention de soins d'urgence.

Diagnostiquez les réactions alimentaires

Afin de diagnostiquer votre réaction alimentaire, votre médecin doit vous interroger sur vos antécédents médicaux et vous examiner. Il vous demandera des précisions sur la réaction afin de cibler la gamme des aliments suspectés d'être responsables de vos réactions.

Notez vos menus

Un carnet de bord détaillé, sur lequel vous noterez tout ce que vous consommez, même en dehors des repas, et où vous décrirez vos réactions, aidera beaucoup votre médecin à établir son diagnostic.

Un carnet de bord bien tenu peut renseigner votre médecin sur les points suivants :

✓ Le déroulement de vos réactions. Si elles apparaissent immédiatement après avoir consommé un aliment ou après un certain délai.

✓ Les quantités d'aliments qui semblent déclencher une réaction.

✓ La durée et la sévérité de vos symptômes.

✓ Les activités, l'exercice physique notamment, qui paraissent associées à vos réactions.

Les causes atopiques

Au cours de votre consultation, le praticien recherchera des signes de maladies atopiques dont :

- ✓ Une peau sèche et écailleuse, qui peut témoigner d'une dermatite atopique.
- ✓ Des cernes sombres sous les yeux, signe d'une rhinite allergique.
- ✓ Une respiration sifflante et une toux, indiquant la présence d'un asthme.

Élimination des aliments suspects

Dans certains cas, votre médecin vous conseillera de faire un régime d'éviction, pour confirmer la responsabilité d'un aliment suspecté. Vous devrez pour cela éliminer de votre alimentation les aliments suspects les uns après les autres, sous surveillance médicale.

N'entreprenez un régime d'éviction que sous surveillance médicale. Ne vous privez pas d'aliments qui ne provoquent aucun symptôme et qui sont indispensables à votre santé. Votre médecin peut aussi vous demander de suivre ce régime d'éviction avant d'entreprendre un test de provocation orale, que je décrirai plus loin.

Les tests pour les allergies alimentaires

Si votre médecin ne parvient pas à identifier l'origine de vos réactions, il peut vous demander de pratiquer les tests suivants.

Tests cutanés

Les tests cutanés sont réalisés avec des extraits d'aliments pour évaluer la sensibilité à des allergènes suspectés. Ces tests, pratiqués uniquement par un spécialiste, ne sont pas toujours indiqués dans les allergies alimentaires.

Des tests utilisant l'aliment directement sont parfois utilisés ; ce sont les tests avec l'aliment natif.

Dans certains cas, votre médecin vous déconseillera les tests cutanés car une réaction positive pourrait déclencher un choc anaphylactique, notamment, si vous êtes particulièrement sensible à certains aliments, comme l'arachide.

En général, les prick-tests sont les seuls tests pratiqués pour les allergènes alimentaires.

Les tests de provocation orale

Les tests de provocation orale, effectués en milieu hospitalier, consistent à ingérer, sous contrôle médical, une infime quantité d'un aliment contenant les allergènes suspectés.

Pour garantir un diagnostic précis, le médecin pratiquera ces tests lorsque vous ne présentez aucun symptôme, généralement après un régime d'éviction. Suivant la sévérité de vos réactions et le type d'allergène incriminé, le médecin choisira de pratiquer un ou plusieurs des tests de provocation orale suivants :

✓ **Test ouvert**. Dans ce type de test, le médecin vous informera de l'aliment que vous ingérez.

✓ **Test en aveugle**. Au cours de ce test, le médecin ne vous dira pas quel aliment il vous donne, mais lui saura ce qu'il vous administre.

✓ **Test en double aveugle contre placebo**. Cette méthode de test, plus complexe, est la référence pour identifier les allergènes alimentaires. Ni vous ni votre médecin ne saurez quel allergène vous est administré. Le médecin vous demandera de jeûner pendant une certaine période avant le test. Vous devrez également arrêter vos traitements antihistaminiques (sur les conseils du médecin) avant le test. La dose initiale d'aliment suspecté utilisée dans ce type de tests est généralement de la moitié de la quantité minimale nécessaire à déclencher une réaction.

Ces tests doivent être pratiqués dans des établissements équipés pour traiter une réaction sévère. Si vous avez des antécédents de réactions graves à des aliments, votre médecin pensera certainement que les tests de provocation sont trop dangereux.

Le dosage sanguin des IgE (RAST)

Si les tests cutanés et de provocation sont déconseillés, vous pourrez faire un dosage sanguin pour mesurer les concentrations en IgE spécifiques d'un aliment (voir Chapitre 1).

Évitez les réactions alimentaires

Une fois que votre médecin aura trouvé l'origine de vos réactions, le moyen le plus efficace de prendre en charge cette pathologie à long terme, et d'éviter les rechutes, consiste en une éviction rigoureuse des aliments incriminés. Cette solution peut vous sembler évidente, mais il faut parfois être expert pour lire la composition des aliments. Dans certains cas, les allergènes se cachent sous des appellations obscures sur les étiquettes.

Faites savoir à votre famille, vos amis et collègues que vous êtes allergique à certains aliments. Vous réduirez ainsi les risques d'urticaire pour le réveillon de Noël ou un déjeuner important avec votre patron et de nouveaux clients.

Si vous avez déjà présenté un choc anaphylactique d'origine alimentaire, évitez certains restaurants. Souvent, les serveurs ne disposent pas d'informations suffisantes sur les ingrédients utilisés en cuisine pour vous garantir un repas dépourvu d'allergènes. Je vous recommande de contrôler attentivement votre menu avec le chef ou le responsable du restaurant.

Si la prise en charge efficace de vos allergies alimentaires consiste en une éviction de certains aliments courants, pendant de longues périodes, consultez un diététicien pour prévenir d'éventuels risques de carences alimentaires ou de malnutrition.

Chapitre 20

Les réactions aux médicaments

....

Dans ce chapitre :

➤ Découvrez les réactions aux médicaments

➤ Diagnostiquez les allergies médicamenteuses

➤ Évitez les médicaments qui vous posent des problèmes

....

Les médicaments jouent aujourd'hui un rôle incontestable. Les antibiotiques, l'insuline, les anti-inflammatoires… permettent aux médecins de soigner de nombreuses maladies autrefois fatales. Bien utilisés, les médicaments, comme ceux prescrits pour traiter la rhinite allergique (voir la Première partie), et l'asthme (Troisième partie), présentent peu, voire aucun effet indésirable.

Toutefois, les réactions aux médicaments sont un problème pour certains d'entre nous.

Tous les effets d'un médicament autres que ceux pour lesquels il est pris sont considérés comme des réactions. Cette définition exclut les surdosages intentionnels ou non, la consommation de stupéfiants ou les échecs thérapeutiques.

Les patients les plus sujets aux réactions aux médicaments sont ceux qui ont :

✓ Une maladie grave nécessitant de fortes doses et/ou un grand nombre de médicaments différents.

✓ Des problèmes hépatiques ou rénaux, surtout chez les patients consommant beaucoup d'alcool.

✓ Une immunodéficience, notamment les personnes atteintes du Sida. Dans ce cas, les médicaments qui posent le plus de problèmes sont la sulfadiazine, l'aciclovir ou la zidovudine.

Même si des réactions surviennent chez des personnes prenant des médicaments, seulement 10 % de ces réactions sont dues à une véritable allergie aux produits contenus dans le médicament. La plupart des réactions sont provoquées par d'autres mécanismes que j'expliquerai dans ce chapitre.

Comprendre les réactions aux médicaments

Les réactions aux médicaments peuvent être classées en prévisibles et imprévisibles. (Je parlerai des réactions imprévisibles dans le paragraphe intitulé « L'intolérance et l'idiosyncrasie médicamenteuses ».) Les réactions prévisibles sont :

✓ **Les effets secondaires connus.** La notice d'information accompagnant chaque médicament donne la liste de tous les effets secondaires potentiels liés à son utilisation. Par exemple, la consommation d'aspirine entraîne une irritation gastrique chez certaines personnes, et la somnolence est un effet secondaire fréquent des antihistaminiques.

✓ **Les interactions médicamenteuses.** Comme je l'expliquais dans les Chapitres 7 et 12, informez toujours votre praticien de tous les médicaments que vous consommez. Cette liste doit comprendre ceux disponibles sans ordonnance, ainsi que les vitamines et suppléments nutritionnels. Certains médicaments ne vont pas bien ensemble comme le montrent les exemples suivants :

• Si vous êtes asthmatique et que vous prenez des bêtabloquants par voie orale (pour les migraines, l'hypertension, l'angine de poitrine ou l'hyperthyroïdie) ou en collyre (pour le glaucome), ces médicaments risquent d'inhiber l'action de vos bronchodilatateurs bêta-2-mimétiques inhalés à action brève, vous privant du soulagement rapide nécessaire en cas de crise. Parfois, la prise de bêtabloquants déclenche une crise d'asthme chez des individus sensibles qui n'ont jusqu'alors présenté aucun symptôme respiratoire.

• Les associations médicamenteuses ont parfois de lourdes conséquences. Si par exemple, vous prenez de la théophylline (utilisée pour traiter certains cas d'asthme) et de l'érythromycine (un antibiotique) pour une infection bactérienne, les effets combinés de ces deux médicaments peuvent empêcher votre foie de métaboliser et d'éliminer la théophylline de votre organisme. Ce qui peut entraîner une concentration sanguine en théophylline trop élevée, et une éventuelle réaction toxique.

✓ **Les surdosages intentionnels ou accidentels**. N'oubliez pas que l'excès est mauvais. Utilisez uniquement les médicaments (disponibles avec ou sans ordonnance) destinés à traiter les symptômes que vous présentez. Lisez donc attentivement la notice avant de les utiliser et suivez précisément les indications qui y figurent, ou les conseils de votre médecin.

Il est possible aussi de définir les réactions aux médicaments selon les mécanismes qui les provoquent, quoique certains d'entre eux ne soient pas entièrement élucidés. Les paragraphes suivants présentent ces mécanismes.

L'allergie médicamenteuse

L'allergie médicamenteuse fait intervenir une réponse spécifique du système immunitaire (voir Chapitre 2) à certains médicaments, chez les personnes sensibles aux substances allergisantes de ces médicaments. L'allergie médicamenteuse la plus fréquente survient avec la pénicilline et les produits apparentés. Les autres médicaments responsables d'allergies sont : les céphalosporines, les sulfamides, l'insuline et les sérums pour les traitements antivenimeux des morsures de serpent.

L'aspirine et les autres anti-inflammatoires peuvent aussi provoquer des réactions. Ces réactions ne sont toutefois pas considérées comme réellement allergiques car, dans la plupart des cas, les mécanismes immunologiques ne sont pas impliqués.

Les réactions non immunologiques aux médicaments

La plupart des réactions aux médicaments ne sont pas immunologiques, c'est-à-dire qu'elles ne font pas intervenir l'un des quatre mécanismes immunologiques décrits dans le Chapitre 2. L'aspirine et les anti-inflammatoires sont les principaux responsables dans ce type de réaction, qui comprend les deux catégories suivantes :

✓ **L'idiosyncrasie médicamenteuse**. L'idiosyncrasie se traduit par un effet indésirable imprévisible, sans rapport avec l'effet attendu du médicament (par exemple, une anémie grave survient chez certaines personnes après la prise d'antipaludéens, de sulfamides ou d'antalgiques).

✓ **L'intolérance médicamenteuse**. Après la prise de doses inférieures à la normale, l'intolérance se manifeste par des effets indésirables qui ne sont pas encore expliqués. Par exemple, la prise d'un cachet d'aspirine provoque des bourdonnements d'oreille chez certaines personnes.

Les réactions médicamenteuses pseudo-allergiques

Les réactions pseudo-allergiques ressemblent aux allergies médicamenteuses et peuvent provoquer une anaphylaxie. Ces réactions ne font pas intervenir les mécanismes immunologiques IgE-dépendants (les IgE sont les agents responsables de la libération de substances chimiques inflammatoires comme l'histamine des mastocytes présents dans les épithéliums de nombreuses parties de l'organisme).

Si vous êtes sujet aux réactions pseudo-allergiques à un médicament particulier, vous risquez d'avoir une réaction sévère et immédiate à la substance dès la première fois que vous l'utilisez, alors qu'une double exposition aux allergènes du médicament est nécessaire dans le cas des allergies.

L'aspirine et les anti-inflammatoires sont souvent impliqués dans les réactions pseudo-allergiques. Les autres médicaments responsables de réactions pseudo-allergiques sont :

✓ Les produits de contraste iodés, utilisés dans certains examens comme l'urographie intraveineuse pratiquée pour dépister des problèmes rénaux et urinaires.

✓ Les solutés de remplissage vasculaire (utilisés dans les chocs graves) tels que le dextran, les gélatines fluides, l'hydroxyéthylamidon ou l'albumine humaine.

✓ Les analgésiques morphiniques comme la codéine ou la morphine.

Les allergies médicamenteuses

Contrairement à ce que l'on pense généralement, seul un petit nombre de réactions sont dues à des allergies médicamenteuses.

Les allergies médicamenteuses surviennent si vous êtes sensibilisé à l'un des ingrédients, par ailleurs inoffensif, du médicament. Plus vous êtes exposé à un médicament, plus vous risquez de développer une allergie à cette substance (voir Chapitre 2 l'explication de ce mécanisme).

Les facteurs de risque d'allergies médicamenteuses sont les suivants :

✓ Le dosage du médicament.

✓ Le type de prise : par voie orale, locale ou par injection.

✓ La durée du traitement.

✓ Le nombre de traitements antérieurs avec ce même médicament.

✓ Les maladies comme l'asthme, la mucoviscidose, la mononucléose, le Sida, qui s'ajoutent à celle pour laquelle vous prenez le médicament en question.

✓ L'âge, le sexe et les antécédents familiaux.

Sensibilisation cutanée et allergies médicamenteuses

Tout en traitant votre affection cutanée, vous vous sensibilisez à la substance contenue dans le produit pour application locale. Ce problème survient souvent avec l'éthylène-diamine (EDA), une substance très utilisée comme conservateur dans les antiseptiques.

Je vous déconseille d'utiliser les formes locales d'antibiotiques (comme la néomycine) et les anesthésiques locaux (benzocaïne) sans avoir au préalable demandé l'avis de votre médecin. Vous risquez de développer une allergie aux substances présentes dans ces préparations, qui pourrait entraîner une réaction systémique grave si vous devez prendre le médicament par voie orale ou en injection.

Les symptômes de l'allergie médicamenteuse

Certains médicaments ont tendance à provoquer des réactions dans divers tissus et organes. Même si les allergies médicamenteuses touchent fréquemment la peau, la réaction peut survenir sur les muqueuses, les ganglions lymphatiques, les reins, le foie, les poumons et les articulations.

Les symptômes allergiques courants sont les suivants :

✓ **L'éruption cutanée.** Les éruptions cutanées médicamenteuses se manifestent souvent par une rougeur et une démangeaison sur l'ensemble du corps. Si la réaction est due à un médicament utilisé localement, l'éruption apparaît généralement sur le site d'application, mais peut s'étendre aux mains ou à toutes les parties du corps qui ont été en contact avec le produit. (Voir le Chapitre 17 pour plus d'informations sur les médicaments locaux et la dermite de contact.)

✓ **L'urticaire et l'œdème de Quincke.** Les lésions rouges, prurigineuses et œdémateuses surviennent sur n'importe quelle partie du corps lors des réactions allergiques systémiques à certains médicaments. Les facteurs déclenchants de l'urticaire et de l'œdème de Quincke chez les personnes sensibilisées sont principalement la pénicilline, les sulfamides, les céphalosporines, l'insuline et les sérums antivenimeux. Les réactions pseudo-allergiques, souvent dues à l'utilisation d'aspirine, d'anti-inflammatoires ou d'analgésiques opiacés, provoquent aussi de l'urticaire et de l'œdème de Quincke.

✓ **Les autres affections dermatologiques.** Quelquefois, d'autres affections dermatologiques surviennent lors d'allergies aux médicaments. Les principales sont les suivantes :

- **L'érythème polymorphe.** Cette réaction fréquente provoque une démangeaison sur plusieurs parties du corps, notamment le dos des mains et des pieds. Très souvent, les lésions ressemblent à des cocardes. L'éruption s'accompagne fréquemment de maux de tête et de fièvre.

- **Le syndrome de Stevens-Johnson.** Cette affection extrêmement rare, mais grave, peut entraîner une dégradation tissulaire des muqueuses (bouche, gorge et yeux). La réaction touche aussi les organes internes tels que le foie, les reins et les poumons. Ce syndrome est également provoqué par des facteurs viraux non allergiques, les infections au virus Herpes simplex, par exemple.

✓ **L'atteinte des organes internes.** Les réactions aux médicaments peuvent toucher les poumons, le foie, les reins, l'appareil digestif et les muqueuses. Les réactions faisant intervenir les poumons peuvent engendrer des symptômes d'asthme, comme la respiration sifflante ou une pneumonie.

✓ **La fièvre.** Chez certains patients, une réaction aux médicaments provoque une fièvre médicamenteuse, qui s'accompagne parfois de frissons et d'une éruption cutanée.

✓ **Les signes sanguins.** Dans certains cas, les réactions aux médicaments altèrent la production de globules rouges, conduisant à une baisse de tension et/ou à une anémie.

✓ **Le choc anaphylactique.** Dans quelques cas, heureusement rares, une réaction aux médicaments peut entraîner une anaphylaxie, réaction gravissime, parfois mortelle, qui touche de nombreux organes simultanément. D'après de récentes estimations, les allergies à la pénicilline sont la principale cause de décès par anaphylaxie médicamenteuse. Heureusement, l'utilisation d'injections de pénicilline a fortement baissé ces dernières années.

Quel rapport entre l'acide acétylsalicylique et l'urticaire ?

L'aspirine (acide acétylsalicylique) est l'un des principaux facteurs déclenchants d'urticaire. L'urticaire et l'œdème de Quincke sont des affections inflammatoires, mais il faut éviter de prendre de l'aspirine ou d'autres anti-inflammatoires pour vous soulager, sans consulter votre médecin. Ce conseil s'applique à tous les anti-inflammatoires disponibles avec ou sans ordonnance. Évitez également les associations d'antalgiques qui contiennent l'une de ces substances actives.

Utilisez plutôt le paracétamol que l'aspirine et les autres anti-inflammatoires.

Les mécanismes des allergies médicamenteuses

Votre système immunitaire répond de manière variable à différents types d'allergènes. Les allergies médicamenteuses font intervenir les quatre types de mécanismes immunitaires (voir Chapitre 2), mais un seul de ces mécanismes prédomine généralement.

Les mécanismes des allergies alimentaires sont les suivants :

✓ **Réactions IgE-dépendantes (type I)**. Ces réactions sont immédiates, comme l'anaphylaxie, et se manifestent par des symptômes tels que l'urticaire, l'œdème de la gorge, la respiration sifflante, ou l'arrêt cardio-respiratoire. La pénicilline et ses dérivés sont les principaux responsables de ce type de réaction grave. Si vous avez déjà subi une réaction allergique à la pénicilline, vous avez six fois plus de risques que la population générale de faire l'expérience d'une autre réaction allergique grave si vous reprenez de cet antibiotique.

✓ **Réactions cytotoxiques (type II)**. Ces réactions gravissimes sont parfois mortelles. Elles détruisent les cellules, les globules rouges par exemple, ce qui engendre une anémie et une baisse du nombre de plaquettes dans le sang, réduisant ainsi les capacités de coagulation. Les médicaments comme la pénicilline, les sulfamides et la quinidine déclenchent des réactions cytotoxiques.

✓ **Formation de complexes immuns (type III)**. Cette réaction se manifeste par une fièvre, une éruption cutanée, une urticaire, un œdème, une atteinte des ganglions lymphatiques et des articulations. Cette réaction, aussi appelée maladie sérique, survient typiquement une à trois semaines après la dernière prise d'un médicament (pénicilline, sulfamide, thiouracile ou phénytoïne).

✓ **Réactions à médiation cellulaire (type IV)**. La dermite de contact est le principal exemple de cette réaction caractérisée par une réponse locale, non systémique (voir Chapitre 17). Les symptômes cutanés surviennent quelques heures après l'application d'un médicament local auquel vous êtes sensibilisé. Les médicaments le plus souvent incriminés sont les préparations d'antibiotiques pour application locale (néomycine), les anesthésiques locaux (benzocaïne) et les antihistaminiques (diphénhydramine).

L'intolérance et l'idiosyncrasie médicamenteuses

Contrairement aux allergies médicamenteuses, la production des IgE par le système immunitaire n'intervient pas dans les idiosyncrasies et les intolérances aux médicaments. C'est pourquoi ces réactions sont imprévisibles. Moins connus, les mécanismes impliqués dans ce type de réaction représentent la plupart des réactions aux médicaments.

D'autres symptômes de réactions non immunologiques à l'aspirine et aux autres anti-inflammatoires peuvent survenir tels que l'urticaire généralisée, la rhino-conjonctivite (inflammation des fosses nasales et des yeux) ou l'œdème des voies respiratoires.

Le diagnostic des réactions aux médicaments

Comme vous l'avez peut-être deviné en lisant les paragraphes précédents, le diagnostic d'une réaction aux médicaments, qui se manifeste peu après la prise d'un médicament par une éruption cutanée, une fièvre, des ganglions lymphatiques volumineux, des troubles pulmonaires, rénaux ou digestifs, est parfois difficile. Les examens disponibles permettant de savoir si un mécanisme allergique est responsable des réactions sont peu nombreux. Dans la plupart des cas, les antécédents médicaux sont l'élément le plus important pour poser le diagnostic.

L'interrogatoire

Pour évaluer la probabilité d'une réaction aux médicaments, à la vue des symptômes énumérés précédemment, votre médecin doit connaître vos antécédents médicaux. Préparez-vous à donner à votre praticien le plus de détails possible sur l'utilisation du médicament. Votre médecin vous posera certainement les questions suivantes :

✓ Quels médicaments utilisez-vous actuellement, et quels sont ceux que vous consommiez auparavant ?

✓ Depuis combien de temps preniez-vous ce médicament avant que les symptômes ne surviennent ?

✓ Avez-vous déjà eu des manifestations similaires dans le passé ?

✓ Un membre de votre famille a-t-il déjà présenté ce type de réaction ?

Notez les médicaments que vous prenez

Il est parfois difficile de trouver l'origine de vos réactions lorsque vous consommez plusieurs médicaments. Vous aiderez donc votre médecin à identifier le médicament en cause en notant précisément tous vos symptômes. (J'aborde ce sujet plus en détail dans le Chapitre 10.)

En plus des symptômes, je vous conseille d'établir la liste de tous les médicaments, disponibles avec ou sans ordonnance, que vous prenez.

Le carnet de bord de vos médicaments doit comporter les informations suivantes :

✓ Le nom de tous les médicaments que vous avez utilisés et que vous prenez actuellement.

✓ Les maladies que vous traitez ou avez traité avec ces médicaments.

✓ L'efficacité et/ou les résultats des traitements.

✓ Pour les produits prescrits, notez le nom du médecin prescripteur et la date à laquelle il a établi l'ordonnance.

✓ Tous les effets indésirables et/ou réactions.

Les tests cutanés pour les allergies médicamenteuses

Les tests cutanés permettent parfois de diagnostiquer une allergie médicamenteuse à la pénicilline et aux antibiotiques apparentés, à l'insuline, aux anesthésiques locaux et aux vaccins. Je vous conseille néanmoins de ne réaliser les tests cutanés que si votre médecin considère comme indispensable de vous traiter avec ces produits, et si vos antécédents médicaux laissent à penser que vous y êtes allergique.

N'oubliez pas que les tests cutanés sont contre-indiqués si la pénicilline et les antibiotiques apparentés ont été précédemment impliqués dans une réaction systémique grave non immunologique, comme un érythème polymorphe ou un syndrome de Stevens-Johnson (voir « Les symptômes d'une allergie médicamenteuse »). Vous trouverez plus de détails sur les tests cutanés aux allergies dans le Chapitre 8.

Les patch-tests pour les réactions médicamenteuses

Dans les cas faisant intervenir une réaction à médiation cellulaire, comme les réactions localisées aux préparations pour application locale (caractéristiques de l'eczéma de contact), les patch-tests peuvent parfois aider à diagnostiquer les allergies médicamenteuses.

La réalisation des patch-tests consiste à appliquer sur la peau de petites quantités d'allergènes suspectés. Une réaction positive se traduit par un eczéma de contact allergique localisé au point d'application et survenant en un à trois jours (voir le Chapitre 17 pour plus d'informations sur l'eczéma de contact).

Si vous avez subi une poussée sévère d'eczéma de contact, je vous déconseille de faire des patch-tests. Votre médecin doit également vous expliquer comment retirer les pastilles de test en cas d'irritation importante.

Les examens cliniques pour les réactions médicamenteuses

Dans le cas de réactions allergiques retardées aux médicaments, qui apparaissent plusieurs jours, voire des semaines, après la prise d'un médicament particulier, votre médecin doit envisager d'autres examens, parmi lesquels :

✓ Si des complications pulmonaires et/ou cardiaques survenaient, des jours ou des semaines après la prise d'un médicament, votre médecin vous ferait passer une radio des poumons et/ou un électrocardiogramme.

✓ Si votre praticien suspecte une atteinte rénale ou hépatique à la suite d'une réaction aux médicaments, il vous prescrira des examens complémentaires

✓ Si une réaction cytotoxique semble à l'origine de vos troubles, votre médecin demandera une numération sanguine complète (avec les plaquettes).

✓ Si votre réaction aux médicaments se manifeste par une fièvre (voir « Les symptômes d'une allergie médicamenteuse »), une pneumonie à éosinophiles (une forme de pneumonie caractérisée par une toux sèche et un taux élevé d'éosinophiles, voir Chapitre 2) ou une maladie immunitaire votre médecin vous prescrira des examens complémentaires pour confirmer son diagnostic.

Réduisez les risques de réactions aux médicaments

Le meilleur moyen d'éviter les réactions est, comme pour les autres allergies, d'éviter les substances qui posent problème. En n'utilisant les médicaments, notamment ceux pour application locale, qu'en cas de réelle nécessité, vous réduirez vos risques de développer des allergies médicamenteuses.

L'abus d'antibiotiques, en particulier pour le traitement inadapté d'infection virales, telles que la grippe ou le rhume (sur lesquels les antibiotiques sont sans effet), contribue à augmenter la fréquence des allergies médicamenteuses à travers le monde.

Le traitement

Pour des réactions légères, la meilleure chose à faire est d'arrêter tout simplement le médicament en question. Si les symptômes sont plus sévères, votre médecin mettra en place un traitement pour contrer les réactions.

Les traitements pharmacologiques des réactions aux médicaments font en général intervenir des antihistaminiques (hydroxyzine et/ou diphénhydramine), ainsi qu'une courte cure de corticoïdes par voie orale si nécessaire (surtout pour les symptômes comme une inflammation ou une douleur articulaire persistante). Contre la douleur, utilisez du paracétamol.

La prise en charge des réactions graves

Si une réaction se traduit par une manifestation dermatologique sévère comme une éruption, une urticaire ou un œdème de Quincke, ou si vous présentez une anémie ou des problèmes de plaquettes à cause d'un médicament, votre médecin peut vous prescrire une courte cure de corticoïdes oraux.

Une réaction mettant en jeu le pronostic vital, comme le choc anaphylactique, nécessite l'administration immédiate d'adrénaline, d'oxygène, d'antihistaminiques et de corticoïdes.

Si vous présentez une réaction non immunologique à un médicament indispensable pour traiter une autre affection, votre médecin peut vous traiter préventivement avec une courte cure de corticoïdes oraux et d'antihistaminiques. Ce traitement préventif permet souvent d'utiliser le médicament problématique à court terme avec beaucoup moins de risques de réactions.

Si votre médecin pense que vous risquez de faire une réaction sévère à un médicament, notez-le sur une carte que vous garderez toujours sur vous. Si, en cas d'urgence, vous étiez incapable de communiquer, les informations portées sur la carte vous permettraient d'échapper à une injection d'un produit auquel vous êtes allergique.

Évitez les problèmes avec la pénicilline

L'éviction d'un médicament particulier ne suffit pas toujours à éliminer toutes les réactions. Si vous êtes allergique à la pénicilline, il vous faut aussi éviter d'autres antibiotiques apparentés tels que l'ampicilline et l'amoxicilline qui sont très fréquemment prescrits. En outre, certains patients allergiques à la pénicilline présentent une réaction croisée avec certaines céphalosporines.

Si vous avez une réaction allergique, comme une éruption, après avoir utilisé un antibiotique, je vous conseille d'interrompre le traitement (comme vous le dira certainement votre praticien) et d'attendre la disparition des symptômes avant de le remplacer par un autre antibiotique. Les médecins considèrent que vous êtes dans un état d'hypersensibilité pendant la période de réaction allergique, au cours de laquelle vous risquez de développer une nouvelle sensibilité à un autre antibiotique si vous commencez avant la disparition des symptômes.

Chapitre 21

Les allergies aux piqûres d'insectes

Les insectes sont apparus il y a plus de 400 millions d'années, bien avant notre propre espèce, et ne semblent pas vouloir disparaître. Certains insectes sont des vecteurs de maladies ou détruisent les cultures ; néanmoins, la plupart d'entre eux sont indispensables à divers niveaux de l'écosystème de notre planète, par exemple pour la pollinisation des cultures, des fruits notamment.

Les piqûres d'insectes produisent habituellement une réaction locale non allergique (comme je l'expliquerai plus loin), caractérisée par une rougeur, une démangeaison un œdème et une douleur, dues aux produits chimiques puissants contenus dans le venin. D'après des estimations récentes, près de 4 % des Européens sont allergiques aux piqûres d'insectes. Les symptômes systémiques potentiellement graves sont les suivants :

✓ Urticaire, démangeaison et œdème sur les parties du corps autres que celle piquée (la réaction n'est pas uniquement locale).

✓ Bronchospasme, oppression thoracique et gêne respiratoire.

✓ Enrouement et œdème de la langue, de la gorge et des voies respiratoires supérieures (œdème laryngé, voir Chapitre 18).

✓ Vertiges.

✓ Chute de la pression artérielle.

✓ Anaphylaxie (réaction potentiellement létale qui touche plusieurs organes simultanément).

Même si de nombreux insectes piquent ou mordent, seul un très faible pourcentage d'entre eux produit un venin responsable de réactions allergiques. En fait, dans la plupart des cas, il n'y a que quatre groupes impliqués dans les allergies parmi les 3 millions d'espèces d'insectes, comme le montre la Figure 21-1.

✓ Les abeilles (les abeilles solitaires sont rarement responsables d'allergies).

✓ Les guêpes.

✓ Les frelons (vrais et faux frelons).

✓ Les fourmis (véritable fléau dans le sud-est des États-Unis et en Amérique centrale).

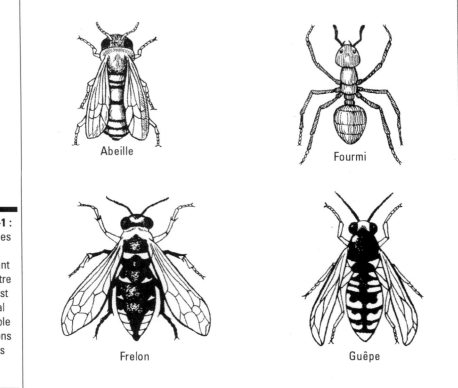

Abeille

Fourmi

Frelon

Guêpe

Figure 21-1 :
Le venin des insectes appartenant à ces quatre groupes est le principal responsable de réactions allergiques chez l'homme.

Les insectes piqueurs responsables d'allergies appartiennent tous à l'ordre des hyménoptères, le troisième ordre d'insecte en nombre, qui comprend plus de 100 000 espèces. L'origine de leur nom provient du latin *Hymen*, dieu du mariage (mot qui dérive du grec où il signifie « membrane »), car les espèces volantes de cet ordre d'insecte possèdent deux paires d'ailes (*pteron* en grec) membraneuses reliées entre elles par de petits crochets, et qui fonctionnent donc comme une seule (comme les couples mariés sont supposés le faire…).

Les moustiques et autres insectes responsables de morsures propagent également des maladies, mais provoquent rarement des allergies graves. Les morsures des punaises du genre *Triatoma*, qui sont généralement indolores et qui surviennent de nuit, ont parfois été associées à des réactions allergiques graves, dont quelques cas d'anaphylaxie, en raison des allergènes contenus dans leur salive.

Les réactions aux piqûres d'insectes

Les allergies aux piqûres d'insectes touchent tout le monde. Même si vous avez d'autres allergies (rhinite allergique, asthme, dermatite atopique ou allergies alimentaires), ou si vous avez des antécédents familiaux d'atopie, vous n'avez pas plus de risque qu'un autre de développer une réaction allergique aux piqûres d'hyménoptères.

Cependant, si vous avez une maladie cardiaque ou pulmonaire chronique (insuffisance coronarienne ou asthme) et une allergie aux piqûres d'insectes, vous êtes plus susceptible de subir une réaction grave en cas de piqûre.

Les réactions aux piqûres d'insectes sont classées suivant le type et la sévérité des symptômes. Voici quelques éléments à connaître à propos de ces réactions :

> ✓ **Les réactions localisées.** La plupart des piqûres d'insectes provoquent des réactions localisées qui n'entraînent aucun problème médical et ne nécessitent pas de traitement particulier. Vous ressentirez peut-être pendant quelques jours une rougeur, une démangeaison, un œdème et de la douleur sur le site de la piqûre. Les enzymes irritantes et les substances chimiques du venin sont responsables de ces manifestations, plus que les mécanismes allergiques.

✓ **Les réactions locales étendues.** Ces réactions, qui se traduisent par un œdème important sur le site de la piqûre, touchant parfois la totalité de la jambe ou du bras piqué, disparaissent toutefois en deux ou trois jours. Comme pour la réaction localisée, cette réaction locale étendue est due aux substances qui composent le venin. Même si vous avez déjà subi une réaction locale étendue, vous n'êtes pas plus exposé que la population générale aux réactions systémiques graves.

✓ **Les réactions systémiques.** Les éruptions cutanées comme l'urticaire et l'œdème de Quincke sur une grande partie du corps témoignent souvent d'une réaction plus grave. Les réactions systémiques sont dues à un mécanisme allergique. Contrairement aux réactions locales, les symptômes apparaissent sur des parties du corps autres que celles concernées par la piqûre. Lorsque vous avez subi une réaction systémique après une piqûre d'insecte, vous êtes plus exposé à ce type de réaction, qui peut être plus grave encore, à l'avenir. Le traitement de la gêne associée à ces éruptions cutanées est généralement le seul nécessaire, car ces symptômes ne mettent pas en jeu le pronostic vital.

✓ **Les réactions potentiellement mortelles.** Les symptômes d'anaphylaxie, tels que l'œdème de la langue et/ou de la gorge (œdème laryngé), la gêne respiratoire, les vertiges ou les évanouissements (dus à une chute de tension), témoignent d'une réaction systémique à une piqûre d'insecte. Appelez immédiatement les secours si vous subissez ce type de réaction gravissime (voir « Le traitement d'urgence des piqûres d'insectes »). Ces réactions potentiellement mortelles étant dues à des allergènes présents dans le venin d'hyménoptères, votre médecin vous conseillera peut-être de pratiquer des tests cutanés et d'entreprendre une immunothérapie spécifique au venin pour éviter d'autres accidents. (Voir « Un traitement à long terme : l'immunothérapie » plus loin dans ce chapitre.)

Qui vous pique ?

Les hyménoptères responsables d'allergies se répartissent entre les familles suivantes :

✓ **Les apidae.** Les abeilles appartiennent à cette famille. Les fleurs et les couleurs vives attirent ces insectes, qui ne sont en général pas agressifs.

✓ **Les vespidae.** Cette famille comprend les guêpes et les frelons. Ces hyménoptères sont attirés par les aliments, c'est pourquoi on les voit fréquemment tourner autour des paniers de pique-nique, des poubelles et des tables dressées à l'extérieur pour peu qu'elles y trouvent des boissons et des aliments sucrés.

✓ **Les formicidae**. Certaines familles de fourmis constituent un véritable fléau dans le sud-est des États-Unis et à Porto Rico, où elles infligent des morsures très douloureuses.

Les variétés de venins

Les insectes des familles précédentes produisent différents types de venins aussi distincts les uns des autres que peuvent l'être les allergènes de la poussière et ceux du pollen de bouleau. Il existe cependant des réactions croisées aux venins de ces insectes à l'intérieur des trois familles. Si, par exemple, vous êtes allergique au venin de guêpe, vous présenterez peut-être une réaction allergique à la piqûre de frelon.

En revanche, les réactions croisées sont beaucoup plus rares entre espèces des différentes familles (entre une abeille et un frelon par exemple).

Les paragraphes suivants vous fourniront plus de détails sur les hyménoptères piqueurs.

Les abeilles

Les abeilles, principaux insectes pollinisateurs, fabriquent le miel, l'une des plus anciennes sources de nourriture récoltée par l'homme. Les abeilles sont soit sauvages, soit domestiques (élevées dans des ruches à des fins commerciales). Les abeilles sauvages construisent leur nid alvéolé en cire, qui abrite plusieurs milliers d'abeilles, dans des arbres creux ou de vielles souches. Voici quelques informations importantes au sujet de ces animaux laborieux :

✓ **Aspect** : le corps velu des abeilles présente des bandes brunes et noires.

✓ **Habitat** : ces insectes sont répandus sur l'ensemble du territoire, mais comme elles préfèrent les climats chauds, elles ont tendance à provoquer plus de problèmes dans le Sud.

✓ **Comportement** : les abeilles ne sont habituellement pas agressives, loin de leur ruche. Seules les ouvrières piquent. Elles meurent pour protéger la ruche car, lorsqu'elles piquent, leur aiguillon barbelé reste planté dans la victime.

Les guêpes

Ces insectes vivant sur le sol sont les principales causes de piqûres. Comme les polistes (guêpes sociales), les guêpes bâtissent des nids en papier. Les autres caractéristiques de la guêpe sont les suivantes :

✓ **Aspect** : comme les frelons, les guêpes présentent une alternance de bandes jaune vif et noires. En revanche, contrairement aux frelons, elles n'ont pas de bande noire au niveau des yeux.

✓ **Habitat** : les guêpes construisent habituellement leurs nids dans le sol, dans les trous des murs, des fissures ou des souches creuses. On les rencontre donc souvent lorsqu'on travaille aux champs ou au jardin.

✓ **Comportement** : les guêpes peuvent être très agressives et piquent, dans certains cas, plusieurs fois de suite, sans provocation de votre part, notamment si de la nourriture est en jeu. Elles apprécient particulièrement les boissons sucrées, et plongent directement dans le verre ou la bouteille sans y être invitées. C'est pourquoi les piqûres surviennent souvent en buvant à l'extérieur. Comme les guêpes femelles ont besoin de protéines, elles s'attaquent également à la viande (attention lors des barbecues !).

Les frelons

Apparentés aux guêpes, les frelons construisent de grands nids en papier, souvent difficiles à trouver car cachés dans des arbres creux ou de hautes branches.

✓ **Aspect** : les frelons, plus grands que les autres hyménoptères, ont un corps compact, des poils épars, des bandes jaunes ou blanches et une bande noire au niveau des yeux.

✓ **Habitat** : les frelons construisent généralement leur nid ovale ou en forme de poire dans les arbres et les buissons.

✓ **Comportement** : les frelons sont particulièrement agressifs, surtout lorsqu'ils sont près de leur nid. Comme les guêpes, ils peuvent piquer plusieurs fois de suite.

Le diagnostic de la piqûre

Pour découvrir et prendre en charge efficacement une allergie aux piqûres d'insectes, le médecin doit non seulement examiner attentivement la réaction à la piqûre mais aussi procéder à un interrogatoire complet sur les antécédents médicaux. Il doit savoir si vous avez déjà été piqué auparavant et si vous aviez présenté le même type de réaction. Vous aiderez votre médecin en lui fournissant un maximum de détails concernant cette piqûre.

Identifiez votre agresseur

Il sera peut-être plus facile d'identifier l'insecte si vous précisez au médecin les circonstances de la piqûre. Par exemple :

✓ Vous tailliez les haies lorsque vous avez été piqué : la guêpe ou le frelon sont les principaux suspects.

✓ Un frelon peut vous piquer alors que vous faites la sieste sous un arbre, ou près d'un buisson, sans provocation de votre part (à moins de considérer le ronflement comme une agression !).

✓ L'insecte qui vous pique alors que vous marchez pieds nus dans l'herbe est certainement une guêpe, qui, comme vous et moi, n'aime pas se laisser marcher dessus.

✓ Si vous êtes piqué alors que vous paressiez sur une chaise de jardin, votre chaise abrite peut-être un nid de guêpes.

✓ Les piqûres qui surviennent alors que vous sentiez le doux parfum des roses sont certainement le fait des abeilles, qui n'aiment pas être dérangées quand elles prennent leur repas au milieu des fleurs.

Pour identifier l'insecte responsable de votre réaction, essayez de donner à votre médecin les informations suivantes :

✓ Vos activités au moment de la piqûre.

✓ L'endroit où vous vous trouviez lors de la piqûre.

✓ La localisation de la piqûre sur votre corps.

✓ Les insectes qui semblaient actifs autour de vous.

Si vous réussissez à capturer l'animal qui vous a piqué, apportez-le chez le médecin, cela l'aidera à choisir un traitement adéquat et prévenir des réactions futures. Comme je le signalais précédemment dans ce chapitre, si une abeille vous pique, l'aiguillon resté planté constitue un preuve (ainsi que l'abeille morte).

Les tests cutanés d'allergies

Si vous avez eu une réaction systémique grave à une piqûre d'insecte, votre médecin vous conseillera de pratiquer un test cutané (voir Chapitre 8). Cet examen permet de déterminer si la réaction est allergique. Si c'est le cas, le test permet de savoir à quelle espèce (vous êtes peut-être allergique à plusieurs insectes) ainsi que votre niveau de sensibilité.

Dans la mesure où vous présentez un risque élevé de subir le même type de réaction à l'avenir (en raison d'une sensibilisation accrue à cause de la première piqûre), et que ces réactions sont parfois dangereuses, les tests cutanés d'allergies permettent de mettre en place des mesures préventives efficaces.

Pour savoir si vous êtes sensibilisé à plusieurs hyménoptères, votre médecin pratiquera les tests cutanés avec des extraits de venins de différents insectes. Les résultats vous permettront d'envisager une immunothérapie, dont je reparlerai dans les derniers paragraphes de ce chapitre.

Les extraits allergéniques pour les tests cutanés et l'immunothérapie pour les morsures d'insectes comme *Triatoma* ne sont pas encore disponibles.

La prévention et le traitement des réactions aux piqûres d'insectes

Une prise en charge efficace de votre allergie aux piqûres d'insectes doit vous permettre de profiter pleinement des activités de plein air.

La première mesure à prendre consiste bien sûr à éviter de vous faire piquer.

Si vous êtes allergique aux piqûres d'insectes, prenez les mesures suivantes :

✓ Évitez d'embêter les insectes, ils ne vous embêteront pas. Si des hyménoptères piqueurs ont élu domicile dans votre entourage, ne les provoquez pas, mais quittez rapidement et calmement les lieux. Si vous courez, si vous bougez les bras ou si vous vous agitez, les insectes risquent de piquer pour se défendre. En général, évitez les mouvements rapides qu'ils interprètent comme une menace.

✓ Surveillez vos enfants pour qu'ils ne jouent pas avec une ruche ou un nid d'hyménoptères.

✓ Faites venir un professionnel pour vous débarrasser d'un nid installé près de chez vous (je vous déconseille fortement de vous y attaquer seul).

✓ Ne mettez pas de parfums capiteux, d'eaux de Cologne, de lotions parfumées, ni de vêtements aux couleurs vives ou d'imprimés floraux. Adoptez le kaki ou les tons pastels. Évitez également les vêtements trop amples qui risquent de piéger les insectes.

✓ N'utilisez pas de taille-haie ni de tondeuse électriques, car l'électricité excite les hyménoptères. D'une manière générale, si vous êtes allergique aux piqûres d'insectes, évitez le jardinage.

✓ Si vous travaillez à l'extérieur, couvrez-vous des pieds à la tête avec un pantalon, une chemise à manches longues, des chaussettes, des chaussures fermées, un chapeau et des gants de travail. Ne portez pas de sandales et ne restez pas pieds nus dehors.

✓ Faites attention près des plantes en fleurs, des vergers, des buissons, des champs de trèfle, des avant-toits, des greniers, des poubelles et des aires de pique-nique.

✓ Ayez toujours un insecticide sous la main, pour les éliminer avant qu'ils ne le fassent (les produits antimoustiques ne sont pas efficaces contre les insectes piqueurs). N'oubliez pas que, si ces produits tuent les insectes, ils ne sont pas très bons pour vous non plus. Utilisez-les convenablement pour éviter de vous exposer aux produits toxiques qu'ils contiennent.

✓ Faites attention en mangeant ou en buvant à l'extérieur, ou quand vous vous trouvez près d'une table chargée de victuailles. Ne buvez jamais d'une canette de boisson ouverte laissée dehors.

✓ Examinez la piqûre pour voir si l'insecte a laissé son aiguillon, qui ressemble généralement à une épine ou une écharde noire. Enlevez-le à l'aide d'une pince à épiler ou faites-le glisser grâce à une carte de crédit (qui est sans doute l'un des moyens les moins coûteux d'utiliser une carte de crédit !), mais n'utilisez pas vos doigts, car vous injecteriez encore plus de venin dans votre organisme.

✓ Si vous êtes piqué, marchez lentement, surtout ne courez pas, car la course augmente l'absorption du venin par l'organisme.

Le traitement des réactions locales

Il est possible de faire disparaître les symptômes d'une réaction locale (démangeaison, œdème et douleur) grâce aux gestes suivants :

✓ **Les compresses froides**. L'application de compresses froides permet de réduire la douleur et l'œdème.

✓ **Les crèmes anesthésiantes, les antihistaminiques oraux et les antalgiques oraux**. Ces produits apportent un soulagement de la douleur et du prurit.

Le traitement des réactions systémiques

L'urticaire et l'œdème de Quincke sont parfois les premiers symptômes d'une réaction anaphylactique à une piqûre d'hyménoptère. Comme il est impossible de prédire si ces symptômes vont ou non évoluer vers le choc anaphylactique, il est plus prudent de procéder immédiatement à une injection d'adrénaline (voir plus loin) que d'attendre que la réaction ne devienne réellement dangereuse.

Si la réaction systémique se limite à de l'urticaire et de l'œdème de Quincke, il faut éviter une aggravation de l'atteinte cutanée en procédant comme suit :

✓ Prenez des bains tièdes et utilisez des savons doux pour réduire la démangeaison. Les douches ou les bains chauds risquent d'intensifier vos symptômes. De même, évitez les atmosphères surchauffées et maintenez une température fraîche surtout dans la chambre.

✓ Tamponnez-vous avec une serviette douce pour vous sécher à la sortie du bain, et appliquez une lotion hydratante juste après afin d'éviter le dessèchement.

✓ Portez des vêtements amples et confortables en coton.

✓ Prenez des antihistaminiques oraux pour vous aider à vous soulager.

La prise en charge des urgences

Si vous êtes sujet aux réactions systémiques après une piqûre d'insecte, et que malgré vos précautions vous êtes piqué, il faut absolument éviter le choc anaphylactique. Consultez votre médecin pour qu'il vous prescrive un kit d'adrénaline en seringue auto-injectable.

Demandez à votre médecin de vous expliquer comment vous servir de la trousse d'urgence. Il vaut mieux apprendre à faire l'injection calmement au cabinet médical que découvrir la technique lorsque la réaction se déclenche.

N'oubliez pas les éléments suivants :

✓ Il est possible de conserver plusieurs seringues auto-injectables d'adrénaline, une à la maison au réfrigérateur, et une sur vous lorsque vous vous exposez aux piqûres, lors d'un pique-nique, d'une promenade ou d'autres activités de plein air. De même, quand vous voyagez, emmenez plusieurs seringues car l'effet se dissipe au bout de 30 minutes et une seconde injection sera peut-être nécessaire avant d'avoir accès aux secours.

✓ Conservez les seringues auto-injectables au frais et à l'abri de la lumière.

✓ Si votre enfant est susceptible de faire un choc anaphylactique après une piqûre d'insecte, conservez un kit à la maison et laissez-en un autre à l'école (en accord avec le personnel de l'établissement), en vous assurant que quelqu'un sait pratiquer l'injection.

✓ Certaines personnes gardent sur elles des antihistaminiques en cas de réaction grave à une piqûre d'insecte, mais je vous déconseille vivement de vous reposer exclusivement sur les antihistaminiques, qui peuvent prendre jusqu'à 30 minutes pour commencer à agir. En outre, ce médicament ne prévient pas le choc anaphylactique. Les seringues auto-injectables d'adrénaline sont de loin la meilleure solution pour traiter le choc.

✓ Appelez de toute façon un médecin en urgence après l'utilisation de l'adrénaline car l'effet du médicament ne dure pas plus de 30 minutes.

✓ Si vous êtes sujet aux chocs anaphylactiques, je vous conseille de porter une carte le stipulant, au cas où vous seriez dans l'impossibilité de communiquer au cours d'une réaction.

Le traitement à long terme : l'immunothérapie (ou désensibilisation)

Si vous avez déjà eu une réaction systémique grave à une piqûre d'hyménoptère, votre médecin vous conseillera certainement d'entreprendre une immunothérapie (aussi appelée désensibilisation). L'immunothérapie au venin est efficace dans près de 98 % des cas.

Les injections pour l'immunothérapie sont habituellement réalisées au rythme d'une par semaine, avec au début une dose minime du venin de l'insecte auquel vous êtes allergique. Souvent, les médecins mettent en place une désensibilisation rapide appelée « rush-thérapie » pour atteindre une dose d'entretien sans risque le plus rapidement possible. Ce traitement s'effectue en milieu hospitalier. Après avoir atteint la dose d'entretien, les injections deviennent mensuelles au cours de la première année, puis ont lieu toutes les six à huit semaines au cours des années suivantes. Ces doses peuvent être administrées au cabinet du médecin.

Après trois ou quatre ans d'immunothérapie, et suivant votre niveau de sensibilité, ainsi que la sévérité de vos symptômes initiaux, votre médecin interrompra votre immunothérapie si les tests cutanés sont négatifs ou si les concentrations sanguines en IgE spécifiques du venin sont insignifiantes. La plupart des spécialistes s'accordent à dire qu'au bout de cinq années l'immunothérapie peut être interrompue sans risque. Pour la majorité des patients ayant suivi la totalité de l'immunothérapie, le risque de réaction grave aux piqûres d'insectes est infime.

Sixième partie
La Partie des Dix

« Allons chérie ! Une asthmatique ne doit pas rester toute la journée à traîner comme ça, alors qu'un pantouflard comme moi, a une très bonne raison. »

Dans cette partie...

La Partie des Dix est une tradition dans la collection ... *pour les Nuls.*
Dans le Chapitre 22, je vous expliquerai ce que vous devez emporter en voyage si vous êtes allergique ou asthmatique.

Dans le Chapitre 23, je vous présenterai des personnages célèbres de l'antiquité à nos jours, qui ont excellé dans de nombreux domaines malgré leur asthme. J'espère que ce chapitre vous encouragera à vous traiter afin de mener pleinement votre vie et réaliser vos objectifs.

Chapitre 22

Dix astuces pour voyager avec de l'asthme ou des allergies

- -

Dans ce chapitre :

➤ Préparez votre voyage

➤ Emportez vos médicaments

➤ Évitez les réactions adverses alimentaires, médicamenteuses et aux piqûres d'insectes

➤ Trouvez un hébergement adapté à votre asthme

➤ Faites face aux allergies et aux crises d'asthme au cours du voyage

➤ Traitez vos enfants asthmatiques ou allergiques en voyage

- -

Il n'est pas facile de se débarrasser de ses allergies ou de son asthme. Des études, menées depuis plus de quinze ans, montrent que ces pathologies sont permanentes, et qu'elles ne disparaissent jamais totalement, même si leurs manifestations et la sévérité des symptômes évoluent au cours du temps.

L'asthme et les allergies font partie de votre vie ; où que vous alliez, ils vous accompagnent. Il est indispensable de bien en maîtriser tous les symptômes pour éviter les problèmes pendant les vacances ou les voyages d'affaires.

Préparez un voyage en toute sécurité

Lors de la préparation de votre voyage, évitez les destinations où vous savez que les pollens, les poils d'animaux, la fumée de tabac… sont fréquents, et risquent, suivant vos sensibilités, de vous déclencher des allergies ou de l'asthme.

Les points suivants sont des conseils généraux pour prévenir les problèmes fréquemment associés à ces facteurs déclenchants :

✓ **Les poils d'animaux**. Évitez de rendre visite aux personnes qui ont des animaux domestiques (chat, chien, lapin, oiseaux, gerboises et autres rongeurs). Même si l'animal n'est pas à l'intérieur pendant votre séjour, les poils et squames persistent dans les pièces. Les randonnées équestres sont également déconseillées si vous êtes allergique aux poils de ces animaux.

✓ **Les allergènes alimentaires**. Les aliments responsables de réactions allergiques chez les adultes sensibles sont le plus souvent les poissons, les fruits de mer, les noisettes, l'arachide, le soja et le blé (voir Chapitre 19). En raison de la rapidité et de la sévérité des symptômes, il faut faire très attention à éviter ces allergènes lors des voyages. Si, par exemple, vous êtes allergique aux cacahuètes et que vous envisagez de partir pour l'Asie du Sud-Est, où la cuisine utilise souvent cet ingrédient, demandez conseil à votre médecin sur les précautions à prendre. L'arachide n'est pas toujours facilement identifiable dans les plats. En cas de doute, évitez les spécialités locales pour ne pas risquer une crise d'asthme, d'urticaire (voir Chapitre 18) ou un choc anaphylactique.

✓ **Les piqûres d'insectes**. Si vous êtes allergique aux venins d'hyménoptères (abeilles, guêpes et frelons), une piqûre peut engendrer une gêne, un œdème, une démangeaison, une urticaire ou exceptionnellement un choc anaphylactique.

Ajustement du traitement pour le voyage

La prévention est bien sûr la clé d'un voyage sans soucis. Consultez votre médecin avant de partir pour faire le bilan de votre prise en charge de l'asthme et de vos traitements contre les allergies, pour y apporter tous les ajustements nécessaires à votre destination et à vos activités pendant ce voyage. Pensez que vous serez peut-être plus exposé que d'ordinaire à des facteurs déclenchants. N'oubliez pas que le décalage horaire peut modifier l'heure de vos prises médicamenteuses.

Après avoir établi avec votre praticien le meilleur moyen de maîtriser votre maladie au cours du voyage, respectez scrupuleusement les conseils qui vous ont été prodigués. Si possible, demandez à votre médecin de résumer par écrit vos antécédents médicaux, ainsi que les traitements que vous prenez actuellement. Si vous présentez des risques de crises d'asthme ou d'allergies aiguës, portez une carte mentionnant vos pathologies.

Emportez vos médicaments

N'oubliez rien au moment de partir, vérifiez que vous avez bien tous vos médicaments. Que vous voyagiez en avion, en train ou en bus, gardez vos médicaments dans votre bagage à main. Une fois à destination, gardez-les avec vous pour ne pas les laisser dans la chambre d'hôtel quand vous sortez. Si vous souhaitez laisser vos médicaments dans votre chambre, placez-les dans le coffre ou dans une valise fermant à clef, au lieu de les laisser sur les étagères de la salle de bain.

Conservez les médicaments dans leur emballage d'origine, et ne mélangez jamais différents comprimés dans une même boîte. Les emballages des médicaments vous permettent d'avoir toujours sous la main les doses recommandées, ce qui est essentiel si quelqu'un doit vous administrer le médicament. Si vous voyagez à l'étranger, les douaniers sont généralement moins suspicieux quand les comprimés sont dans leurs boîtes d'origine.

Comment trouver des médicaments et une assistance médicale à l'étranger ?

Demandez à votre médecin les traitements particuliers nécessaires pour certains pays. Des vaccinations sont parfois obligatoires, ou conseillées, pour visiter certaines régions du monde. Pour vos médicaments, prenez tout ce qui vous est nécessaire car vous ne trouverez pas forcément les mêmes dans les pharmacies locales. Notez précisément le nom des substances actives contenues dans les médicaments que vous prenez pour vous permettre de trouver un équivalent le cas échéant.

Vous pouvez également vous renseigner auprès des ambassades et des consulats pour obtenir une assistance médicale.

Les allergènes et les irritants en avion

Les passagers qui vous entourent vous rendent malade. Des études montrent que les cabines d'avions sont parmi les environnements les plus pollués en ce qui concerne les acariens et les poils d'animaux. Les passagers sont confinés dans une atmosphère dont le renouvellement n'est pas optimal, les particules transportées par des centaines de voyageurs sont donc en permanence remises en suspension dans l'air et atteignent des concentrations astronomiques. Attention, votre siège est peut-être déjà occupé par des allergènes.

Les sièges de nombreux avions abritent des colonies prospères d'acariens et leurs excréments allergisants. En outre, bien que la plupart des compagnies européennes et américaines aient banni la cigarette de leurs vols, certains vols internationaux ne sont pas non-fumeurs.

Si l'exposition à la fumée de cigarette déclenche votre asthme ou vos allergies, renseignez-vous sur les consignes de la compagnie concernant le tabac. Si vous vous trouvez dans un vol fumeurs, essayez de rester le plus loin possible de la zone fumeurs.

Voici quelques conseils aux passagers aériens :

✓ Gardez vos médicaments dans votre bagage à main pour pouvoir les utiliser en cas d'urgence et au cas où vos bagages seraient perdus.

✓ Buvez beaucoup (d'eau, pas d'alcool) pendant le vol pour éviter la déshydratation. L'eau vous aide non seulement à réduire les problèmes allergiques mais permet aussi d'atténuer les effets indésirables du décalage horaire.

✓ Si vous en avez l'occasion, voyagez en classe affaire ou en première, les sièges en cuir abritent moins d'hôtes indésirables, et offrent plus d'espace.

La désensibilisation et les voyages

Lors d'un voyage de longue durée, je recommande généralement de poursuivre le programme de désensibilisation avec un autre praticien uniquement si vous restez loin de chez vous plus d'un mois. Demandez alors à votre médecin de vous indiquer un confrère dans la région où vous allez séjourner.

Je vous déconseille de pratiquer vous-même les injections pour la désensibilisation. Les risques de choc anaphylactique, bien que très faibles, existent, et requièrent la présence d'une équipe de secours qualifiée (voir Chapitre 8). Si vous allez consulter un autre médecin, emportez l'ampoule de sérum dans une pochette réfrigérée et assurez-vous d'avoir les instructions de votre médecin concernant les doses.

Réduisez l'exposition aux facteurs déclenchants dans les hôtels

La fumée de tabac et ses traces persistantes posent parfois des problèmes. Lors de la réservation, demandez une chambre non-fumeurs. De même, si les oreillers sont en plume, emportez votre oreiller.

Inspectez la chambre avant de vous y installer, recherchez des traces de poils d'animaux, d'aérations encrassées, de poussière ou de moisissures. Si vous pensez que votre séjour dans cette chambre risque de vous poser des problèmes respiratoires, demandez une autre chambre qui vous semble plus saine et plus confortable. Dans certains cas, votre médecin peut vous conseiller d'emporter un système portable de filtration d'air muni d'un filtre HEPA (voir Chapitre 11).

Évitez les allergies alimentaires pendant votre voyage

Au cours de vos pérégrinations à travers le monde, vous rencontrerez certainement des aliments auxquels vous êtes allergique (pas seulement intolérant, voir Chapitre 19 la différence entre ces deux affections). Dans certains cas, le menu d'un restaurant vous révèle tout ce que vous souhaitiez savoir concernant vos allergies, mais, plus souvent, vous devez poser de nombreuses questions pour savoir comment la cuisine est préparée, quels sont exactement les ingrédients utilisés… Restez poli, mais surtout ne soyez pas timide.

Comme je l'expliquais dans le Chapitre 19, il est parfois nécessaire de poursuivre l'enquête et de ne pas vous contenter de savoir qu'un plat ne contient pas un aliment auquel vous êtes allergique. En effet, les plats sont souvent préparés sur le même grill. Si, par exemple, vous êtes allergique aux crustacés, il ne faut pas que les plans de travail ou les ustensiles aient été en contact avec des crustacés avant de vous préparer votre steak. Sinon, des allergènes de crustacés pourraient se retrouver dans votre plat et engendrer des réactions problématiques.

Si vous êtes sujet au choc anaphylactique à cause d'une allergie alimentaire, portez toujours sur vous une carte le mentionnant. Demandez à votre médecin de vous prescrire une trousse d'urgence contenant une seringue auto-injectable d'adrénaline (voir Chapitre 19) et gardez-la toujours sur vous.

Trouvez de l'aide en cas d'urgence

Même si l'hôpital local ne figure pas dans les sites touristiques majeurs de la région, je vous conseille de repérer un centre médical équipé pour vous traiter en cas d'allergie grave ou de crise d'asthme sévère. Savoir où se trouvent les secours les plus proches permet de vous assurer un traitement efficace en cas de réaction mettant en jeu votre pronostic vital.

Suivant votre destination, essayez avant votre départ de localiser les centres de secours, votre santé en vaut la peine.

Voyagez avec votre enfant allergique ou asthmatique

Lorsque vous partez en voyage avec un enfant allergique ou asthmatique, les mesures à prendre sont à peu près les mêmes que pour les adultes. C'est-à-dire :

✓ Faites deux boîtes avec tous les médicaments et assurez-vous d'avoir tout bien étiqueté. Gardez une boîte avec vous, et mettez l'autre dans un sac à dos, une sacoche…

✓ Montrez à votre enfant comment emballer correctement ses médicaments pour l'asthme ou les allergies. En préparant votre enfant à un voyage qu'il va effectuer seul, vous l'aidez à prendre lui-même sa maladie en charge.

✓ Prenez au moins deux seringues auto-injectables d'adrénaline pour les avoir toujours sous la main si votre enfant est sujet aux anaphylaxies. Vérifiez qu'il sait s'en servir (s'il est assez grand) ou que ceux qui l'accompagnent savent faire l'injection. Apprenez à la faire calmement au cabinet du médecin plutôt que dans l'urgence.

Posez des questions au sujet des repas. Si votre enfant est allergique aux cacahuètes, soyez très vigilant, surtout en avion où les cacahuètes sont aussi fréquentes que les retards (voir Chapitre 14).

Chapitre 23

Dix asthmatiques célèbres

. . . .

Dans ce chapitre :

➤ Retrouvez l'asthme à travers les âges

➤ Découvrez l'histoire et les arts grâce à l'asthme

. . . .

Des personnages célèbres comme Auguste et Pierre le Grand sont rarement réunis, à moins d'aborder le sujet des grands asthmatiques de l'Histoire.

L'actualité aussi regorge de célébrités asthmatiques comme John F. Kennedy ou Liza Minnelli. L'asthme ne condamne donc pas forcément à une vie sur la touche.

De grands politiciens, écrivains, musiciens, médecins et athlètes ont vaincu leur asthme et se sont fait un nom dans leur domaine, parfois bien avant l'apparition des traitements actuellement disponibles.

Imaginez Dickens, pris de quintes de toux alors qu'il essayait de terminer *David Copperfield*, ou Beethoven souffrant d'une dyspnée et se demandant si, comme sa mère, son destin serait de succomber à une maladie respiratoire. Ces grands esprits ont surmonté les épreuves infligées par leur asthme et ont créé des œuvres magistrales qui nous touchent toujours aujourd'hui.

Vous êtes peut-être un Beethoven en herbe ou un futur Theodore Roosevelt. Vos rêves peuvent se réaliser malgré votre asthme, surtout si vous êtes bien traité. Comme je l'expliquais dans la troisième partie de cet ouvrage, maîtrisez votre asthme pour éviter qu'il ne vous maîtrise.

Auguste

Petit-neveu de Jules César, Caius Julius Caesar Octavianus Augustus (63 av. J.-C. - 14 ap. J .-C.) naquit avec un léger avantage sur ses futurs rivaux. Lorsque son puissant grand-oncle fut assassiné aux ides de mars (le 15 mars) en 44 av. J.-C., Octave, alors âgé de 18 ans, ne savait pas encore qu'il deviendrait le premier et le plus célèbre empereur romain. Octave mena bien des batailles, militaires et politiques, pendant 17 ans avant de consolider son pouvoir en éliminant ses rivaux (dont Marc Antoine, qui se donna la mort sur la fausse annonce du suicide de la grande reine égyptienne Cléopâtre) et en étant proclamé empereur des romains. Une fois empereur, Octave prit le nom d'Auguste, qui signifie « consacré par les augures ».

Auguste bâtit son empire tout en luttant contre son asthme, d'après les anciens écrits relatant sa vie. Malgré ses problèmes respiratoires (on n'a aucune trace d'Auguste déclarant « Je suis venu, j'ai vu, j'ai toussé »), il forgea un empire dont les frontières s'étendaient d'Angleterre en Égypte.

Pierre le Grand

Fils cadet du tsar Alexis Ier, Pierre (1672-1725) n'était pas destiné à diriger le pays, mais il fut couronné en même temps son demi-frère Ivan V, qui décéda à l'âge de 10 ans. Pierre devint tsar à l'âge de 24 ans. Tandis que ses poumons luttaient contre l'asthme, il se battait contre les Turcs puis contre les Suédois pour obtenir un accès à la mer Baltique et fonder la « fenêtre de la Russie sur l'Europe », Saint-Pétersbourg.

Les premiers contacts de Pierre le Grand avec l'étranger, notamment par les marchands hollandais, l'ont toujours encouragé à ouvrir la Russie au reste de l'Europe, tant pour ses idées, ses inventions que son commerce. Il mit en place un processus toujours d'actualité.

Ludwig van Beethoven

Il est notoire que Beethoven (1770-1827) souffrait de la pire infirmité qui soit pour un musicien, la surdité. Pourtant, même si son audition commença à se dégrader dès l'âge de 29 ans, et s'accentua jusqu'à ce qu'il devienne complètement sourd à 46 ans, Beethoven composa quelques-unes des plus grandes œuvres de l'histoire de la musique occidentale.

La surdité de Beethoven ne fut pas son seul tourment. Il subit sa première crise d'asthme à l'âge de 16 ans, puis connut par la suite de nombreux épisodes de « rhumes et de bronchites ». Beethoven, qui mit de côté l'aspect pathétique de sa vie pour se consacrer à son versant héroïque, devint l'un des plus grands compositeurs. (Personne ne sait si c'est une quinte de toux qui lui inspira la célèbre ouverture de la *Cinquième Symphonie*.)

Ce grand compositeur allemand dut se consoler en apprenant qu'Antonio Vivaldi (1678-1741) était aussi asthmatique. À bout de souffle ou non, Vivaldi composa des œuvres magistrales toujours appréciées des mélomanes (comme les *Quatre Saisons*).

Charles Dickens

Charles Dickens (1812-1870), l'auteur d'*Oliver Twist*, grandit à Londres, où l'air était chargé des fumées de la révolution industrielle. Malgré cet air malsain, le célèbre romancier britannique ne présenta des troubles respiratoires qu'à partir de 37 ans. Retiré dans la ville côtière de Bonchurch, et accablé par les allergies, la toux et les douleurs d'estomac, Dickens ne trouva de répit qu'après son départ pour la campagne aux environs de Broadstairs dans le Kent.

Au cours des années suivantes, les personnages asthmatiques emplirent ses romans, de M. Omer dans *David Copperfield* à M. Sleary dans *Les Temps difficiles*. Dans la correspondance qu'il entretenait avec ses amis, il relatait ses nuits d'insomnies dues à une toux persistante. Il rapportait aussi que seuls les opiacés (traitement de la douleur alors en vogue) le soulageaient. Comme je l'expliquais dans le Chapitre 12, des médicaments beaucoup plus efficaces et dépourvus d'effets indésirables sont désormais disponibles pour traiter l'asthme. Malgré sa maladie, Dickens écrivit des dizaines de romans qui firent de lui l'un des deux auteurs anglais les plus populaires (l'autre étant bien sûr Shakespeare).

Dickens n'est pas le seul auteur à avoir surmonté son asthme. Marcel Proust (voir ci-dessous), le poète gallois Dylan Thomas (1914-1953) et l'Américain John Updike (né en 1932) sont d'autres grandes figures asthmatiques de la littérature.

Marcel Proust

De toute l'histoire de la littérature, Marcel Proust (1781-1922) est sans doute l'asthmatique le plus célèbre. Sujet à des crises d'asthme depuis l'enfance, il s'enferma progressivement dans sa chambre pour écrire l'une des œuvres les plus marquantes du XXe siècle : *À la recherche du temps perdu*.

Emporté par la maladie en 1922, il ne vit publier que les premiers volumes de son œuvre : *Du côté de chez Swann* (1913), *À l'ombre des jeunes filles en fleurs*, qui reçut le prix Goncourt en 1919, *Le Côté de Guermantes* (1920-1921) et *Sodome et Gomorrhe* (1921-1922). *La Prisonnière* (1923), *Albertine disparue* (1925) et *Le Temps retrouvé* (1927) parurent à titre posthume et consacrèrent le génie de Proust.

Theodore Roosevelt

Theodore Roosevelt (1858-1919), asthmatique depuis son enfance, vainquit son mal en devenant un auteur prolifique, un héros militaire et en accédant à 42 ans à la présidence des États-Unis.

Roosevelt fit tout en grand. Pendant son enfance il se battit contre de nombreuses affections, une mauvaise vue, et un asthme incontrôlé. Mais, grâce à de vigoureux exercices qu'il entreprit à 12 ans, il réussit à réduire la fréquence des crises (voir le Chapitre 14 pour plus d'informations sur les bienfaits de l'exercice physique).

Son approche positive de la vie, malgré tous les problèmes qui survenaient, l'empêcha de s'apitoyer sur son asthme et lui permit de garder sons sens de l'humour. Parlant d'une crise d'asthme, Theodore, alors âgé de 15 ans, écrivait qu'en dépit du fait qu'il était incapable de parler sans souffler comme un hippopotame, il n'était pas trop gêné.

En 1884, deux tragédies s'abattirent sur Roosevelt. Sa première épouse et sa mère décédèrent le même jour. Accablé de chagrin, ce qui contribua certainement à aggraver son asthme, son médecin lui conseilla de quitter le climat humide et froid de New York pour des horizons plus secs à l'Ouest. La traversée à cheval et le changement de paysage semblèrent participer à son rétablissement.

Comme je l'expliquais dans le Chapitre 5, le départ pour des régions arides n'est plus aussi bénéfique aujourd'hui en raison de la multitude de plantes importées. (Pour vous en convaincre, consultez la liste des allergologues des pages jaunes de l'annuaire de Phœnix, ville sise en plein désert !)

Roosevelt, qui était un père joueur et chahuteur, subissait parfois des crises d'asthme après une bataille de polochon avec ses enfants. Les médecins suggéraient donc une allergie aux plumes. Il vainquit suffisamment son asthme pour mener les troupes de volontaires à San Juan Hill pendant la guerre contre l'Espagne, devenir pour deux mandats le président des États-Unis et voir son effigie sculptée au Mont Rushmore.

Des années après avoir quitté la présidence, Roosevelt se représenta aux élections présidentielles en tant que candidat indépendant. Il survécut à une tentative d'assassinat pendant cette campagne et perdit les élections contre Woodrow Wilson (1856-1924), lui aussi asthmatique !

John F. Kennedy

On en a tant écrit sur la mort tragique et prématurée de John F. Kennedy à l'âge de 46 ans qu'il est facile de connaître les nombreux problèmes de santé qu'il a subis. Souvent malade depuis sa plus tendre enfance, Kennedy (1917-1963) souffrait d'asthme. Ses antécédents médicaux montrent qu'enfant il eut la scarlatine et une diphtérie ; des sinusites et des bronchites ainsi qu'une irritabilité du côlon à l'adolescence ; à l'université, il fit une hépatite ; du paludisme au cours de la Seconde Guerre mondiale ; puis il se battit par la suite contre une hypothyroïdie, des ulcères et des infections urinaires.

En 1954, les complications d'une opération chirurgicale du dos, infectée par des staphylocoques, faillirent le tuer. En plus de ces pathologies, l'atopie qui régnait dans le clan Kennedy ne l'épargna pas. Il présentait des allergies alimentaires et aux poils d'animaux (de chien et de cheval notamment). Ces réactions provoquaient des crises d'asthme, qui gênèrent JFK toute sa vie.

Pendant l'adolescence de John, ses parents laissaient leurs chiens bien-aimés à l'extérieur, un moyen peu efficace d'éviter les allergènes (voir les Chapitres 6 et 11). Les Kennedy adoraient les chiens, aussi JFK fut-il souvent exposé aux poils, même sans contact direct, mais par le biais des squames ou des poils attachés aux vêtements des membres de la famille et des amis qui les faisaient inévitablement pénétrer à l'intérieur de la maison.

Particulièrement déterminé, JFK réussit à surmonter tous les obstacles qu'il rencontra, pour devenir sénateur du Massachusetts et, en 1960, le plus jeune président de l'histoire américaine. JFK affronta ses allergies, ses crises d'asthme et la laryngite qui survinrent au cours de sa carrière politique. Ce n'est que pendant ses années à la Maison Blanche qu'il vint à bout de ses allergies aux poils d'animaux, grâce à une immunothérapie.

Souffrant aussi d'une maladie d'Addison, qui affecte les fonctions surrénales, JFK avait besoin de cortisone. Ce traitement l'aidait à maîtriser son asthme grâce à l'effet anti-inflammatoire de cette substance (voir Chapitre 10).

JFK eut donc une vie extraordinairement productive et réussie malgré ses affections. Il soutint un programme d'intégration raciale, les arts et la culture, et obligea les Russes à retirer les bases de missiles établies à Cuba. Le face-à-face avec Khrouchtchev ou Castro en aurait déstabilisé certains, mais JFK ne flancha pas.

Leonard Bernstein

Malgré son asthme, Leonard Bernstein (1918-1990) devint le chef d'orchestre américain le plus célèbre, et certainement l'une des personnalités les plus influentes de la culture américaine. Enfant, Bernstein eut de nombreuses crises d'asthme, certaines le privant sérieusement d'oxygène.

Doué d'une incroyable volonté d'apprendre et de réussir, il prit des leçons de piano, malgré le désir de son père de le dissuader d'entreprendre une carrière de musicien. Peu après son vingtième anniversaire, Bernstein sortit diplômé d'Harvard et débuta comme chef d'orchestre assistant de l'orchestre philharmonique de New York. Sa première grande intervention eut lieu en 1943, lorsqu'il remplaça au pied levé le chef d'orchestre Bruno Walter, alors souffrant, pour un concert qui enthousiasma les spécialistes.

Bernstein eut un impact énorme sur les arts autant aux États-Unis que dans le reste du monde. Il fit preuve de son talent de compositeur en créant la comédie musicale *West Side Story* et la symphonie dramatique, semi-liturgique, *Kaddish*. Il dirigea brillamment de nombreux orchestres symphoniques et fit découvrir aux téléspectateurs les joies de la musique classique.

L'asthme de Bernstein le suivit toute sa vie. Il aggrava la situation en fumant depuis la fin de son adolescence jusqu'à sa mort. La respiration sifflante de Bernstein était parfois si forte qu'elle couvrait l'orchestre pendant les concerts.

En raison de son tabagisme incessant, il développa de l'emphysème, qui, contrairement à l'asthme, conduit souvent à des lésions pulmonaires irréversibles. (Voir le Chapitre 11 pour plus d'informations sur les méfaits du tabac, surtout chez l'asthmatique.) Lorsqu'il succomba à une crise cardiaque en 1990, Bernstein souffrait d'un asthme compliqué d'un emphysème, d'un cancer du poumon et de problèmes cardiaques.

Liza Minnelli

Née en 1946, Liza Minnelli fut trois fois récompensée en 1972 pour son rôle dans le film *Cabaret*. Dès son plus jeune âge, Liza jouait dans des films et sur les scènes du music-hall, tout d'abord invitée par sa mère Judy Garland, puis seule ensuite. Étant donné l'incroyable puissance vocale développée par Liza soir après soir dans ses concerts, on ne soupçonne pas qu'elle est asthmatique.

Même si des épisodes de bronchite et d'autres problèmes de santé l'ont un peu écartée de la scène ces dernières années, elle poursuit sa carrière de chanteuse, d'actrice et d'humaniste.

Ernesto Guevara (dit Che, 1928-1967)

Avant d'orner les murs des chambres d'étudiants dans les années soixante, l'« icône » de la révolution cubaine, lui aussi asthmatique, délaissa la médecine pour participer à la révolution cubaine (1956-1959) aux côtés de Fidel Castro.

Ministre de l'Industrie à Cuba (1961-1965), il quitta ses fonctions pour développer des foyers révolutionnaires en Amérique latine et fut tué au cours de la guérilla bolivienne (1966-1967). Après des années de recherche, sa dépouille fut rapatriée à Cuba (Santa Clara) en 1997.

Associations, livres et sites Internet

Associations

Association Asthme
3, rue Hamelin
75016 Paris
Tél. 01 47 55 03 56 — Fax 01 44 05 91 06

Association française des personnes atteintes de dermatite atopique
(AFPADA)
BP 36
77982 Saint-Fargeau-Ponthierry Cedex
Tél. 01 60 65 79 05

Association pour la prévention des allergies
BP 12
91240 Saint-Michel-sur-Orge
Tél. 01 48 18 05 84

Association Victor
Association française des polyallergiques
Maison des associations
2 bis, rue du Château
92200 Neuilly-sur-Seine
Tél. 01 47 22 99 00

Comité national contre les maladies respiratoires et la tuberculose (CNMRT)
66, boulevard Saint-Michel
75006 Paris
Tél. 01 46 34 58 80

Fédération française des associations et amicales d'insuffisants respiratoires
Respire Écoute
Hôpital Le Cluzeau
87042 Limoges
Tél. 05 55 10 97 11

Le Nouveau Souffle
188, rue de Tolbiac
75013 Paris
Tél. 01 45 65 95 33

SOS Allergies
46, rue Lauriston
75016 Paris
Tél. 08 25 00 03 64
www.sosallergies.com

Divers

La liste des classes de substances et méthodes dopantes interdites ainsi qu'une liste indicative de spécialités pharmaceutiques commercialisées en France et renfermant les principes actifs dopants peuvent être demandées à l'adresse suivante :

Mission médecine du sport et lutte antidopage
Ministère de la Jeunesse et des Sports
78, rue Olivier-de-Serres
75739 Paris cedex 15
Tél. 01 40 45 90 00

Agence française de sécurité sanitaire des produits de santé (AFSSAPS)
143, boulevard Anatole-France
93285 Saint-Denis Cedex
Tél. 01 55 87 30 00
http://agmed.sante.gouv.fr/

Livres

Allergies, le nouveau fléau ? Dr Pierrick Hordé, éditions Flammarion, 2000.

Les Allergies. Pr Jean Bousquet et Pr François-Bernard Michel, collection Dominos, éditions Flammarion, 1995.

Allergologie pratique. Pr Louis Perrin, éditions Masson, 1998.

Asthme et allergies. Simone Wasmer, éditions De Vecchi, 1998

L'Asthme. Dr Denis Vincent, éditions Odile Jacob, 1998.

L'Asthme. 20 spécialistes vous parlent. Sous la direction de Michel Zerapha, éditions Armand Colin, 1992.

L'Asthme de l'enfant. Guy Dutau, éditions Ellipses, 1996

Guide de médecine familiale asthme. Pr Jon Ayres, éditions Marabout, 1999.

Mieux vivre son asthme. Chantal Lacombe, Arlette de la Celle, éditions Ellébore, 1990.

Sites Internet

Association Asthme
www.asmanet.com/asthme/index.html

Association européenne de l'asthme et des allergies
(European federation of asthma and allergy)
www.efanet.org

Association française pour la prévention des allergies
http://www.prevention-allergies.asso.fr/

EGEA
www.ifr69.vjf.inserm.fr/egeanet/

Réseau national de surveillance aérobiologique (RNSA)
www.rnsa.asso.fr

Site consacré à l'asthme professionnel
www.asmanet.com/asmapro/index.htm

Site d'information européenne sur les pollens
www.pollen.cat.at/pollen/

Site d'information sur les allergies et leurs mécanismes
http://allergie.remede.org/

Index alphabétique